东南学术文库

SOUTHEAST UNIVERSITY ACADEMIC LIBRARY

中西刑法文化与定罪制度之比较

A Comparative Study of Chinese and
Western Criminal Law Culture and Conviction System

刘艳红 · 等著

东南大学出版社

·南京·

图书在版编目(CIP)数据

中西刑法文化与定罪制度之比较/刘艳红等
著.—南京:东南大学出版社,2017.5
　ISBN 978-7-5641-7120-9

　Ⅰ.①中… Ⅱ.①刘… Ⅲ.①刑法-法制史-对
比研究-中国、西方国家②刑事犯罪-定罪-对比研
究-中国、西方国家　Ⅳ.①D924.02②D914.02

中国版本图书馆 CIP 数据核字(2017)第 085039 号

中西刑法文化与定罪制度之比较

出版发行:东南大学出版社
社　　址:南京市四牌楼 2 号　邮编:210096
出 版 人:江建中
网　　址:http://www.seupress.com
经　　销:全国各地新华书店
排　　版:南京星光测绘科技有限公司
印　　刷:江阴金马印刷有限公司印刷
开　　本:700mm×1000mm　1/16
印　　张:13
字　　数:248 千字
版　　次:2017 年 5 月第 1 版
印　　次:2017 年 5 月第 1 次印刷
书　　号:ISBN 978-7-5641-7120-9
定　　价:68.00 元

本社图书若有印装质量问题,请直接与营销部联系。电话:025-83791830

编委会名单

主 任 委 员：郭广银

副主任委员：王保平　刘　波　周佑勇

委　　　员：（以姓氏笔画为序）

王廷信　王　珏　王保平　田海平

仲伟俊　刘　波　刘艳红　江建中

陈志斌　陈美华　李霄翔　周佑勇

赵林度　袁久红　徐康宁　郭广银

凌继尧　樊和平

秘 书 长：江建中

编 务 人 员：甘　锋　刘庆楚

身处南雍　心接学衡

——《东南学术文库》序

　　每到三月梧桐萌芽，东南大学四牌楼校区都会雾起一层新绿。若是有停放在路边的车辆，不消多久就和路面一起着上了颜色。从校园穿行而过，鬓后襟前也免不了会沾上这些细密嫩屑。掸下细看，是五瓣的青芽。一直走出南门，植物的清香才淡下来。回首望去，质朴白石门内掩映的大礼堂，正衬着初春的朦胧图景。

　　细数其史，张之洞初建两江师范学堂，始启教习传统。后定名中央，蔚为亚洲之冠，一时英杰荟萃。可惜书生处所，终难避时运。待旧邦新造，工学院声名鹊起，恢复旧称东南，终成就今日学府。但凡游人来宁，此处都是值得一赏的好风景。短短数百米，却是大学魅力的极致诠释。治学处的静谧景，草木楼阁无言，但又似轻缓倾吐方寸之地上的往事。驻足回味，南雍余韵未散，学衡旧音绕梁。大学之道，大师之道矣。高等学府的底蕴，不在对楼堂物件继受，更要仰赖学养文脉传承。昔日柳诒徵、梅光迪、吴宓、胡先骕、韩忠谟、钱端升、梅仲协、史尚宽诸先贤大儒的所思所虑，求真求是的人文社科精气神，时值今日依然是东南大学的宝贵财富。给予后人滋养，勉励吾辈精进。

　　由于历史原因，东南大学一度以工科见长。但人文之脉未断，问道之志不泯。时值国家大力建设世界一流高校的宝贵契机，东南大学作为国内顶尖学府之一，自然不会缺席。学校现已建成人文学院、马克思主义学院、艺术学院、经济管理学院、法学院、外国语学院、体育系等成建制人文社科院系，共涉及6大学科门类、5个一级博士点学科、19个一级硕士点学科。人文社科专任教师800余人，其中教授近百位，"长江学者"、国家"万人计划"哲学社会科学领军人才、全国文化名家、"马工程"首席专家等人文社科领域内顶尖人才济济一堂。院系建设、人才储备以及研究平台等方面多年来的铢积锱累，为东南大学人文社科的进一步发展奠定了坚实基础。

在深厚人文社科历史积淀传承基础上，立足国际一流科研型综合性大学之定位，东南大学力筹"强精优"、蕴含"东大气质"的一流精品文科，鼎力推动人文社科科研工作，成果喜人。近年来，承担了近三百项国家级、省级人文社科项目课题研究工作，涌现出一大批高质量的优秀成果，获得省部级以上科研奖励近百项。人文社科科研发展之迅猛，不仅在理工科优势高校中名列前茅，更大有赶超传统人文社科优势院校之势。

东南学人深知治学路艰，人文社科建设需戒骄戒躁，忌好大喜功，宜勤勉耕耘。不积跬步，无以至千里；不积小流，无以成江海。唯有以辞藻文章的点滴推敲，方可成就百世流芳的绝句。适时出版东南大学人文社科研究成果，既是积极服务社会公众之举，也是提升东南大学的知名度和影响力，为东南大学建设国际知名高水平一流大学贡献心力的表现。而通观当今图书出版之态势，全国每年出版新书逾四十万种，零散单册发行极易淹埋于茫茫书海中，因此更需积聚力量、整体策划、持之以恒，通过出版系列学术丛书之形式，集中向社会展示、宣传东南大学和东南大学人文社科的形象和实力。秉持记录、分享、反思、共进的人文社科学科建设理念，我们郑重推出这套《东南学术文库》，将近些年来东南大学人文社科诸君的研究和思考，付之枣梨，以飨读者。知我罪我，留待社会评判！

是为序。

中文摘要

　　刑法是法律系统中的公法部门法之一,在直接体现统治阶级治理犯罪的意志的同时,刑法本身的运转无不受制于一国历史地形成的法律传统、法律思维等文化因素,并且这种影响体现在刑法的立法、司法、刑罚执行等各个环节。研究中国刑法文化和定罪机制并不应仅仅局限于中国域内文化,因为认识自己比认识别人更难,只有与别人比较才能认识自己,不考察西方刑法文化和定罪机制,就无法全面认知中国刑法文化对定罪机制影响的定位和偏差,只读懂一面意味着什么也读不懂。

　　理解中西刑法文化的两个基本面相,是中西刑法文化比较研究的第一任务。西方文化属于典型的理性论。西方法律思想史的发展表明,理性主义与法学有着深厚的渊源,自然法学派与实证法学派的传承决定了西方法律的形式合理性与实质合理性的并存。中国传统法律文化则具有深厚的论理性特征,可以概括为礼法论,具体表现为儒家化、德主刑辅、义务本位等。中国传统法律文化导致刑法过于关注人的内心,漠视行为与刑罚之间的对应关系,在某种程度上倾向于目的刑、教育刑,但也往往更注重实质评价。当这种漠视个人权利,为了家国不惜牺牲个人利益的观念演变为法之后,也就定下了我国传统刑法以义务为本位的基调。由此决定我国传统的定罪思维是道德实用主义:适用法律为推行道德服务。刑法解释中道德主义与实用主义的融合主要表现在主观主义立场、罪刑均衡原则优于罪刑法定原则、国家法益优于个人法益、论理解释优于文理解释;事实认定中道德主义与实用主义的融合主要表现为"移情就法"和对因果关系的方便使用。而我国现阶段定罪制度反映了西方文化中的规则主义思维与我国传统实用主义思维的冲突,我国未来定罪思维的出路在于协调规则主义与实用主义,如特别注意综合运用形式解释与实质解释。

在中西刑法文化比较视野中,作为大国的中国法治实现之路未必与德日法治之路相同,在当前社会背景下我国刑事立法不可能实现严而不厉的立法模式,基于刑法谦抑性,必须在刑法定罪政策上停止调控范围的扩张,排斥轻罪的入刑化。风险刑法政策在社会防卫思想从未得到清理的中国,不符合当前刑法现代化之需要,无助于转变中国传统刑法文化中的"劣根性"。当我们面对西方刑法文化思潮时,更不能在所谓全球化的语境下不加甄别地全盘接受,拿来主义值得警惕。中国传统刑法文化孕育的定罪原则是在主客观相统一的旗帜下,倾向于主观主义的立场,这至少体现在凸显社会保护机能的罪刑法定原则与缺乏阶层性的犯罪构成两个方面。现今刑法学界所说的刑法主观主义,是传统刑法文化与主观主义之合体,刑法主观主义在当下体现为对人身危险性过于关注,以及犯罪特殊形态认定中的主观主义倾向。刑法主观主义导致定罪量刑随意,出入人罪,冲淡了客观行为的定型意义,由此出现了一些影响极坏的冤假错案。减少并消除刑法主观主义的危害,必须把与中国传统刑法文化相融合的主观主义逐出刑法领域,取而代之的应是刑法客观主义。

渊源于各自的刑法文化,中西定罪标准之间还大抵存在双重标准与单一标准的差异,而双重标准导致了定罪中事实评价与价值评价的含混不清,突出地表现在犯罪概念对犯罪构成的干涉和犯罪构成诸要件之间的冲突两个方面。受刑法文化的深刻影响,我国犯罪论体系的演进是一条日趋彰显人权的"渐变"之路,即对犯罪概念作出罪的话语转换,在犯罪构成上作事实判断先于价值判断的逻辑性坚守。以正当防卫为例,正当防卫之不法性质,存在主观违法性论与客观违法性论的对立,在我国因耦合式犯罪构成的约束,无论是作主观违法性论还是客观违法性论的理解,均存在难以克服的缺陷。在主客观相统一原则下,实现犯罪构成的阶层化,以修正的客观违法性论为基础,实现不法与违法的分离,不失为摆脱出罪困境的方法之一。

关键词:中西刑法文化;定罪制度;刑法现代化;刑法立场

Abstract

The criminal law is one of the public law departments in the legal system. The criminal law directly reflects the will of the ruling class to control the crime, and at the same time, the operation of the criminal law is subject to the historical record of a country's history. This influence is reflected in all aspects of legislation, judicature and penalty execution. The study of Chinese criminal law culture and the mechanism of conviction should not be confined to the Chinese culture, because it is harder to know oneself than to know others, and only by comparison with others can we know ourselves. If we do not study the western criminal law culture and the conviction mechanism, we can not fully understand the orientation and deviation of the influence of Chinese criminal law culture on the conviction mechanism. If you understand only one aspect of the problem, it means nothing.

To understand the two basic aspects of Chinese and western criminal law cultures is the prior task of comparative study. Western culture is a typical rationalism. The development of the history of western legal thought shows that there is a profound origin between rationalism and law, and the inheritance of natural law and legal positivism determines the coexistence of formal rationality and substantive rationality of western law. Chinese traditional legal culture has profound ethical characteristic, which can be summarized as the etiquette theory, which concludes the specific Confucianism, morality guiding and punishment supplementing, obligation orientation.

The traditional Chinese legal culture causes the criminal law to pay too much attention to the human mind, ignoring the corresponding relationship between the behavior and the penalty. To a certain extent, it tends to the purpose theory of punishment and education punishment, and also tends to care more about the substantive evaluation. Once the concepts of ignorance of individual rights, and to protect the national interests even if at the expense of personal interests evolve to law, the keynote of the traditional criminal law of our country has formalized as obligation orientation.

All these decide that the traditional thinking method for conviction in our nation is Moral Pragmatism, which means that application of law aims to give service to carry out morality. Moralism and Pragmatism's integration in criminal law interpretation is mainly shown in subjectivism standpoint, crime equaling penalty principle's priority to principle of legality, state's legitimate interest's priority to individual legal interest and logical interpretation's priority to literal rule. Moralism and Pragmatism's integration in fact-finding is mainly shown in transferring sentiment to law and the conveniently using of causality. Our nation's present stage of conviction system reflects the conflict between the regulationism thinking mode in western culture and the conventional pragmatism thinking mode in our tradition. The outlet of our nation's future thinking method of conviction is to coordinate regulationism and pragmatism, such as comprehensive application with formality interpretation and substantive interpretation.

From the perspective of the comparison of the criminal law cultures , China, as a great power, is not necessarily the same with Germany and Japan in the course of realizing its rule of law. Under current social background, it is impossible for the criminal legislation in China to realize a legislation mode that is stringent but not stern. Based on the modest and restraint nature of the criminal law, we must stop the expansion of the scope of regulation in terms of its conviction policy, thus to avoid the inclusion of minor offenses into the criminal law. In China the social defense thought has never been eliminated, and the policy of risk criminal law does not meet the demand for the current modernization of the criminal law and also does not help to change the "weakness" in Chinese traditional criminal law culture. While we are facing the globalization, we can not accept it completely without distinguishing it in the context of so called globalization as it is worth to be alert to the thought of accepting everything blindly. The principle of conviction in Chinese traditional criminal law culture is the tendency of subjectivism, which embodies in at least two aspects: highlighting the function of social protection of the principle of legality and lacking hierarchical structures of constitution of crime. To reduce and eliminate the harm of subjectivism in criminal law, the subjectivism must be expelled from the field of criminal law. Instead, criminal law objectivism should be adopted.

Originating from respective criminal culture, the criteria of conviction between China and West are different. In general, Chinese criterion of conviction is double standard which differs from western unitary standard. But China's one has led to chaos between facts and the value, which has embodied in two aspects. One is that concept of crime interferes the constitution of crime. The other is that the components of the constitution of crime are in conflict with each other. Affected greatly by criminal culture, the evolution of our country's system concerning constitution of crime will be a way about displaying human rights gradually.

Keywords: the criminal law cultures between China and the West; conviction system; modernization of criminal law; standpoint of criminal law

前　言

　　定罪问题是刑法学理论与实践的核心,公正、合理的定罪是刑法理论和实践追求的目标,也是合理量刑的前提。任何国家的刑法学都要研究定罪制度,只是由于各国的犯罪论体系不同,导致研究定罪制度的路径不同。

　　在德日和英美刑法学中,并没有把定罪论单独作为刑法学系统中的一个子系统。但是并不意味他们不研究定罪制度,只是在他们的理论体系中,定罪制度的研究已经完全融入了犯罪论体系的研究,他们的犯罪论体系就是紧紧围绕定罪活动展开的。例如,德日刑法通行的犯罪论体系是构成要件该当性—违法性—有责性,构成要件该当性是事实判断、定型判断,违法性和有责性是价值判断、非定型判断,其中违法性是客观判断,有责性是主观判断。行为经过这三个阶层的判断,就可以得出有罪或无罪、此罪或彼罪的结论。因此,德日刑法的定罪制度研究就是犯罪论体系的研究。其定罪制度的研究存在诸多理论的争议:如早期的旧派与新派的争论,不同犯罪论体系的争论,现代的形式犯罪论与实质犯罪论、行为无价值论与结果无价值论的争论,这些学术之争都深化了对定罪制度的研究。

　　英美刑法中,通行的犯罪论体系由犯罪本体要件(犯罪行为和犯罪心理)和责任充足要件(诸种合法事由的排除)两部分构成,其中犯罪本体要件是事实判断,责任充足要件是价值判断。行为经过这两层的判断,就能够得出定罪的结论。

　　真正把定罪制度作为犯罪论中一个子系统来研究的路径始于苏联。20

世纪 30 年代,在维辛斯基的倡导下,苏联刑法学开始重视定罪制度的研究。1939 年苏联检察机关的机关刊物《社会主义法制》发表了《定罪问题》一文,对定罪的重要意义和如何正确定罪作了全面的论述。1963 年,苏联刑法学家库德里亚夫采夫发表了他的博士论文《定罪的理论基础》(1972 年再版时改名为《定罪通论》),这标志着刑法学界对定罪制度的深入研究。我国对定罪制度的研究始于 20 世纪 80 年代,何秉松教授比较早地关注定罪制度的研究。1990 年王勇的博士论文《定罪导论》出版,此后我国的一些刑法教科书也开始研究定罪制度,例如何秉松教授的《刑法教科书》、高铭暄教授主编的《刑法学原理》、陈兴良教授的《本体刑法学》等都辟有专章论述定罪制度。2000 年苗生明的博士论文《定罪机制导论》出版,此后又有一些博士论文以定罪制度为题。

苏联和我国的刑法学之所以要单独研究定罪制度,这是由其平面、耦合的犯罪构成论决定的。社会主义国家平面、耦合的犯罪构成体系与德日三阶层犯罪成立体系、英美两阶层的犯罪成立体系有着巨大的区别。阶层的犯罪成立体系都是紧紧围绕着定罪展开的;平面、耦合的犯罪构成体系与定罪活动的距离较远,而且犯罪概念和犯罪构成是定罪的双重标准、两个体系。在这样一种理论背景下,研究定罪制度就变得必要。

我国刑法学对定罪制度的研究主要集中在定罪的原则、定罪的标准、定罪的方法等问题。一般认为主客观相统一原则是定罪原则,定罪的根据是犯罪概念和犯罪构成,定罪方法中的一个重要问题就是对法律的解释。而我国刑法学对于主客观相统一原则、犯罪概念及社会危害性理论、犯罪构成理论的利弊与重构、刑法的解释方法等都存在着激烈的争论。例如,对于主客观相统一原则,有坚持和清理两种对立的观点;对于犯罪概念和社会危害性理论,有善待和批判两种对立的立场;对于犯罪构成理论,有改良和移植两种对立的态度;对于刑法解释,有形式解释和实质解释两种对立的方法。

但是,我国定罪制度的研究都是从规范刑法学的角度展开的,这种思辨性的研究虽然具有一定的意义,但具有视野狭隘的缺点。实际上,定罪制度深受一国文化传统的影响,许多影响定罪的因子植根于历史文化的土壤中。我国的定罪制度尤其具有特殊性,可谓一“混血儿”:既受中国传统法律文化的影响,又受西方的刑法理论的影响。因此,要深入研究中国的定罪制度,必须正本清源地研究影响中国定罪制度的两股力量:中国传统文化和西方传统文化影响下的西方定罪制度。

法律文化是一个宏大而抽象的概念,法律文化的比较研究概括起来基本上有两种不同的走向:一是作为对象化的法律文化的比较研究,即将法律文化作为一种具有实体内容和对象化的文化结构。也就是依据社会文化—法律文化—刑法文化这一线索来比较。我国学者张中秋教授的《中西法律文化比较研究》、范忠信教授的《中西法文化的暗合与差异》、许发民教授的《刑法文化与刑法现代化研究》基本都是把法律文化当作对象来研究的。二是作为方法论意义的法律文化的比较研究,即将文化作为一种方法论来解释法律。我国学者梁治平即倡导这种方法论意义的法律文化研究。他认为"法律文化"这一概念不应该被认为是具有对象性的法律内容,而首先应该是一种研究立场和方法,即用文化的解释方法来研究法律。他在《法律文化:方法还是其他》一文中明确指出,以往有关法律文化的论说都主要是从研究对象或研究范围的方面入手(例如弗里德曼与埃尔曼),但是这种研究多少降低了法律文化可能具有的建设性意义,使得法律文化变成了法律研究领域内的一个小小分支。它要在已经十分拥挤的学科领域内为自己争得一席合法地位,因此不得不先将自己的手脚束缚起来。更严重的是,对理论和方法的关注为关于对象的思考所取代,"法律文化"概念可能具有的创新的方法论意义就逐渐被掩盖或竟消失了。

本书从法律文化的角度来研究定罪制度,通过对中西法律文化的比较来解释中西定罪制度的异同,落脚点在于研究如何优化中国现行的定罪制度。首先,百年来我国一直存在着中西两种法律文化的冲突,中国法律现代化的建设是在受西方法律文化冲击而与自己固有的法律传统人为割裂的情况下展开的。因此,对中西法律文化的比较研究直接影响到我们能否成功地立足中国、合璧中西,创造出具有中国特色的现代型法制。其次,我国的定罪制度既受我国传统法律文化的深刻影响,又大量移植西方刑法理论。在制度层面可以说更多地是模仿苏联刑法学,而苏联刑法学又是在西方大陆刑法学理论基础上诞生的,是对欧陆刑法学的改良。从欧陆刑法学犯罪成立理论到苏联的定罪制度,再到我国的定罪制度,可谓一脉相承。因此,对我国的定罪制度进行文化的比较研究,有利于在深刻领悟定罪制度影响因子的基础上进行扬弃,从而促使我国定罪制度的合理优化,做到公正、合理地定罪,推动我国刑事法治的建设。再次,对我国定罪制度的文化比较研究,有利于促进我国刑法学研究的进步。在德日刑法学中,犯罪成立理论是刑法学的核心,在我国刑法学中定罪论应该是核心。定罪制度的深入研究必将促进我国刑法机制的研究、犯罪概念和犯罪构成的研究、法律解释体制的研究。公正、合理的定罪是促进我国刑法学研究的主要动力,也是我国刑法学研究的主要目标。

特别需要说明的是,本书是在我的司法部法治建设与法学理论研究部级科研项目成果的基础上修改而成。本书第二章由欧阳本祺教授撰写,第五章由梁云宝博士撰写,其他章节由我本人撰写。

目　录

第一章

中西刑法文化的基本图像

钱穆先生曾经指出："一切问题，由文化问题产生，一切问题，由文化问题解决。"[①]这种论断可能有失全面，但无疑强调了文化对于事物发展变化的绝对重要性，一切问题的始源与根结都与文化有着千丝万缕的联系，考察文化之大义对于问题的解决大有裨益。就法律问题而言，文化的作用举足轻重，某一特定社会中植根于历史的法律价值和观念即法律文化对于法律体系的创制、法律思维的形式、法律规范的运行等，具有不可忽视的影响力。有文化即有法律文化，即有刑法等部门法文化。刑法是法律系统中的公法部门法之一，在直接体现统治阶级治理犯罪的意志的同时，刑法本身的运转无不受制于一国历史地形成的法律传统、法律思维等文化因素，并且这种影响体现在刑法实施如立法、司法、刑罚执行的各个环节。基于刑法教义学的立场，定罪问题向来是刑法学理论与实践的核心，公正、合理的定罪是刑法理论和实践追求的目标，也是合理量刑的前提，因而研究刑法文化与定罪机制的联系是刑法学的重大基础课题。另一方面，研究中国刑法文化和定罪机制并不应仅仅局限于中国域内文化，因为认识自己比认识别人更难，只有与别人比较才能认识自己，不考察西方刑法文化和定罪机制，就无法全面认知中国刑法文化对定罪机制影响的定位和偏差。最重要的是，当今中国刑法学日益受到德日等西方刑法学的制约，"西学东渐"蔚为壮观，中国的定罪制度甚至有成为

① 钱穆：《文化学大义》，中正书局，1981年版，第3页。

中西"混血儿"之嫌。其中引出的一个基本问题便是西方刑法理论的中方本土化,某些西方定罪制度或理论体系是否有仅限于西方本土文化及其环境的独特性? 中国文化对此该如何反应? 所以,刑法文化和定罪机制的落脚点在于研究如何优化中国现行的定罪制度问题,但研究视野必须放眼于中西刑法文化及其定罪机制的比较研究上,只读懂一面意味着什么也读不懂,理解中西刑法文化的两个基本面相,是课题研究的第一任务。

第一节　西方刑法文化之理性论

西方法律思想史的发展表明,从古希腊古罗马的法律思想到欧洲中世纪神学法学,及至近代西方法学中的古典自然法学以及以康德、黑格尔等人为代表的哲理法学,再到 20 世纪以降的现代法学,理性主义与法学有着深厚的渊源,理性主义文化对法学产生了巨大影响。正是理性主义的不断向前发展,促使了法学不断向更高更深的层面发展,理性主义也成为西方刑法文化的一个标记。

一、理性主义法律观

（一）理性主义法律观的演变：法律与理性的传统

法律作为实现社会控制的根本手段,其目的是为了实现正义;而正义理论涉及的是"法律应该为那些行为受它控制的人做些什么? 法律中善的评价标准或尺度是什么? 它们也涉及利用这些标准或尺度在特定的时间、地点和条件下对法律进行批判的问题"①。易言之,正义理论涉及的所有问题之核心是法律的理性与合理性,因为善德、公平与正义正是法律的理性与合理性的根本内涵。当下中国法治现代化进程中,人们普遍关心如何通过法律实现社会正义,如何通过理性化的正当程序实现具有实质合理性价值内涵的法律规范,此即法治的理性化问题。而理性问题是如此深远,这决定了本书不得不从考察理性与法律的传统开始到总结理性主义法律观的形成,并分析理性主义的合理性以及形式与实质合理性的对峙,最终为法治理性化问题提供理论前提和基础。借用美国著名社会主义法专家、统一法学派代表人物之一哈罗

---

① Julius Stones, Human Law and Human Justice, Maitland Publication Pty Ltd, Sydney, 1965，p. 1. 转引自薄振峰：《法律、理性与人类正义——朱利叶斯·斯通的实用主义正义观》，载《环球法律评论》2006 年第 2 期。

德·J.伯尔曼所言:"一个溺水者眼前会闪过他的整个生命过程。这可能是他下意识的努力,以便在他的经验范围内寻找摆脱险境的办法。所以,我不得不从遥远历史的视角,从头考察西方的法律与法制、秩序与正义的传统,以便找到摆脱目前困境的出路。"①

古希腊法律思想家们以独具特色的理性自然法观开创了西方法治理性主义的先河,他们在论证其哲学和政治法律观念时,基本都是从自然、理性等出发,如柏拉图、亚里士多德、芝诺等对法律的解释一开始就与理性一词等同起来了。古罗马时期的法律思想家们则在古希腊法律思想家影响之下,进一步发展了神学理性法律观,除此之外他们还提出了实践理性观。

在近代西方法学的发展过程中,理性主义对法学影响则达到了顶峰。17至19世纪,可称之为"理性法"时代。此一时期,理性对整个欧洲近代法制的发展与建立,包括各国国家法典的编纂,都有决定性的影响。② 在"理性法"时代,早期的资产阶级进步思想家进一步发挥了理性与法律关系的理论,其中以17、18世纪资产阶级革命时期古典自然法学派的成就最为突出,而其他法哲学流派亦作出了不少贡献。比如,早期重要的启蒙思想家、自然法的阐释者霍布斯认为,法的理性既是本体理性也是实践理性③,古典自然法学派杰出代表洛克则站在本体与价值理性的立场论述了理性和法律的关系,他认为自然法就是理性,理性、正义和自然法是一致的;同时,理性还包括实践理性,理性应当成为人们的行动指导和准则,符合理性的行为才是符合自然法的行为。④

法国18世纪资产阶级革命前夕,以伏尔泰、孟德斯鸠、卢梭等人为代表的启蒙思想家们,在崇尚理性主义、讲究人性尊严的文化旗帜下,孕育了近代最初的启蒙思潮。他们将理性推崇为人们思想和行为的基础,用之批判一切不合理的意识形态和政治制度,认为理性主义能够战胜蒙昧和(宗教)信仰主义。比如,孟德斯鸠作为启蒙运动的杰出代表,其基本政治哲学理论就是理性论。他认为,一般法律是人类理性,各国法律是人类理性在特殊场合的适

---

① [美]哈罗德·J.伯尔曼:《法律与革命》,贺卫方等译,中国大百科全书出版社,1993年版,序言第1页。

② 参见颜厥安:《法与实践理性》,中国政法大学出版社,2003年版,第238页。

③ 参见[英]霍布斯:《利维坦》,黎思复、黎廷弼译,商务印书馆,1985年版,第 ix、109 - 122页。

④ 参见[英]洛克:《政府论》(下篇),叶启芳、瞿菊农译,商务印书馆,1982年版,第6 - 84页。

用;因此,法律和地理、地址、气候、人种、人口等都有关系,而这些关系就是法的精神。① 孟德斯鸠、卢梭等自然法思想家都认为抽象理性是自然法的渊源,而自然法则是法律的基础。

启蒙思想家们以文艺复兴的人文主义为基础,宣扬人性论和人道主义,以理性为武器向封建思想发起冲击。因此,他们所说的理性既包括人权、人性等人性论,也包括自由、平等、博爱等精神寄托和价值观念。而且,启蒙思想家们的理性观念完成了对价值理性从中世纪到近代的世俗化改造。此前的价值理性被无知和愚昧所蒙蔽,启蒙运动的理性思想则超越了蒙昧主义而提供给人们信仰、追求、反专制等精神观念,它注重利用人的主体意识和能动性将人从宗教神学中解放出来,也因此,启蒙运动的理性观是一种认知理性。启蒙运动时期理性主义哲学思潮的发展,使自古罗马以来的自然法观念成为了一个完整的理性主义思想体系。

18 世纪末和 19 世纪前期,德国古典唯心主义哲学家康德和黑格尔接受并传播了启蒙运动思想,并仍然采用理性主义研究方法,以理想法而非实在法作为研究重点,即仍然肯定理性与法律的内在关系,并用抽象的推理方法进行研究。② 比如康德在继承古典自然法学者本体与实践理性的基础上,又对西方古典理性进行批判。他认为人类理性包括认识理性即认识真理的能力和实践理性即"可以决定自愿选择的行动"的能力。③ 黑格尔从康德出发但又不同意后者对理性的区分,他认为理论理性即纯粹理性与实践理性是统一的,前者是后者的基础,在此基础上,他建立了辩证法的法哲学体系。④

19 世纪以来,古典自然法学遭到了哲理法学、分析法学、历史法学等法学流派的批判;加之现实主义和批判法学运动的兴起,古典自然法学逐渐衰落。然而,随着西方社会政治、经济的发展,到 20 世纪,西方社会又有了新的矛盾与冲突,政治、法律乃至经济的发展是否应遵循一定价值原则等问题重被人们提起,自然法一贯强调的人的理性和道德准则重被人们关注。在此条件下,经过德国新康德主义法学家施塔姆勒、法国马利旦和美国富勒等人的

① 参见[法]孟德斯鸠:《论法的精神》(上册),张雁深译,商务印书馆,1961 年版,第 1、6 页。

② 参见刘全德主编:《西方法律思想史》,中国政法大学出版社,1996 年版,第 84 页。

③ [德]康德:《法的形而上学原理》,沈叔平译,商务印书馆,1991 年版,第 13 页。

④ 李龙主编:《西方法学名著提要》,江西人民出版社,1999 年版,第 305 页。

努力,自然法观念在 20 世纪重新得到关注,形成了新自然法学派。① 在新自然法学派看来,自然法的本质实际上就是人类的理性,它既是人类的认识理性,也是宇宙的本体理性。

(二)理性主义法律观的本质

前述可知,不同历史时期法律思想家的理性主义法律观有着不同的法哲学理论基础。古希腊思想家的法律理性观建立在正义、自然法基础之上;古罗马西塞罗、阿奎那等人的则建立在上帝、宗教神学基础之上;启蒙思想家的则建立在自然权利、社会契约理论基础之上;德国古典哲学家的建立在自由哲学的基础之上;新自然法学派的法律理性观,因其缺乏统一的学术纲领而不是一个严格意义上的学派,但它毕竟发展在传统自然法基础之上,因此它基本上也是建立在传统自然法理论基础之上的。哲学基础有别,导致不同历史时期法律理性观的内容也存差异,比如中世纪理性主要用来为神学思想服务,理性成为上帝赋予人类的本能;近代西方法律思想家则从人性论出发,强调人的理性的作用,认为自然法是正确的理性法则,理性则是法律制定的根据;德国的古典哲学家则认为自然法是构成世界最本质的东西,而人的理性正是用来承认自然法的,它同时也是事物发展的根据,是法律产生的基础;等等。

然而,即便不同历史时期理性主义法律观仍然存在一些共同的东西。很显然,从古希腊开始,法律就被赋予理性的意义;法律理性观长期发展的结果,使理性最终内化为法律的本质;法律作为体现人类共同权利或正义的体系,其内容正是对自然法的理性反映。而理性主义法律观的基本内容则可以概括为两方面:从本体论和价值论角度出发,理性是事物本质之所在,人类共同的善德公平正义是其内涵;从实践论和认识论角度而言,理性的意义在于,法律通过人类的理性认识而发现,人们的行动通过作为理性之体现的法律得以规制。

首先,法律是人类理性的体现。理性主义法律观相信存在着人类共同理性,世界上存在着符合人类共同理性的永恒不变的自然规律即自然法;自然法高于实在法,它合乎正义并且是法律的制定基础;法律只受理性的指导、支配,法律就是健康的理性;理想的法律就是符合某种"自然"的即理性的法律。

---

① 参见刘全德主编:《西方法律思想史》,中国政法大学出版社,1996 年版,第 153 - 154 页。

这是一种本体理性也是一种价值理性。

而理性，从词源上看，它源于古希腊德哲学术语 logos，意味世界的普遍规律性。① 但世界的普遍规律性如此抽象，以至于人们很难明确它究竟所指为何。但是人们脑海中总有关于它的粗浅认识。结合历代法律思想家的论述，可将理性概括为：理性是相对于感性的，它是超经验主义；它代表事物本质、基础、普遍的一面；人类共同的善德、公平、正义、正当等是其内涵；按自然法学派的观点，自然法就是理性，法律(实在法)则是这种理性的体现。

其次，法律通过人类理性而认识发现，人们用法律也即用理性规制自己的行为。这就是理性的实践性。"实践(praxis)就是行动(action,不是 behavior)，而法律规范的应然性格，使得我们认为法律必然与行动相关，所以法律的理性当然是实践理性。"②在实践理性层面上：其一，理性是人们行动的工具，它和人的行动控制相关，昭示着人们应遵从理性而行动。其二，理性是人们的思维工具，它是在知觉及其所认识到的事物基础之上，形成的对事物善恶是非的理智判断，而判断最终则是为人们的行动发挥作用。其三，理性认识高于感性认识。普遍的理性的观念不能通过感官的知觉形成。感性材料的堆积不是科学理性的认识。只有将理性作为核心贯穿到感性材料之中，对之进行加工分析才能建立关于事物的合理的科学。于立法者而言，实践理性的体现在于，立法者立法时应当遵循自然规律的要求，使法律符合理性的原则，只有合乎理性的法律，才是公正的法律。当然，无论是立法者还是普通民众，实践理性都是一种有限理性。因为"知识的不完备性、对困难的预见、可能行为的范围等都决定了理性只能呈现为有限的理性"③。

总之，尽管理性主义法律观的传统表明，理性与法律的关系最初只是在自然法那里发生密切联系，但自然法和实证法从来都不是分开的，后者的产生和发展恰恰是建立在前者基础之上。因此，在现实人类社会法律制定过程中，立法原则本身就蕴含着理性；在对实定(在)法的适用过程中，也常常运用理性主义法律观的正义公平等价值内涵。

---

① 参见[德]H.科殷:《法哲学》,林荣远译,华夏出版社,2002年版,第13页。
② 参见颜厥安:《法与实践理性》,中国政法大学出版社,2003年版,代序第2页。
③ 参见[美]赫伯特·西蒙:《管理行为》,詹正茂译,北京经济学院出版社,1988年版,第81页。

二、法(律)的合理性问题

法律是理性的体现,理想的法律就是符合某种"自然"的即理性的法律。什么是符合合理性的法律,也就是法律的合理性问题,自然成为面对法律时所必须要解决的问题。因此,从法律理性观中可以自然地引出法律的合理性问题。根据现代法理学的一般见解,法律的合理性分为工具合理性与价值合理性,前者因其具有形式与手段的特性,因此又可称之为形式合理性;后者因其探讨的是事物比如法律内在的正当性,因而又可称之为实质合理性。

追溯法律合理性思想的历史发展路径可以说大致经过了三个阶段:初由黑格尔发端,后经马克斯·韦伯发展至顶峰,再由麦考密克进一步推动,最终形成了系统而完整的法律合理性问题的思想。

对法律合理性最早提出理论分析的思想家是黑格尔。学界论及对合理性问题的论述一般只追溯到韦伯,并认为"西方首先论述法的合理性者是马克斯·韦伯"[①]。笔者认为,韦伯只是首次明确提出了形式(价值)合理性与工具(实质)合理性并对之深入系统论述之人,但绝非首次提出形式与实质合理性思想之人。实际上,此前一些法律思想家已有了关于它们的零散论述,如卢梭就曾论述过法律形式合理性的体现及法律的普遍有效性:"我说法律的对象永远是普遍性的,我的意思是指法律只考虑臣民的共同体以及抽象的行为,而绝不考虑个别的人以及个别的行为。"[②]不过,真正在韦伯之前对合理性问题进行相对深入论述的是黑格尔,他最早同时论述了形式合理性与实质合理性。对此,我国台湾学者颜厥安也持相同见解:"在此特别要指出的是,黑格尔已经在对需求体系的描述中提出了'目的—工具'(Zweck-Mittel)的基本解析。所谓目的当然是指需求的满足,而工具指的则是满足需求的方式。此一解析已初步点出了其后对目的理性或工具理性的研究与批判。所以通过黑格尔对需求体系的研究我们已然可以看出市民社会或资本主义生产方式中所必然隐含的目的理性(Zweckrationalitat)与宰制自然(Naturbeherrschung)的因子。"[③]

黑格尔法哲学本质上是理性主义的,黑格尔辩证法就是理性主义的思想形式。由探讨理性入手,结合法律与理性的关系,以理性主义法律观为前提,

---

① 严存生:《法的合理性研究》,《法制与社会发展》2002 年第 4 期。
② [法]卢梭:《社会契约论》,何兆武译,商务印书馆,1980 年版,第 50 页。
③ 参见颜厥安:《法与实践理性》,中国政法大学出版社,2003 年版,第 241 页。

以理性作为审查和检验事物的标准,黑格尔展开了形式与实质合理性的理论。在黑格尔看来,规律分为自然规律和法律,自然规律是"自在自为的东西"也即合乎理性的东西,因为他说"合乎理性的东西即自在自为的法的东西"①。法律则正是对自在自为自然规律的规定,也即黑格尔所说的"自在自为地合乎理性的、其本身为普遍的规定"的东西,所以,法律的合理性实际上是是否合乎自然规律即自然法的问题。形式合理性是法律合理性的第一要素,它意味着自在自为的法被制定为针对所有人的具有普遍性的规则形式并被公布于众;它是人们行动的指南使后者可预测自己的行为;它是客观有效并具有可操作性的。法律也具有实质合理性。规则形式的法律还是对自在自为的法即自然规律或者说自然法的体现;由于自然规律是合乎理性的东西,因此只有体现了自然规律的法律才是合乎理性的。

在黑格尔之后,将法律的合理性问题做了最为有力发展和系统深入论述的则属德国著名社会学家、哲学家马克斯·韦伯。韦伯是一名新康德主义者。新康德主义作为黑格尔哲学之后而起的一种理性主义形式,一方面继承了理性主义的思想观念,强烈反对非理性主义和思辨的自然主义,另一方面又带有对过去理性主义形式的批判和自我反思。作为一名新康德主义的社会学家,韦伯以极其深刻的形式吸收了欧洲理性主义的传统,同时也亲身体验到了 19 世纪理性主义危机的新的精神思潮,并在此基础上提出了其深刻的合理性论断。②

综合韦伯关于法律形式与实质合理性思想③,其核心可概括为:法律的首要意义是形式的法,即它是一种系统化了的、一清二楚的、目的合乎理性制定出来的稳固的形式准则或曰规则体系;"以'形式合理(formal rationality)'为特征的法律的理想类型是这样一种类型:其中法律表现为一种逻辑一致的抽象规则的结构,根据这种结构,能够认定特定案件和问题中的有效事实并解决这些案件和问题"④。这一规则体系为人们的行为提供可预计性,为行为的结果提供可计算性;它能够排除传统的约束和任意专断,而让主观的权

---

① [德]黑格尔:《法哲学原理》,范扬、张企泰译,商务印书馆,1961 年版,第 225 页。

② 苏国勋:《理性化及其限制》,上海人民出版社,1988 年版,第 43 - 46 页。

③ 参见[德]马克斯·韦伯:《经济与社会》(下),林荣远译,商务印书馆,1997 年版,第 13 - 201 页。

④ [美]哈罗德·J. 伯尔曼:《法律与革命》,贺卫方等译,中国大百科全书出版社,1993 年版,第 653 页。

利只能产生于客观的准则;同时,它具有可操作性、可应用性,本身在逻辑上是毫无矛盾和毫无漏洞前后连贯的统一体;它有助于法律阐释,法律阐释又进一步推动了法律的体系化。与法律的形式理性相适应,法律的产生是由立法机关严格根据法律程序予以制定;在司法领域则具有一套严谨的司法技术、诉讼程序、审判原则和证据规则等,以保障法律的有效运行。形式合理性是一种客观事实判断,它是一种工具理性。法律的实质合理性,在内容上主要是指关于伦理、政治经济、功利主义、正义公平、适当性等实质原则;在本质上则是关于这些实质价值的逻辑关系判断;它是一种主观价值判断,体现的是价值理性。现代法律体系是高度合理的。但是,"这种合理性纯粹是形式的,它与实质合理性即从某种特殊的实质目的上看的意义合理性、信仰或价值承诺之间处于一种永远无法消解的紧张对立关系之中"①。

在马克斯·韦伯关于法律合理性的理论基础之上,英国法哲学家麦考密克作为制度法学的代表人物,进一步对法律的合理性进行了系统的阐述。与韦伯一样,麦考密克是从行动合理性开始再论述法律合理性;同时,通过从目的——工具/形式合理性与实质/价值的合理性两方面来衡量行动的合理性,麦考密克基本得出了与韦伯相一致的结论。根据其论述②,他的法律形式与实质合理性的核心观点可概括为:形式合理的法律是一套完整的规则体系,但在此体系之内以及在规则体系与事实之间不可避免地存在矛盾,即使是立法者的努力也不能使之消除。为此,如果仍停留在法律形式圈子之内为消除这种矛盾寻找理由,显然是不可能的,而只有求助于更高序列的理由,即通过对法律规则所蕴含的价值进行探讨寻找解决矛盾的理由,这样的理由,也就是实质合理性的理由,即用道德、正义、同情感、智慧等来判断。

三、形式合理性与实质合理性的辩证统一

法律的形式合理性与实质合理性的辩证统一关系表现为:形式合理性是对实质合理性的体现。法律和法的关系表明,法律是对法的体现,即实定法是对自然法的体现。因此,形式上合理的法律即实在法体现的正是自然法的实质理念。然而,法律理性观实际上是建立在以下理论预设之上:人世间存在着一种超实定法的自然法。问题是,这种假设是否成立? 为此,必须要

---

① 苏国勋:《理性化及其限制》,上海人民出版社,1988 年版,第 227 页。
② [英]麦考密克、魏因贝格尔:《制度法论》,周叶谦译,中国政法大学出版社,1994 年版,第 229 - 248 页。

跳出自然法的范围之外回答对自然法的批判,其中主要是否认自然法与理性存在的来自于实证主义法学的批判。

（一）实证法学派对法律实质合理性的责难

实证主义法学派对自然法学派的攻击是从对理性的诘难开始的。英国18世纪著名哲学家、伦理学家大卫·休谟作为实证主义法学派的先驱,从理性怀疑论和经验主义角度出发,反对理性作为世界的指导并提出以经验而非理性分析一切事物,他认为人类所获得的有关自身境况的唯一真正的知识是通过观察和经验,在此基础上,休谟从本体论的角度彻底否定了自然法。他指出,法律规范是否合理根据人类理性无法判断;合理与否属于价值问题,而价值判断不是自然法理论所设想的可以依赖客观存在的理性来判断的,超验的理性并不存在,实际存在的只有人类各式各样的欲望与要求。因此,自然法学说关于理性应用于人类行为的解释站不住脚;认定某一行为方式正当与否不过是人类的意向、愿望,而非理性,因而也就无所谓合理与不合理。这样,休谟抽掉了自然法的理性基石并由此展开了对自然法的系统批判。①

如果说休谟打倒了理性和自然法的传统,那么,以边沁为代表的功利主义则在否认理性和自然法的同时,提出以功利主义作为分析社会政治经济等的具有普遍性的道德原则,他的功利主义法律思想被后来的实证主义法学者广为接受。

19世纪英国分析法学的首创者约翰·奥斯丁使实证法学派登上了一个新的巅峰。他认为,所有法律和人类行为规则都严格而普遍地建立在功利基础之上。他虽然如同边沁一样坚持事实和价值相分离的原则,但他所认为的功利原则实际上和自然法学派所说的自然法、人类理性等具有密切联系。②对此,英国学者韦恩·莫里森指出,与边沁不同的是,奥斯丁是一位法律多元论者,因为他没有否认自然法的作用,只是把它降到了次要地位。③

虽然实证法学派学者之间的观点不尽相同,但总体而言,具有如下共性:一是认为只有实在法是法。对于任何可以承认为法律的准则都必须可以证明是一种外在的、历史的行动,通过这种行动,它本身得到承认或生效。任何的认识最终都必须能够从感知中引申,这是一目了然的。这个命题排除任何

---

① 周世中:《法的合理性研究》,山东人民出版社,2004年版,第125页。
② 参见张宏生主编:《西方法律思想史资料选编》,北京大学出版社,1983年版,第361页。
③ ［英］韦恩·莫里森:《法理学》,李桂林等译,武汉大学出版社,2003年版,第243页。

对某种超实在法的自然法的承认。① 二是区分法的应然和实然,认为法是什么是一回事,其应该是什么即法的善恶是另一回事;着重于对法概念的分析,排斥对法律进行目的论和价值的考虑;根据逻辑推理来寻求可行的法,并且否认道德判断有可能建立在观察和理性证明的基础之上。

（二）超验自然法与法律实质合理性之肯定

实证法学派对自然法的否定存在着明显漏洞。休谟反对理性的存在,并提出以人类的意向、愿望等作为判断法律或行为好坏的标准;边沁的功利主义虽然也是站在否定理性主义及自然法立场上,但与此同时,他却以功利主义作为衡量立法和法律制度是否合理的标准,并且将功利主义定义为最大多数人的最大快乐或幸福。问题是:其一,不管是人类的欲望抑或是功利原则,它们本身和理性一样都是相对抽象和含混的,其内容是实质而非形式的。其二,人类欲望或功利标准的提出恰恰从另一方面表明,在具有外在形式特征的法律之外,存在着一个衡量它们好坏的实质标准。其实,当实证法学派自休谟以来提出并经由边沁、奥斯丁等人发扬了将法分为"应然"和"实然"的区分开始,就表明了他们对于法律本身是什么的问题之外法律应该是什么的追问。纵然实证法学派学者认为法律的"应然"属于价值范畴的问题从而将之与"实然"区分开,但是,脱离了价值内涵的法律规范正如同枯燥的数字一样毫无意义。但法律不是枯燥的数字,法律准则从来都是价值的体现,其产生便和自然法息息相关,法律的应然和实然正如一纸两面,何以能分开? 其三,虽然休谟认为衡量法律的实质标准不是自然法和理性而是人类的欲望,可是,人类的欲望也有好坏、正邪、善恶之分。按照休谟的观点,用人类的欲望衡量法律是否合理,这便意味着,满足了人类邪恶欲望的法律显然是不合理的法律,与人类健康公正的欲望相一致的法律则是合理的。这实际上表明,欲望标准本身也蕴含了人类抽象理性和自然法的观念。其四,虽然边沁、奥斯丁等人认为衡量法律的实质标准不是自然法和理性,而是功利主义,可是,如果进一步追问:衡量最大多数人最大幸福的功利主义背后的标准是什么? 最大多数人的最大快乐或幸福的标准本身,难道不是蕴含了人类抽象理性和自然法的观念吗? 对于每个人而言,虽然幸福快乐的涵义是有差别的,但无论如何它也有被一般人大致认可的内容,而这些内容,作为社会上的大多数人,当然是根据那种存在于他们心中的自然法的观念如正义、善良、适当

---

① 参见［德］H. 科殷:《法哲学》,林荣远译,华夏出版社,2002年版,第55页。

等天道天理。仔细揣摩,快乐和痛苦的来源又有哪一种不是与自然法休戚相关的? 自然法实际上就是人类社会的道德底线,因为它教育人们莫作恶而要行善;宗教与自然法天然地纠缠不清,因为在神学法学家们那里,自然法也就是上帝的宗教的法,到了韦伯的除魅时代,法律和宗教的关系才变得清晰。然而,宗教和自然法存在的基础和性质是如此相像,以至于直到今天,人们也很难将它们的关系作一个透彻的解释;至于政治,那恰恰不过是要将自然法制定为实在法的一种方式,而且,偏离了天然正义、公平的暴政带给人类的是痛苦,反之才是快乐。而边沁所提出来的仁慈、作恶等快乐和痛苦的具体类型,更是有力印证了自然法的存在,即掩盖在边沁所说的功利主义——大多数人的快乐和痛苦——的背后的,不是别的什么东西,恰恰是自然法所昭示的真正理性、天然正义、合理公平、正常秩序等。

总之,虽然边沁以功利主义作为衡量法律合理与否的标准,但这个标准的实质仍未逃脱自然法的标准。奥斯丁关于功利的界定更是明确表明了他对自然法的认可,表面看起来他将自然法降低到了次要位置,因为他是在功利主义的前提之下谈论自然法,是在界定功利主义时使用自然法或理性概念的;但由于他将功利的本质界定为了自然法、理性等,因此,实际上他也并非将自然法降低到了次要地位,依笔者愚见,他与边沁一样,只不过是在自然法、理性等词语之上用功利加以替代罢了。因此,与自然法学派相比,笔者赞成这样一种观点——功利主义者的"知识并没有什么真正的进步,修辞术是实际上的胜利者"①。

实证主义的观点也遭到了 19 世纪末新康德主义者的批判。例如韦伯就对严格实证主义法学进行了批驳,他指出:"自然法是独立于整个成文法的、而且与之相比效果更突出的准则的总和,它们所具有的威严不是出于任意专断、为所欲为制订的章程,而是相反,章程的使人承担义务的力量是由它们给予合法化的。"②显然,"韦伯对合理性的法律形式主义的论述带有明显的黑格尔哲学的影响。在他看来,体现在西欧法律和现实中的合理性,来源于自然界的永恒和谐的本质,即现实的合理性来源于自然界的合理性,法律(成文法)来自自然法"③。总之,在韦伯看来,一种超验的理性或者说自然法是存

---

① [英]韦恩·莫里森:《法理学》,李桂林等译,武汉大学出版社,2003 年版,第 116 页。

② 参见[德]马克斯·韦伯:《经济与社会》(下),林荣远译,商务印书馆,1997 年版,第 189 页。

③ 苏国勋:《理性化及其限制》,上海人民出版社,1988 年版,第 43－46 页,第 225 页。

在的。

这样，传统实证学派对自然法的否定和法律价值的极端排斥，在新自然主义法学派、社会法学派等的反驳之下慢慢不再坚守，并且，随着 20 世纪以来新分析实证主义法学的出现，实证主义法学者否认自然法及理性的观念开始出现了一些缓和。新分析实证主义法学基本上继承了传统分析法学理论，即严格地区分实然和应然的法，只对法进行逻辑分析而无涉价值评判。与传统分析法学不同的是，"现代分析法学尽管仍然坚持法律与道德无关的基本观念，但态度已经不那么绝对，有的学说出现了向自然法靠拢的倾向"①。例如新分析实证法学派的代表人物、英国法学家哈特就是如此。

很显然，实证主义法学派所极力放弃的自然法理论以及极力排除法律价值问题的努力，由于其自身理论的缺陷，以及实证法学派阵营中学者们的认识和其他学派的批判，都被证明是失败的。理性主义在自然法那里是后者的同义语，而在实证主义者那里也不是法律的身外之物，最终，"不论是自然法或实证主义，都以不同的方式感染了对理性主义的信仰"②。美国的《人权法案》(*Bill of Human Right*)得以并入美国成文宪法，则是自然法观念最丰硕的成果之一，它不仅使这种权利具有特定内容，同时也使它获得法律的承认。世界上"当今的各项法律，尽管不甚完备，在发展过程中却有一大部分归功于对合理而普遍自然法的信仰"③。作为人世间的最高法则，自然法虽然是一种超实定法的法，但却也是生长在世界上每个人心中的法，是一种无处不在的法，它代表着人世间基本的善良、正义、公平等理念，而实在法即法律，正是对自然法的体现，这正是法律的理性所在。

（三）法律（合）理性之内容：形式与实质合理性的辩证统一

从自然法到理性，从法的理性到法律的理性，再到法律的合理性问题，是一个顺次相沿的逻辑发展过程。因此，如果要探讨法律的合理性问题，只有回溯到法律与理性的关系，最终回溯到自然法与实定法即法律的关系，才能明白法律合理性问题中形式理性与实质理性的关系。因为，当我们肯定有自然法的存在，肯定法律（实定法）是自然法即理性体现和客观定在，我们就会

---

① 参见刘全德主编：《西方法律思想史》，中国政法大学出版社，1996 年版，第 231 页。

② ［英］Dennis Lloyd：《法律的理念》，张茂柏译，台湾联经出版事业公司 1984 年版，第 80 页。

③ ［英］Dennis Lloyd：《法律的理念》，张茂柏译，台湾联经出版事业公司 1984 年版，第 81、84 页。

肯定法律的合理性自始就包含了对实质合理性的关注,即立法者制定出来的法律是否符合理性,是否符合自然存在的秩序,是否符合社会共同权利与正义原则之体现的自然法。只有借助了形式合理性之外观的法律体现了自然法的正义、自由、公平等人类基本的是非善恶观念时,这样的法律才具备了实质理性,最终也才具备了合理性。所以说,法律的形式合理性代表着实质上的公正要求。法律是对人类抽象公平及正义价值的一种记载,它是有关权利与正义的价值体系;其外在的规则体现的恰是自然法的内在价值,因而法律是形式理性与实质理性的统一。

四、冲突时的理性选择

法律的形式合理性侧重于对形式化的、意义明确的法律条文的规定,以及法律原则的体系的构成和概念逻辑的阐释,它讲究的是法律的可操作性;而实质合理性侧重于对法律的内在品质诸如正义、公平、善恶等价值观念的追求,它本身恰恰是抽象的、并非明确无误的,并且恰恰缺乏可操作性。那么,法律的形式合理性与实质合理性之间存在矛盾之时,应该如何抉择?这对于法律的适用具有极其重要的理论和实际意义。笔者以为,法律形式与实质合理性的紧张关系决定了对法律合理性的追求应有所限制。形式抑或实质合理性,都只能是相对的,绝对的合理性并不存在;过分追求形式合理性将会导致法律的变异,过分追求实质合理性则会导致对法治的践踏破坏。如果法律的形式合理性与实质合理性发生冲突,则只能在坚持形式合理性的前提之下追求实质上的合理性。

(一)实质合理性对于形式合理性的实现具有重要作用

形式合理性和实质合理性的辩证统一关系表明,实质合理性的内涵需要借助形式合理性来体现,反之,形式合理性的实现则需借助实质合理性。① 如果仅仅将法律理解为字面的规则,那就不可能了解法律的性质;如果不透过法律背后隐含的实质内涵,那就不可能使法律的适用得出符合正义的裁决;如果对法律规则仅做独立的理解而不是放在社会、历史、文化或政治等背景下,则难以将抽象的法律适用于具体的案件。这一切决定了对法律的适用需要追求实质上的合理性,需要从实质的价值角度理解法律规范。② 形式合理的规则在适用中情况复杂。脱离政治经济文化等价值内涵,脱离法律的公平正义等实质价值,就不可能理解形式合理的法律规则。因此,形式的合理性可以通过实质的合理性得到保证,"一个制度的合法性可通过""价值合乎理性""得到保证"。① ③ 从实质合理性本意而言,为使法律不至于停留在形式合理性的形式主义框框之内,并使形式法律规则和司法不至于过分地触犯法律的公平正义等实质理想,必须尽可能最大化地使形式合理的法律体现实质合理性。这样一种过程,也就是追求实质合理性的过程。

(二)法律的形式合理性优越于实质合理性

在法律的形式合理性与实质合理性之间,如果双方发生冲突,应该在坚持形式合理性的前提之下追求实质上的合理性,换言之,对法律实质合理性的追求要受到法律形式合理性的限制,不能超越和突破法律的形式理性追求实质上的合理性。

首先,从基本法理分析,对法律实质合理性的追求受形式合理性的限制。当判断一项实在法是否符合正义、公平、适当等实质合理性的价值原则时,难免会带有判断者的主观随意性。为此,必须对实质合理性的追求作一个客观限制,以保证判断结果的相对可靠稳妥。如果一项实在法实质上是合理的,我们需要遵守它;如果一项实在法与法的实质理性相抵触,便不能违背或超越它而擅自订定法律规则并以之解决法律纠纷。因为一项实在法的颁行是经过严格的程序并由特定的机构进行的,在一定程度上,它是社会上一般人的普遍的正义观的体现,如果以违背实质合理性为理由而擅自废除或弃而不用,实质合理性就会凌驾于形式的合理性之上,成为判断事物是非的标准,而这种状况则将是一种非法治的状态,其后果必然导致专制。在这一点上,古典自然法学派的观点是要受到批判的。例如西塞罗、奥古斯丁等古典自然法学家就认为不公道以及邪恶的法律不能称之为法律,这样的结果,只会导致"人法"或"无法"。因此,追求法律的实质合理性必须以遵守形式上合理的法律规则为前提,不能在实在法的范围之外,以实质合理性作为判决的标准。

其次,从法律适用的技术上分析,即实质合理性的具体实现方式来看,无论何种形式的实质合理性的实现途径,都要受到形式合理性的限制。追求法律的实质合理性,主要是通过立法和法律解释两种方式。立法方式主要是指在制定法律时,为了最大限度地追求实质合理性,应尽量将违背人类公平正义价值理念的行为规定为违法犯罪,以使形式合理的法律规则充分体现自然法的实质理念;应尽可能多地使用不确定的法律概念和抽象模糊的、包容性

---

① 参见[德]马克斯·韦伯:《经济与社会》(下),林荣远译,商务印书馆,1997 年版,第 64 页。

大的概念语言,例如,在法律条文中使用诸如"诚实善良""公平正义"等抽象的法律概念,以避免法律的技术性形式性过于明显而削弱法律的实质内涵和价值容量。法律解释方式主要是针对法律准则中所使用的抽象概念,进行合理解释、延伸和扩展,以使具有实质内容的法律更加系统化和具有可操作性。但是,如果立法者在制定法律时一味地使用抽象的法律概念,将会使法律失去形式上的合理性;司法官根据法律规则背后的正义价值解释法律时,不能够超越法律规则文本的可能含义的范围,不得类推解释,否则就是对法律规则的突破,也会使法律失去形式合理性。因此,在追求法律的实质合理性时,不能抛开形式合理性甚至于突破法律的外在形式特征而导致法律虚无主义。

根据理性主义法律观,实在法是以自然法为基础的,实质的正义等价值是法律的基础,如果限制对法律实质理性的追求,并在其与形式合理性发生冲突时坚持形式合理性的优位原则,是否与自然法学派所坚持的理性主义法律观相违背?笔者以为,答案是否定的。经过自然法学派与其他学派的长期论战,即使自然法理论也不否认,应该在坚持法律形式合理性前提之下,给法律的理解或适用提供实质正当理由;即使有些法律规则并不完全符合自然法理论的等价值内涵,但是法律一经制定就应遵守,不能因其不符合自然法的价值原则就认为其无效,失去了法律的形式合理性而徒有实质合理性的法律只会退回原始社会的蒙昧时代,并且不再需要讨论法律以及法律的形式合理性和实质合理性的问题。

(三)结论

理性是相对于非理性、合理性是相对于不合理性而言的,而理性与非理性之间、合理性与不合理性之间的界限,虽然大致是清楚的,但是却很难做到绝对清晰。理性的内容如公平、正义等价值理念极具抽象性,合理性的标准亦因此如同万花筒一般令人应接不暇;相对于实质合理性,形式合理性相对是清楚的、易见易懂的、客观的,实质合理性则是模糊的、缺乏客观外在的形式并难以把握的。这决定了对法律的合理性的追求必须要以可见易感的形式合理性为原则,在此前提下展开对实质合理性的追求;反对那种为了追求法律实质合理性而置形式合理性于不顾,突破法律的形式规则体系,进行所谓的单一符合实质合理性的正义公平之原则的法官造法或类推解释等活动,否则,司法活动就会变成无形式化的司法。形式化的司法具有决定性的优点,无形式化的司法是为"绝对任意专断和主观主义的反复无常提供机会"①,其结果将会导致对法治的践踏,法律的形式合理性不复存在,实质合理性也会失去依归。因此,抛却法律的形式合理性而过分追求实质理性的行为本身就是非理性的。而这,正是众多理性主义者所担心的,或者说是他们反对以实质合理性作为衡量事物的首要价值目的的关键所在。例如,韦伯就明确指出:"从目的合乎理性的立场出发,价值合乎理性总是非理性的,而且它越是把行为以之为取向的价值上升为绝对的价值,它就越是非理性的,因为对它来说,越是无条件地仅仅考虑行为的固有价值(纯粹的思想意识、美,绝对的善,绝对的义务),它就越不顾行为的后果。"②显然,韦伯的这一立论是建立在这样的前提之上的,即不能过于追求事物的价值/实质合理性,否则,很可能抛弃对工具/形式合理性的坚守;价值/实质合理性只是相对的合理,而不可能绝对的合理。

总之,法律的规则性、客观性、体系性、统一性、普遍性等基本而重要的形式特征,保证了法律的正义、公平等抽象的、主观的实质理性的透明性;法律的正义、公平等价值理性内涵,则保证在法律规则不够明确时,可以依据这些人类理性在不超越形式理性的范围内对法律进行目的价值的解释,以保证法律的形式合理性能得到最大限度的维护与遵守,使法律的形式合理性具有长久的价值。在法律的形式合理性与实质合理性之间发生冲突之时,在承认法律的形式合理性是对实质合理性体现的前提之下,决定了在追求形式合理性时,不能抛开实质合理性而导致价值虚无主义;在追求实质合理性时,不能抛开形式合理性无限制地追求实质内容的合理,以至于突破法律的外在形式从而导致法律虚无主义。西方刑法文化中的理性主义,值得吸取。

第二节　中国刑法文化之礼法论

中国的法律文化可以说仍然处于传统法律文化与西方法律文化相互博弈的状态中,虽然国人百年来致力于引进西方法律文化,但作为一种异质文化,强行侵入一个已经独立发展了千年的成熟文化中,要想完全取而代之,百

① 参见[德]马克斯·韦伯:《经济与社会》(下),林荣远译,商务印书馆,1997年版,第142页。
② 参见[德]马克斯·韦伯:《经济与社会》(下),林荣远译,商务印书馆,1997年版,第57页。

年毕竟太短。文化,是一个民族主体性的体现,其沉淀时间越长,生命力越顽强,影响也越深远,所以,传统法律文化在当今中国仍发挥着不容忽视的影响,这是不争的事实。"因为,一种具有深厚社会文化基础的观念一旦形成,必将极大作用于历史,即便在最初的条件已经消失,相应的制度已经改变的情况下,它也可能长久地存留下去,于无形之中影响甚至左右人们的思想和行为。"①所以要探究一法律现象存在的原因,就必须深入到中国传统法律文化中去寻找。

一、儒家化的法律文化传统

儒家化的法律传统,"从原理上可以理解为,传统中国的人伦道德,亦即儒家伦理或者说宗法伦理,内化在传统中国的法律之中并在精神和原则上支配着它的变化和发展,表现为儒家伦理成为国家立法与司法的指导思想,法律内容和人们的法律意识渗透了儒家伦理的意蕴"②。此一传统从汉至唐经过漫长的历史演进才逐渐形成,形成后到清末有所改变。在这一漫长的形成和存续期间,有一因素起着最为关键的主导作用,那就是人的主观内心。在形成时期,儒家通过运用春秋决狱把人的主观内心推入司法领域的制高点;在存续时期,人的主观内心在立法领域也立住脚跟,并存于司法和立法领域。那么,这一局面是如何形成的呢?

儒家伦理虽然在春秋战国时期已成体系,但是由于不符合当时的政治需要,虽经孔孟及追随者大力提倡仍未被诸侯所采用,甚至到秦朝出现了焚书坑儒的惨剧。而法家因主张用强制的同一性规范来治理国家,符合当时的乱世,而被秦所采用,逐渐统一全国,法律终成正统,但秦终因法律过于严苛而被汉所取代。虽改弦更张,但成文法这一形式及内容却被继承。所以,"秦汉法律为法家系统,不包含儒家的成分在内"③。虽然儒家主张礼治,反对法治,但是到了汉代,"国家需要法律已成为客观的事实,不容怀疑,不容辩论,法律的需要与价值的问题自不存在"④。所以,在这样的背景下儒家要有所作为,必须审时度势,承认法律必须存在这一事实,采用有效的策略,让儒家伦理很隐秘地渗入法律之中,以驱逐、取代条文中所承载的法家思想,用法家之瓶装

---

① 梁治平:《法辩》,中国政法大学出版社,1993年版,第90页。
② 张中秋:《中西法律文化比较研究》,法律出版社,2009年第四版,第121页。
③ 瞿同祖:《中国法律与中国社会》,中华书局,2003年新1版,第373页。
④ 瞿同祖:《中国法律与中国社会》,中华书局,2003年新1版,第330页。

儒家之酒,从而使法律体现儒家伦理,并成为推行儒家思想的工具。而这种有效的策略就是汉代以董仲舒为代表的儒家所采用的春秋决狱。"也就是董仲舒等儒家接受了法家'法律'条文,但为其提供了儒家的思想基础。"①而这样做成功的充要条件就是关注人的主观内心。

所谓"春秋决狱",就是在审判案件时引用《春秋》等儒家经义作为分析案情、认定罪行及适用法律的依据。董仲舒所主张的原则是"春秋之听狱也,必本其事而原其志。志邪者,不待成;首恶者,罪特重;本直者,其论轻"②。其中,"本"的意思是依据、按照、根据,而"原"的意思是推究、考察,"志"的意思是志向、心志、思想观念,"成"则为成就、完成、实现,则此句古语可翻译为:春秋之断狱,必然先根据事实来推究行为人的主观意志,如果主观意志邪恶,即使行为人所期待的结果没有实现,也要对他进行处罚;如果是首犯,对其处罚要加重;如果行为人原本正直,对他的处罚就要减轻。③根据董仲舒这段话的意思,可以看出"事"在决狱中是起基础作用的,必须由"事"来推"志",然后根据"志"是否符合儒家的伦理道德来断定其为善还是恶,善者减轻或免除刑罚,恶者则加重刑罚,这也可以通过《春秋繁露义证》的注释"事之未悉,则志不可得而见。故春秋贵志,必先本事"中得到印证。所以,董仲舒的春秋决狱不属于主观归罪,因为他以行为为基础,由行为来推断内心,但它又不是客观主义,因为它只是把行为看做一个跳板,当"志"呈现后就把行为给抛弃了,用"志"所体现的儒家伦理道德作为最终的定罪量刑的标准,这就与主观主义有异曲同工之妙,只不过不同的是,主观主义是根据行为征表行为人的人身危险性,根据人身危险性来确定刑罚,而春秋决狱则是根据行为征表行为人的儒家伦理道德性,根据是否符合儒家伦理道德来确定刑罚。但人身危险性和儒家伦理道德性都是重视人的主观内心而轻视客观行为。所以日本学者日原利国说:"关于汉代刑罚的主观主义,和所谓的春秋之义是可以相提并论而无法分离的。"后其在论文《春秋公羊学的汉代开展》中,再次重申了关于春秋公羊学在刑法理论上的属于主观主义的观点。④ 我们下面不妨根据春秋决狱所存留至今的两个案例来进行印证。

案例一:甲父乙与丙争言相斗,丙以佩刀刺乙,甲即以杖击丙,误伤乙,

---

① 黄源盛:《董仲舒春秋折狱案例研究》,《台大法学论丛》1992年第8期。
② 苏舆撰:《春秋繁露义证·精华第五》,钟哲点校,中华书局,1992年版,第92页。
③ 李娟:《董仲舒之原心定罪的含义》,《研究生法学》2006年第5期。
④ 参见黄源盛:《两汉春秋折狱"原心定罪"的刑法理论》,《政大法学评论》2005年第6期。

甲当何论？或曰，殴父也，当枭首。论曰：臣以父子至亲也，闻其斗，莫不有怵怅之心，扶杖而救之，非所以欲诟父也。《春秋》之义，许止父病，进药与父而卒，君子原心，赦而不诛。①

此案的事实很清楚，其"事"就是甲父乙和丙正在争斗中，此时，丙用刀刺乙，而甲就用杖还击丙，没想到，伤到了乙。根据当时的汉律，殴父应当枭首。但董仲舒却不以为是，他先从"事"推出"志"，他认为按照人之常情，父子情深，甲看到父亲被别人殴打，情急之下为了救父而误伤父，其"志"为了救父而不是害父，不是不孝反而是孝。然后董仲舒引用《春秋》许止进药的案例，许止为了使父康复而给父亲喂药，没想到药不适应父亲的病症，而导致父亲死亡。但《春秋》原心，认为许止是为了救父而非害父，是孝，动机是善的，所以不处罚。比照这个案例，董仲舒认为甲和许止一样，两者同为善因恶果，所以甲不应当受到处罚。本案董仲舒所断，就是根据"事"推出"志"是为了救父，是完全符合孝这一儒家伦理的，所以不应为罪。

案例二：甲夫乙将船，会海风盛，船没溺流死亡，不得葬。四月，甲母丙即嫁甲，欲皆何论。或曰："甲夫死为葬，法无许嫁，以私为人妻，当弃市。"议曰："臣愚以为春秋之义，言夫人归于齐，言夫死无男，有更嫁之道也，妇人无专制擅恣之行，听从为顺，嫁之者归也，甲又尊者所嫁，无淫之愆，非私为人妻也。明于决事，皆无罪名，不当作。"②

本案的事实也很清楚，甲的丈夫出海遇难，尸首无归，无法安葬，后甲遵从母亲的意愿而改嫁。按照《汉律》，甲应处以弃市。但董仲舒认为这样不符合儒家经义，他从"事"推出，甲改嫁主观上并不是为了满足自己的性需求，而是顺从母亲的意愿。根据春秋"夫人姜氏归于齐"的经义，夫死无男即可改嫁，而且甲改嫁又是遵从父母之命，按照儒家伦理，婚姻的缔结都是为父母的，父母才是缔结婚姻的当事人，不论男女，尤其是女子，都只是缔结婚姻的客体，婚姻的目的是不涉及男女本人的，故父母之命被视为婚姻成立要件。所以，甲的行为是儒家经义内化为自身道德的体现，所以不构成私为人妻罪，不应当处罚。这个案件的推理方式和上一个案件如出一辙，都是没有机械适用当时的汉律，而是综合案情，从客观事实推出主观意图，然后按照儒家经义进行解释，以确定其是否有罪。所以，通过董仲舒亲自所断的两个案例，我们

---

① 转引自黄静嘉：《中国法制史论述丛稿》，清华大学出版社，2006年版，第21页。

② 转引自黄静嘉：《中国法制史论述丛稿》，清华大学出版社，2006年版，第22页。

可以看出董仲舒的隐秘用心,通过借助主观内心来干涉司法审判的方式,用儒家经义架空体现法家思想的法律,保留法律之体,而呈现儒家之魂。而这一方式成功的根本就是探寻人的主观内心。

董仲舒的春秋决狱,虽然他本人严格遵守了"本其事原其志"的原则,再加上他在儒学上的深厚造诣,所以他所断的案件,既体现了儒家精神又合情合理,但此种断案方式,使主观意图在司法审判中跃居首位,此风一开,一发而不可收,在两汉时期甚为流行,著名的除了董仲舒外,还有兒宽、吕步舒等人,但是终因成为时尚,附随者因没有深厚的经学功底,以"事"推"志"颇为困难,只是"小大以情,原心定罪"①。而且当时的中华帝国根基未稳,统治者为了维护统治,打击异己,也对这种审判方式甚为赏识,极力推崇。故到了东汉,春秋决狱就演变为"故春秋之治狱,论心定罪,志善而违于法者免,志恶而合于法者诛"②。所以黄盛源先生就认为历史上存在着"正常的春秋决狱"与借名专断、引喻失义的"不正常的春秋决狱"两种情况,但不论何种情况,这种对"志"的探究都是儒家精神渗入法律的绝好方式,后者甚至更为便利,所以从西汉开始,途经东汉、三国两晋南北朝,此种方式一直被延续,直到隋唐,此种审判方式才逐渐减弱。

春秋决狱的弱化并不代表人的主观意图在定罪量刑中的作用也相应地弱化,反而是相应增强的表现。因为当年董仲舒之所以采取这种方式,其目的就是为使儒家经义成为法律的指导思想并具体体现于其中,并且成为推行儒家经义的工具。这样经过数百年的努力,等到了唐代,唐律"一准乎礼",那么春秋决狱的历史使命大体就已经完成,弱化是必然的,而此时法律已纯然体现儒家经义。此前,春秋决狱是通过司法审判来关注人的内心的,目的是让儒家经义渗入体现法家思想的法律条文中,而到了唐律,律文已全然体现儒家经义,是不是就不需要探究人的主观内心了呢?答案否也。虽儒家为一伦理之学,但在中国古代,伦理和道德既相互区别又互为表里。伦理之内容为道德,道德之延展为伦理。因为"伦"的本义为"辈"。《说文》曰:"伦,辈也。"引申为人际关系。而理本义为"治玉"。《说文》曰:"理,治玉也。"引申为整治和物的纹理,进而引申为规律和规则。所以在这里,"理"和"道"是直接同一的,"理"是客观形态的人伦原理,而"道"则是个体化、现实化的行为规

---

① 《后汉书·应劭传》。
② 《盐铁论·卷十·刑德三》。

范，相对于人伦原理而言，“道”是伦理的个体化与现实化。而“德”本义为“得”。《说文》曰：“德，外得于人，内得于己也。”故这种个体化与现实化的完成只有进到了“德”才能实现，所以伦理是人与人之间的关系与原理，人与人之间有一条路，这就是“道”，如何行道？这就是德，“行道而得之于心谓之德”。[①] 所以，儒家伦理要真正发挥作用，必须使其内化为个人之德。既然法律之魂为儒家经义，所以要使法律之具圆满完成任务，就必须使其成为能够洞察内心的“灵魂技术学”，所以自唐之后直至清末，立法和司法对内心的关注一直没有减弱，反而因为生产关系的发展，作为上层建筑的儒家经义的独尊地位受到威胁，为了维持落后于生产关系的儒家经义的独尊地位，通过法律对人的内心的掌控越来越严厉，清朝大兴文字狱就是明证。

总之，自汉以来，人的内心一直是法律所青睐的对象，关注内心，关注道德这一传统，从“极其遥远的过去，经过断裂的历史表象之后，悄悄延续至今”[②]，所以日本学者西田太一郎曾说：“儒家刑罚思想中有明显的重视主观上的犯罪这一主观主义的倾向。”[③]

二、德主刑辅的法文化传统

中国法制史，从某种角度上讲，就是一部礼法关系的历史，从春秋战国的礼法对立到汉的礼法合流，终成德主刑辅这样的主流意识，一直绵延到清末。但在这个漫长的历程中，却有一股暗流一直隐含其中，直到今天仍影响着人们的刑罚观念，那就是漠视犯罪行为与刑罚之间的对应关系，而更多地关注德化和刑罚是否能使人弃恶从善，成为一谦谦君子，这就在某种程度上倾向于目的刑、教育刑了（当然中国古代的主流是威慑刑，笔者这里只是探讨威慑刑之外倾向于主观主义目的刑、教育刑的这种思想对当今我国主观主义的影响）。所以，台湾学者王伯琦先生曾说：“这种以重心放在德教方面的先礼后刑、德主刑辅观念，随时间之经过而愈益根深蒂固，到清末《大清新刑律》颁定，笞杖等身体刑废除，死刑单用绞，充分表示宽大仁厚的精神，即不能不说是德主刑辅的力量，至于保安处分、假释缓刑等制度，在西洋虽已是从以自由意思为根据的报应刑或一般预防观念进至以社会责任为根据的危险性观念或特别预防观念的产物，但新刑律亦能很顺利很自然地采纳，亦不能不说是

① 参见樊和平：《中国伦理精神的历史建构》，江苏人民出版社，1992 年版，第 24 - 25 页。
② 梁治平：《法辩》，中国政法大学出版社，1993 年版，第 136 页。
③ 西田太一郎：《中国刑法史研究》，北京大学出版社，1985 年版，第 94 页。

由于德主刑辅观念与之无意识的契合,所谓殊途同归也。"①

　　这种思想可以追溯到三圣时期,据说尧"象以典刑",虽关于象刑学界颇有争议,但有力说认为,这是指"当时只是在犯罪者的身体上放一个什么象征性的标志,以表示其人有罪,而不真正施加刑罚,目的是使之知耻而改过"②。而到了周朝提倡明德慎刑,文、武、成、宣诸朝都比较注意教化的作用,周康王明确宣布"毋庸杀之,姑惟教之"③,而且根据《周礼》的记载,对于那些造成社会危害的应列入"五刑"的恶人,不仅要囚于"圜土",而且要拘收劳役,以教化迁善。如果弃恶从善,则"不亏体""不亏财",即不用再施加肉刑也不处罚金了,颇有教育刑的意味。到了春秋战国时代,虽礼崩乐坏,但孔子仍然主张"道之以政,齐之以刑,民免而无耻;道之以德,齐之以礼,有耻且格"④。这成了儒家千百年来的信仰,坚信人性本善,只要教化得当,即可实现刑措之理想。荀子也坚持这样的主张,认为教化即行,便无法律刑罚的需要,"故上好礼仪,尚贤使能,无贪利之心,则下亦将辞让,致忠信,而谨于臣子矣……故赏不用而民劝,罚不用而民服,有司不老而事治,政令不烦而俗美,百姓莫敢不顺上之法,象上之志,而劝上之事,而安乐之矣"⑤。儒家这种以教化变化人心的方式,是心理上的改造,使人心良善,知耻而无奸邪之心,自是最彻底、最根本、最积极的办法,断非法律判裁所能办到。⑥ 虽法家反对教化,主张法治,用刑罚来禁奸止非。如商鞅云:"夫刑者所以禁邪也,所以止奸也。"⑦韩非云:"法者,宪令著于官府,刑罚必于民心……而罚加乎奸乎者也。"⑧但是他们没有过多地关注刑罚与犯罪行为的关系,并不认为刑罚自身有其独立的价值,只是把刑罚作为一种工具,以达到禁非止恶、维护社会秩序的目的,此理念主导了秦朝的法观念。

　　到了西汉,大儒董仲舒用阴阳五行理论把先秦儒家和法家结合起来,他以德刑与阴阳四时比拟刑、德不可偏废,就像不能有阴而无阳,有春夏无秋冬一样。他说:"王者欲有所作为,宜求其端于天,天道之大者在阴阳,阳为德,

---

① 王伯琦:《近代法律思潮与中国固有文化》,清华大学出版社,2005 年版,第 21 页。
② 参见西田太一郎:《中国刑法史研究》,北京大学出版社,1985 年版,第 191 页。
③ 《尚书·康告》。
④ 《论语·为政》。
⑤ 《荀子·君道篇》。
⑥ 瞿同祖:《中国法律与中国社会》,中华书局,2003 年新 1 版,第 309 - 310 页。
⑦ 《商君书·算地》。
⑧ 《韩非子·定法》。

第一章　中西刑法文化的基本图像

阴为刑……阳出布施于上而主岁功,阴入伏藏于下而时出佐阳,阳不得阴之助,亦不能独成岁功。""春者天之所以生也,仁者君之所以爱也,夏者天之所以长也,德者君之所以养也,霜者天之所以杀也,刑者君之所以罚也。由此言之,天人之征,古今之道也。"①他认为法律有其不同于教化的功能,所以必须把刑、德结合起来,这是对于先秦儒家和法家的调和,接下来的问题就是谁主谁从的问题了,董仲舒仍然应用阴阳五行理论阐释了应该德主刑辅,他说:"阳为德,阴为刑,刑主杀而德主生。是故阳常居大夏,而以生育养长为事,阴当居大冬,而积于空虚不用之处,以此见天之任德不任刑也。……阳以成岁为名,此天意也。王者承天意以从事,故任德教而不任刑,刑者不可任以治世,犹阴之不可任以岁成也。为政而任刑,不顺于天,故先王莫之肯为也。今废先王之德教而官,而独任执法之吏以治民,毋乃任刑之意欤?"②这里的德主刑辅,有观点认为,"德"指道德,"刑"是刑罚,也就是在达到同一目的的前提下,道德优于刑罚。但这种解释方法只是望文生义而没有立于传统法律文化的场域中去理解德主刑辅。中国古代尊奉儒家,而儒家以道德为本,任何行为规范都以实现道德为目的,这在上文已有论述,所以,在古代,道德是目的,而刑罚是手段,一目的一手段,两者根本不能相提并论更不能说优劣之分了,这就相当于一个石头与一块钢对比哪个重一样,这种对比没有任何实质意义,因为违背了同一律,所以,这里的"德"是指教化,而"刑"指"刑罚",教化和刑罚都是手段,这样首先在逻辑上就是可行的。因为教化与刑罚都为手段,都为实现道德服务。其实这种思想在孔子之后的儒家就有体现,孟子曾说过,"徒善不足以为政,徒法不能以自行"③,这就把德与刑并列起来了,表示二者不可偏废、折中的态度。后荀子常把德刑礼法相提并论,在他的思想中并不排斥刑,他说:"古者圣人以人之性恶,以为偏险而不正,悖乱而不治,故为之立君上之势以临之,明礼义以化之,起法正以治之,重刑罚以禁之,使天下皆出于治,合于善也……是圣王之治而礼义之化也。今当试去君上之势,无礼义之化,去法正之治,无刑罚之禁,倚而观天下人民之相与也。若是则夫强者害弱而夺之,众者暴寡而哗之,天下之悖乱而相亡,不待顷矣。"④所以,法家代表韩非、李斯都是他的学生,这就不足为奇了。有了先秦儒家的思想渊源,

① 《汉书·董仲舒传》。
② 《汉书·董仲舒传》。
③ 《孟子·离娄上》。
④ 《荀子·性恶篇》。

再加上董仲舒的论证,德主刑辅在汉儒中获得了普遍的认可。刘向说:"教化所恃以为治也,刑法所以为助治也。"而荀悦更是认为,社会上有一部分可以受教化的熏染而为善,另一部分虽然冥顽不灵,必须畏惧刑法的制裁而不敢为恶,还有一部分须教刑兼施。汉以后的儒家都是坚持德主刑辅,诸葛亮、王安石都持此观点,就连纯儒朱熹也主张德主刑辅,总之,当年以董仲舒为代表的儒生们引礼入法,用儒家经义悄然置换法家思想,并没有引起大的思想动荡,只不过刑罚从独尊的地位退居为教化的辅助工具,甚至有时成为教化的一种方式,这种观念直到清末未曾改变。又因为儒家是中国古代的正统思想,所以作为官方的意识形态,这种德主刑辅的思想被广为传播,为人们所熟知,生活于其中而不自知。所以中国几千年来不论立法者、司法者还是普通民众,都浸淫在这种观念中,正如上文所述,这种思想与目的刑、教育刑有所暗合,关注人而非行为,重教化而非报应,把刑罚作为工具去实现其认为正当的目的,还产生了类似缓刑、假释这样的制度,并且官员在审理案件中以劝善认恶为己任,用教化的方式消除其再犯的可能性。[①]"司法过程便成了宣教活动,法庭则是教化的场所。"[②]

最早关于类似缓刑免刑的记载是晋咸和二年勾容令孔恢罪至弃市,诏曰:"恢自陷刑网,罪当大辟,但以其父年老而有一子,以为恻然,可悯之。"[③]后在北魏时期在法律上有了明确的规定,祖父母、父母年七十以上更无其他成年子孙,又旁无期亲者,可具状上请。唐以后历代皆仿此遗制明定于法典中。唐、宋、元、明、清律犯死罪而非不赦重罪,直系尊亲属老,或笃疾应侍,家无成丁者,皆可上请,准或不准皆由皇帝裁决。[④] 例如,元延祐元年三月,晋浍民侯喜儿昆弟五人,亦坐法当死,帝钦曰:彼一家不幸,而有是事,其择情轻者一人杖之,俾养父母,毋绝其祀。[⑤] 同样的规定也存在于清律中,若兄弟不止一人俱死罪,则只许存留一人养亲。通常是留下罪轻的一个,若兄弟二人,一拟斩,一拟绞,便准将绞犯留养。[⑥] 除了犯死罪的可以留养外,判处徒流罪,因为子孙在刑期期间也不能侍养,所以也有缓刑方面的规定。魏《法例律》,犯流

---

① 虽然这在古代是少数,但是影响不容忽视。
② 梁治平:《寻求自然秩序中的和谐》,中国政法大学出版社,1997年版,第289页。
③ 《御览·晋书》。
④ 参见瞿同祖:《中国法律与中国社会》,中华书局,2003年新1版,第69页。
⑤ [清]沈家本:《历代刑法考(二)》,中华书局,1985年版,第1116页。
⑥ 《清律例·犯罪存留养亲条》。

罪而祖父母、父母年老，无人侍养者，鞭笞留养，亲终从流，不在原赦之列。[①]此后的唐宋元明清都有类似的规定，而且规定是越来越宽容，例如唐宋期间，当侍养的祖父母或父母去世，犯人仍须再服刑，而到了明清，则留养之后，亲终也不用其服刑了。在清《刑案汇览》这套作为中国古代分类最为详细的案例编纂的书中，犯罪存留养亲的案例相当多，下试举两例：

> 川督奏：沈现顺杀死一家二命，拟以斩枭，沈现宇从而加功，拟以绞候。该督奏称，该犯父母现存弟兄二人，俱拟正法，例得存留一人养亲等语。相应照例声明，请旨定夺。倘蒙圣恩，将加功拟绞之沈现宇准留养亲，臣部行文该督，将沈现宇照例枷号两个月，杖一百，准其存留养亲。奉旨：准其照例留养。（嘉庆二十年案）[②]
>
> 陕西司查此案袁文义推跌陈世耀身死，因嫁母金氏年逾七十，声请留养。查子为嫁母救护情切，殴毙人命，准其照例减等，业经办过有案，则嫁母年老声请留养，亦可援照办理。且留养之案，系圣朝格外开恩，原悯其老病无依，特加矜恤，虽其母已再醮，义绝于父，而该犯始则随母改嫁，继复奉母归家侍养二十余年，若不准其留养，便孤病老妇反哺无人，殊堪矜悯。既据该督声请留养，似应照覆。（嘉庆五年说帖）[③]

虽然我国古代的这种类似缓刑的存留养亲是为了维护儒家所提倡的"孝"而设立的，与缓刑的精神实质大相径庭，但是在附条件不执行上则是一致的，所以，正如王伯琦先生所言，国人对于目的刑的这些制度接受起来很是容易。

而关于古代官员用教化的方式消除罪犯的再犯可能性，使其改恶从善，在历史上有许多例子，现举三例，以资考证。

> 仇览少为书生，选为亭长，亭人陈元之母告元不孝，览以为教化未至，亲到元家与其母子饮，为陈说人伦孝行，与《孝经》一卷，使诵读之。元深自痛悔，母子相泣，元于是改行为孝子。[④]

---

① 《魏书·刑罚志》。
② ［清］祝庆祺等编：《刑案汇览（一）》，北京古籍出版社，2004 年版，第 69 页。
③ ［清］祝庆祺等编：《刑案汇览（一）》，北京古籍出版社，2004 年版，第 46 页。
④ 《后汉书·循吏列传》。

韦景骏为贵乡令。有母子相讼者。景骏谓之曰："吾少孤，每见人养亲，自恨终无天分。汝幸在温清之地，何得如此？锡类不行，令之罪也。"垂涕呜咽，取《孝经》付令习读。于是母子感悟，各请改悔，遂称慈孝。①

况逵为光泽县尹，有兄弟争田。逵授以《伐木》之章，亲为讽咏解说。于是兄弟皆感涕求解，知争田为深耻。②

总之，因为德主刑辅的思想深入人心，并在当代仍有影响，所以目的刑、教育刑对国人而言在形式上并不陌生，毕竟一个生活在黑暗中的人，接受灰色比白色要容易些，因为有些熟悉的东西在里面。诚如张明楷教授所言，"儒家主张以礼为本，以法为用，重德轻刑，这导致伦理与法律融为一体，导致刑罚重视人的内心，因而片面强调对犯人的教育改善，这可谓特殊预防"③。

三、义务本位的法文化传统

在中国古代文献中，法一般称为刑，《说文》："法，刑也。"据考证，刑最初大都是与部族之间的征战有关，所以刑又源起于兵。这种观点得到了目前几乎所有中国法制史教科书的认可，而且钱钟书先生曾从文献的角度进行过论证④，而张中秋教授也从正史文献的角度进行了更详细的论证⑤，且李明德先生从考古成果的角度亦印证了这一点⑥，这几已定论。据考证，"兵与刑乃一事之内外异用，其为暴力则同"⑦。所以最初刑表现为死刑、肉刑，"斩人肢体，凿其肌肤，谓之刑"。而其适用的对象是战败者、叛乱或违反军纪者，其目的是维护战胜氏族的生存利益。从它的起源看出，刑最根本的要素有① 本质为暴力且② 是维护集团生存的最有力的工具，只具有工具理性而不具有任何价值理性且③适用对象为"敌人"或类似为"敌人"的集团内部的人。这三个要素就像是组成"刑"最初胚胎的基因一样，随着刑的千年历史演变而始终内含其中，未曾改变过。所以当这种漠视个人权利，为了家国，不惜牺牲个人利益的刑演变为法之后，也就定下了我国古代法以集团（义务）为本位的基

---

① 《旧唐书·循吏列传》。
② 《新唐书·循吏传》。
③ 张明楷：《刑法的基本立场》，中国法制出版社，2002年版，第342页。
④ 参见钱钟书：《管锥篇（一）》，中华书局，1979年版，第285页。
⑤ 参见张中秋：《中西法律文化比较研究》，法律出版社，2009年第四版，第3-12页。
⑥ 参见蒲坚主编：《中国法制通史（第一卷）》，中华书局，1998年版，第25-51页。
⑦ 梁治平：《寻求自然秩序中的和谐》，中国政法大学出版社，1997年版，第289页。

调,这与主观主义所立足的社会本位颇有相似之处。但是,社会本位是对权力本位的扬弃,其自身蕴含了个人权利,只不过为了社会利益而对其权利有所抑制,这与不包含任何权利意蕴的集团(义务)本位不可同日而语。只不过,"无我与总体,个人义务与总体利益,其间的距离虽更长,但很不明显,在概念上往往可以看到不分,因此,亦可不自觉其有距离"①。所以,受这种集团(义务)本位法律文化传统的影响,我们现今在刑法上就自然亲近主观主义的社会防卫而排斥客观主义的权利保障了。

从远古到青铜时代,刑的种类日益完善及定型化,在《吕刑》中有了关于墨、劓、剕、宫、大辟这五刑的记载,虽然刑的种类有所变化,但它的本质并没有改变,前述三要素依然蕴含其中。根据《左传·昭公六年》记载,"夏有乱政,而作禹刑;商有乱政,而作汤刑;周有乱政,而作九刑"。从这段话可以看出,禹刑、汤刑和九刑都是作为镇压反叛、维护统治的工具而出现的。"夏启与有扈氏大战于甘,战前作《甘誓》,《甘誓》是禹刑的一个重要部分。""汤刑亦是在乱政而引起的争战中形成的。""九刑和西周政权一样,同样是建立在部族征服基础之上的。"②而且此时刑有了对内与对外两面,最初,刑是用来对付异族的,所谓"德以柔中国,刑以威四夷"。但随着社会的演进,这种适用范围渐趋扩大。其原因有二,一是社会共同体的扩大,财富和阶级分化加速,导致了礼的约束力下降,为了确保礼的权威,故不得不"引刑入礼";二是战时的执法官向平民民事政官转变,亦带动了刑由外向内的转变。③虽然范围扩大,但最初适用对象的性质却未曾改变,虽然这些人是本部落的人但却被虚拟化为"敌人",把其视为对本部落有危险的人,采用残酷的刑对待之。

及至春秋战国,礼崩乐坏,百家争鸣,而与本议题有关的涉及儒法二家。其实,儒家法家都以维护社会秩序为目的,其区别只在他们对于社会秩序的看法和达到这种理想的方法不同。儒家认为理想的社会是有等差的社会,在家族中体现为亲疏、尊卑、长幼的分异,而在社会中体现为贵贱上下的分异,这两种社会差异的总合即为儒家的理想社会。而实现这种理想社会的手段就是礼。这里的"礼"并不是一些抽象的伦理上、道德上的原理原则,而是有其具体内容的行为规范。所谓"贵有贵之礼,贱有贱之礼,尊有尊之礼,卑有卑之礼,长有长之礼,幼有幼之礼,礼仪三百,繁荣万分,不是可以茫然随意运

---

① 王伯琦:《近代法律思潮与中国固有文化》,清华大学出版社,2005 年版,第 75 页。

② 参见张中秋:《中西法律文化比较研究》,法律出版社,2009 年第四版,第 9 - 11 页。

③ 参见张中秋:《中西法律文化比较研究》,法律出版社,2009 年第四版,第 15 页。

用的"①。而法家所认为的理想社会并不太明朗,对此没有过多的论述,而重在阐述实现社会秩序的手段是法,认为要想治理国家,需依赖赏罚,一是为了劝善,一是为了止奸。而劝善和止奸的标准则是客观的,同时不因人而异,因为只有有同一的法律,一赏一罚,才能使人人守法,而维持公平。虽然儒法两家争论甚烈,但是只不过是治理国家的工具是礼还是法的争论,而关于法的本质、公用等根本的问题却都有一致的认识,"只是这种一致,从来都是隐而不彰,它是儒法之争的潜在背景"②。因为没有平台,无法较量。像孔子说:"道之以政,齐之以刑,民免而无耻;道之以德,齐之以礼,有耻且格。"③"礼乐不兴则刑罚不中,刑罚不中则民无所措手足。"④孟子云:"徒善不足以为政,徒法不能以自行。"⑤荀子曰:"凡刑人之本禁暴恶恶,且征其末也。"⑥"以善至者待之以礼,以不善至者待之以刑。"⑦等等。从这些儒家圣贤的言语中可以看出,他们对刑、法依然采用青铜时代的含义,而没有要对其进行重新认识的意思。所以,在春秋战国这个历史激荡的年代,儒家对"法"的认识是无所作为的,所以,关于刑的本质、功用及适用对象的话语权都掌控在法家的手里,在法家的推动下,"刑"也在不断地演进。首要的变化就是魏国李悝创立了我国第一部系统的成文法典《法经》,它的历史性的突破是把青铜时代的刑名体系改变为罪名体系,改"刑"为"法",从此"法"的使用频率日高。而后,又有商鞅的改法为律,制定《秦律》。虽然此时,单从名称上说,"刑"已进展为"法""律",但并没有依次被代替,而是三者混用。名称的更改只是代表了立法技术的进步,而关于其本质并没有改变。例如,《管子·心术》云"杀戮禁诛谓之法",《盐铁论·诏圣》谓"法者,刑罚也,所以禁强暴也"。而在古汉语中,凡是与"法"相连的词,都含有"刑罚"的意思,例如,法场、法杖、法科、法网、法禁等等。⑧ 而且关于法的功用也是未曾改变,李悝著《法经》说,之所以把《盗法》《贼法》列于首位,是因为"王者之政,莫急于盗贼,故其律始于《盗》《贼》"。法家主张法治也是同样把法作为工具,王者之政,例如,商鞅曰:"所谓壹刑者,

---

① 瞿同祖:《中国法律与中国社会》,中华书局,2003年新1版,第298页。
② 梁治平:《寻求自然秩序中的和谐》,中国政法大学出版社,1997年版,第51页。
③ 《论语·为政》。
④ 《论语·子路》。
⑤ 《孟子·离娄上》。
⑥ 《荀子·正论篇》。
⑦ 《荀子·王制篇》。
⑧ 梁治平:《寻求自然秩序中的和谐》,中国政法大学出版社,1997年版,第45页。

刑无等级,自卿相将军以至大夫庶人,有不从王令,犯国禁,乱上制者,罪死不赦。"①韩非子曰:"刑以行杀戮,德以为庆赏。"②慎子曰:"杀戮之谓刑,庆赏之谓德。"③所以,在春秋战国,"刑"的名称进展为"法""律",但本质并没有变,依然是君王用于维护其统治的残暴工具。后秦统一中国,法家独大,商鞅改法为律,制定《秦律》通行全国,秦律完全按照法家思想而建,所以法的性质自不会有所改变,反而,此时,它的适用范围更为广泛,作为工具的地位有了合法且稳固的形式。

到了汉代,法承秦制,萧何作《九章律》,成为汉初的基本法律,后到汉武帝时期,罢黜百家,独尊儒术,儒法合流,引礼入法,关于这一进程,学界通说认为这是法律道德化的进程,是儒家的礼对法家法的侵蚀,但是从另一个角度来说,这何尝不是"法(刑)"地盘的扩充。因为儒家主张礼治,这"礼"都是人们日常的行为规范,其范围无所不包,渗透到生活的方方面面,生老病死,婚丧嫁娶,无不有相关的礼,而且儒家又主张人性本善,认为靠人的内在道德即可遵守其制定的礼,根本不用任何强制措施。但事实证明,这只是一乌托邦,为了使礼得到遵守,必须依靠法即刑的强制力量,所以,引礼入法同时就包含了用法(刑)这样的强制手段来保障礼的遵守。所以,随着引礼入法进程的演进,法(刑)所适用的范围也愈来愈广,失礼则刑,又因礼渗透生活的每一个角落,所以法即刑的观念深入人心,而与此同时,也是国家权力向民众入侵的过程,法(刑)作为王者之政发挥到了极致。到了唐朝,唐律"一准乎礼",与此同时,法(刑)的适用范围大到无以复加。例如:《户婚》篇规定:"诸居父母丧生子及兄弟别籍,异财者,徒一年。""诸夫丧服除而欲守志,非汝之祖父母、父母而强嫁之者徒一年,期亲嫁者减二等,各离之,女追归前家,娶者不坐。"《职制》篇规定:"闻父母之丧,匿不举哀者,流二千里;丧制未终,释服从吉,若忘丧作乐,徒三年,杂戏徒一年;即遇乐而听,及参娱吉席者,各杖一百。""祖父母父母犯死罪被囚禁而作乐,徒一年半。""立嗣违法者,徒一年。""诸妻无七出义绝之状而出者,徒一年半,虽犯七出,有三不去而出者,杖一百,追不合。"等等,像这样关涉到每一个人家庭生活的规定多如牛毛,每一人都生活在刑的笼罩之下。自唐之后直至清末,一直在这样的理念支配之下,而且随着社会的发展,法(刑)的范围在日益扩大,单就清朝而言,乾隆五年颁布《大

---

① 《商君书·赏刑》。
② 《韩非子·二柄》。
③ 《慎子·内篇》。

清律》时，附例1 049条，嘉庆时增加到1 573条，而至同治时则多达1 892条，每增加一条，都是王权的延伸，法的工具性的增强。总之，这种视法为刑，视法为禁，视法为"王者之政"，把法作为统治工具的传统一脉以贯之，从古至今，时至今日，有学者仍需对刑法是刀把子还是大宪章进行艰难的论证，而在普通民众的心中，刑法即"刀把子"的观念根深蒂固，而这与主观主义把刑法视为防卫社会的手段有着相当高程度的暗合。所以，从这一角度看，社会防卫在我国大有市场是有其根源的。

与此同时，到了汉代，关于法（刑）适用对象也是沿袭前代的观念，未有大的改变，而且董仲舒还对此进行了理论论证，使得此种观念更为牢固。根据董仲舒的"性三品说"，人是天有目的的创造物，所以人性亦得之于天，所谓"人受命于天，有善善恶恶之性"，"天两，有阴阳之施；身亦两，有贪仁之性"。而善恶两性的表现，是因人而异的，凡不经教化而能为"善"者是"圣人之性"；可能接受教化而为善，亦可能不接受教化而为恶者，是"中人之性"；难以教化而为非作歹者，是"斗筲之性"。依董仲舒的见解，"圣人之性"者是世人的榜样；"中人之性"者是最具有代表性的大众之性，因此最好的办法是既用德教扶其善，又用法律（刑罚）防其恶；而对"斗筲之性"的小人则主要是以严刑治之，以惩其恶。① 根据他的观点，法律的适用对象是小人，是生性邪恶之人。董仲舒的人性论在理论上得到了像韩愈这样的大儒所继承和弘扬；在实践上被唐太宗、康熙等君皇所欣赏和推行。② 所以，从上古到清末，从野蛮的异族人到品性不良的小人，法的适用对象的共性都是对统治有危险的人。法律、刑法、小人，在传统中国人的思维里就有了逻辑的关联。所以，当我们看到主观主义社会防卫的对象是危险个体时，就有一种似曾相识的感觉，它比起"惩罚你是尊重你理性的存在"这样的理念接受起来要容易得多。

四、小结

中国传统刑法文化基本是儒家化的过程，刑法往往重视对人的心性，"以礼入刑"导致刑法适用的伦理化倾向，"明刑弼教"使得刑罚成为人性教化的重要手段，刑法更加关注对人内心世界的改造，刑法道德化、刑法伦理化成为常态。由此导致的一个刑法学立场便是主观主义，即刑法对行为人主观方面

---

① 参见张中秋：《中西法律文化比较研究》，法律出版社，2009年第四版，第97-98页。
② 《贞观政要·赦令》："贞观七年，太宗谓侍臣曰：天下愚人者多，智人者少，智人者不肯为恶，愚人者好犯宪章……"又见《大清圣祖仁皇帝录》卷137。

的无比重视。虽然当今刑法学界诸多有影响力的学者都在大力提倡以权利保障为底蕴的客观主义,但主观主义却如影随形,尤其在司法实践中更是大有市场,其深层次的原因就在于中国传统的刑法文化。或者可以说,当今所呈现的这样与客观主义相悖的理念其实就是传统刑法文化在现今的展现,只不过它们与主观主义相似,在当今全盘西化的法学话语中,我们给它们冠以西方的名称——主观主义罢了。

值得补充的是,从清末至今还有两股文化思潮对刑法产生了影响。一股产生于清末到建国,另一股产生于建国后。清朝末年,大清国为了收回治外法权,被迫变更延续了上千年的法律。于是,以沈家本为首的变法派进行了一系列的法律修订,而具体到刑法,《大清新刑律》则是在日本刑法学家冈田朝太郎的帮助下完成的,从此,中国刑法就深深打上了日本刑法学的烙印。这位被黄盛源称为中国"近代刑法的启蒙者"①的法学家的刑法思想是偏向于主观主义的,因为他曾师从李斯特学习刑法,被日本刑法学界公认为"新派刑法学的先驱"。那么,在他的倾力指导下制定的《大清新刑律》就不免打上了主观主义的烙印。而且冈田朝太郎还把他的主观主义的刑法思想通过教学的方式在中国广泛传播开来,在 1906 年到 1915 年间,中国刑法学界都被他的思想所笼罩。所以,从清末到民国初年中国刑法都是倾向于主观主义的。与此同时并且一直到 1937 年,大批留日的学生学成回国,他们在日本接受了当时在日本大行其道的刑法主观主义领军人物牧野英一的思想,把这种主观主义的刑法学带回中国,与之前冈田朝太郎的主观主义相融合,使得从清末到 1949 年,刑法学界都以主观主义为主导。② 这股主观主义的思潮随着中华人民共和国的建立而戛然而止,它对现今的影响到底有多大不得而知,但毕竟在同一时空下纯正的主观主义曾盛行过,痕迹必然存在。尔后,新中国法学步入了追随苏俄的行列,当时翻译了不少苏联的刑法书籍,像苏维埃司法部全苏法学研究所主编的《苏联刑法教科书》(上下册)、《苏联刑法总论》、《犯罪构成的一般学说》等等,而且开设的课程,"内容以学习苏联刑法学为主"③,

---

① 张诚:《民国时期刑法主客观主义之争》,载《刑事法评论》(第 24 卷),北京大学出版社,2009 年版,第 18 页。

② 参见张诚:《民国时期刑法主客观主义之争》,载《刑事法评论》(第 24 卷),北京大学出版社,2009 年版,第 20 页。

③ 高铭暄、赵秉志编:《新中国刑法学研究 60 年》,中国人民大学出版社,2009 年版,第 3 页。

所以，"在整个 20 世纪 50 年代初期，我国刑法学基本上处于摹仿和消化苏联刑法学的阶段"①，这种状态一直持续到 1957 年。1957 年到 1979 年这段时间，刑法学几乎停滞，只是一种政治工具。1979 年刑法学复苏后，研究的基础仍然是沿袭苏联刑法学教科书的体系和原理，直到近些年来才出现"去苏俄化"的声音。而"原苏联的刑法在很大程度上受到 20 世纪初期德国刑法理论的影响，而那时的德国刑法理论几乎是主观主义占据统治地位"②，所以，我国的刑法又再一次地受到意识形态这一主导文化因素的影响，心性主义、主观主义一直绵延下来。

总之，中国传统法律文化本身属于心性主义，加之受到晚近一个多世纪以来刑法典移植、意识形态影响等后天文化因素的策动，心性主义刑法文化影响更加强烈。作为公法的刑法时刻关注着人们的内心世界，时刻关注如何实现社会统治，这种刑法文化导致了我国刑法理论和司法实践中的主观主义以及社会本位思想、刑法工具主义，这种刑法与文化的天然亲和性是一种历史的宿命。

①　陈兴良：《转型与变革：刑法学的一种知识论的考察》，《法学论坛》2006 年第 3 期。
②　张明楷：《刑法的基本立场》，中国法制出版社，2002 年版，第 64 页。

第二章

中西刑法文化比较视野中的定罪思维

定罪是一个将刑罚规范适用于案件事实,以得出罪与非罪、此罪与彼罪结论的过程,其本质是一个思维的过程,对于规范、事实、结论三者的关系,不同的思维会有不同的处理方式。我国现阶段存在怎样的定罪思维? 这种定罪思维是否延自传统定罪思维? 尤其在德日英美刑法等西学东渐的当下,我们所移植的西方定罪思维是否与中国传统刑法文化熏陶下的定罪思维存在冲突? 在反思中国法学向何处去这样一个大背景下,如何在中西刑法文化比较视野下协调两种定罪思维的关系,选择适合中国现阶段刑法发展情境的定罪思维,就很值得我们深入研究。

第一节 传统文化：道德主义与实用主义的融合

一、传统定罪思维的性质

关于我国封建社会传统定罪思维的性质,学界一直存在着争议。

1. 卡迪司法说。这种观点由德国学者韦伯提出,也为我国一些学者赞同。韦伯根据两条标准来区分不同的法律制度:第一条标准是"形式性",即一种法律制度是否"使用内在于这种法律制度之中的决策标准",这决定了它的系统自治程度;第二条标准是"理性",即一种法律制度是否"按照统一的决策标准来处理所有类似案件",这决定了该制度所确立的规则的一般性和普遍性程度。根据第一条标准,法律可以分为形式法与实质法;根据第二条标准,法律可以分为理性法与非理性法。把这两条标准结合起来,我们可以得到四种法律类型:形式非理性法、实质非理性法、实质理性法、形式理性法。形式非理性法的典型是氏族社会的神明裁判,它完全不具备人类理性所能够把握的一般性规则或原则,人们无法对任何一个法律决策的结果作出预测;但它又具有极端的形式主义色彩,决策的标准内在于法律或程序之中。形式理性法为现代西方社会所特有,它具有五个特征:(1)具体案件的判决都是将抽象的法律规则适用于具体事实的过程;(2)法官借助法律逻辑推理能够从抽象的实在法规则出发作出前后一致的判决;(3)法律构成了"完整无缺"的规则体系;(4)凡是未被"建构"成法律的理论、规则或观念都不具有法律的效力;(5)每一种社会行为都受这种法律的调控,且行为者能够感受到自己在遵守、违反或适用法律规则。介于形式非理性法与形式理性法之间的是实质非理性法与实质理性法。①

韦伯认为,中国传统的法律就是一种实质非理性的法律:中国的法官"绝对不会按照形式的规则……来加以审判。情形大多相反,他会视被审者的实际身份以及实际的情况而定"。"皇帝在敕令中都还根据有力人士所写给他书信来干涉司法判断。皇帝的敕令中将诉讼的无法定案归之于恶劣的天候(久旱不雨)或祝祷的无效。确实的法律保障是完全没有的。在敕令的字里行间,可以发现官吏因为没有设立工厂之事所引起的敌对及党派阴谋。"②韦伯把这种实质非理性的司法形象地称为"卡迪审判"。我国也有学者赞同韦伯的论断,认为我国传统的司法就是一种实质非理性的卡迪审判。③

2. 卡迪司法否定说。韦伯关于中国传统司法属于卡迪审判的观点并没有成为通说,很多学者提出了不同的看法。例如美国学者布迪与莫里斯认为:"与其他任何国家的法官一样,中国的司法官吏也非常注重于依法判案,甚至有过之而无不及……不过,司法官吏偶尔地以即席判决方式代替严格依

① 参见郑戈:《法律与现代人的命运:马克斯·韦伯法律思想研究导论》,法律出版社,2006年版,第112-119页;高鸿钧:《无话可说与有话可说之间——评张伟仁先生的〈中国传统的司法与法学〉》,《政法论坛》2006年第9期。

② [德]韦伯:《中国的宗教:宗教与世界》,康乐、简惠美译,广西师范大学出版社,2004年版,第216、159页。

③ 贺卫方:《中国古典司法判决的风格与精神》,《中国社会科学》1990年第6期;高鸿钧:《无话可说与有话可说之间——评张伟仁先生的〈中国传统的司法与法学〉》,《政法论坛》2006年第9期。

照法律条款本身明示的意思进行判决,这也不足为奇。我们感觉到不理解的恰恰在于:这种情况发生得太少。而在司法官吏真的进行即席判决时,也很少表现出刚愎自用、反复无常的态度。"①即使是皇帝,也"只有极少的案件,才推翻刑部的意见,作出新的判决。至于不顾律例,不考虑刑部意见,不顾具体案情,随心所欲乱判的事例……还没有发现"②。清代司法"远不同于卡迪司法……清律的确较之同时期的法国法或英国法有更大的稳定性。律典由一批受过高度训练的官员们负责执行,这些官员们极为慎重地始终一致地解释律典"③。有的学者甚至认为"只要回顾一下秦汉文书程式所达到的水平,就不难判断,在基本形式上,古代司法中对三段论的认知和应用,并不逊色于时下"④。

也有学者认为,虽然在清代的审判实践中,"情、理、法"同为法源,"审判"与"调解"并行,但这并不是韦伯所说的"卡迪审判",而是中国法律文化多元主义的体现。⑤ 清代中国的司法裁判属于"形式化"与"实质化"有机结合的类型:律例与情理共同成为判案的依据,在一般常规案件中律例的适用不存在问题,在"例无专条、情节疑似"的案件中,情理引导律例的适用。⑥"诚然,清代法律制度不是韦伯意义上的形式主义和理性化的,但它也显然不是卡迪法。我希望我已经证明,它不是专横武断、反复无常和非理性的……清代法律并没有主张统治者可以像韦伯所说的卡迪法那样为所欲为:相反,它的意图是通过法律条文来实现统治者意志中普遍永恒的道德原则,用以作为司法实践的指导……清代法律在恒常性和可预测性的意义上显然是理性的,但不是在形式主义的意义上。"⑦

这些学者在否定中国传统司法属于卡迪司法这一点上具有一致性,但是对于我国传统司法究竟性质如何存在分歧。其中,美国学者黄宗智先生把我

---

① 〔美〕布迪、莫里斯:《中华帝国的法律》,朱勇译,江苏人民出版社,2008 年版,第 432 页。

② 何勤华:《清代法律渊源考》,《中国社会科学》2001 年第 2 期。

③ 高道蕴、高鸿钧、贺卫方编:《美国学者论中国法律传统》,清华大学出版社,2004 年版,第 421 页。

④ 王志强:《制定法在中国古代司法判决中的适用》,《法学研究》2006 年第 5 期。

⑤ 林端:《中西法律文化的对比》,《法制与社会发展》2004 年第 6 期。

⑥ 参见徐忠明:《众声喧哗:明清法律文化的复调叙事》,清华大学出版社,2007 年版,第 411 - 412 页。

⑦ 黄宗智:《清代的法律、社会与文化:民法的表达与实践》,上海书店出版社,2001 年版,第 211 - 213 页。

国传统司法概括为"道德的实用主义",具有较大的合理性。本书接受"道德实用主义"的范畴,并进一步阐述它在传统刑事审判领域中的表现。①

3. 道德实用主义说。"道德实用主义"即道德主义与实用主义的融合,其特征有:

第一,它是道德至上的,而不是法律至上的。虽然历朝法律都要求司法官员依法定罪,并对不依法定罪给予惩罚,例如,汉代法律规定了司法官吏鞠狱的"不直"和"故纵"罪:"出罪为故纵,入罪为不直。"《唐律疏议·断狱》规定:"诸鞠狱者,皆须依所告状鞠之,如于本状之外,别求他罪,以故入人罪论。"《大清律例·刑律·断狱上》规定:"凡断罪,皆须具引律例,违者,笞三十。"但是,始于汉朝的法律儒家化运动严重改变了法律封闭独立的状态,导致法律与儒家伦理不分。这种法律儒家化运动分为几个阶段:在汉朝时,由于法律已经制定,改动不易,因此只是用儒家思想来解释汉律;魏晋南北朝时,儒家思想通过各个朝代的立法运动而上升为法律;隋唐时期,法律儒家化运动最后完成。② 宋明清以来,儒家思想更多地是通过"情理"一词运用于司法实践。关于情、理、法三者之间的关系,日本学者滋贺秀三有较深刻的解释:"理"是指思考事物时所遵循的也是对同类事物普遍适用的道理,例如,"有借必还,一定之理","父在子不得自专,理也"。"情"具有多方面的含义,首先是指情节、情况等事实关系,如"原情论罪"中的情;其次,还具有人情的含义。在情、理、法三者之间,一方面,法与理具有普遍性、客观性,而情带有具体性、心情性;另一方面,法是实定的,而情、理则是非实定的。国家的法律是情理的部分实定化,一般而言,情理所起的作用具有提供线索的性质,法律的条文需要通过情理加以解释或变通。国家的法律或许可以比喻为是情理的大海上时而可见的漂浮的冰山。而与此相对,西欧传统的法秩序却总是意图以冰覆盖整个大海,当铺满的冰面上出现洞穴的时候,则试图努力通过条理来扩张冰面,以覆盖这些洞穴。这是两者最根本的差异。③

第二,它是实用主义的,而不是形式主义的。这表现在以下几个方面:

---

① 黄宗智先生主要是在民事诉讼领域中论述道德实用主义传统[参见黄宗智:《中国民事判决的过去和现在》,载许章润主编:《清华法学》(第十辑),清华大学出版社,2007年版;黄宗智:《清代的法律、社会与文化:民法的表达与实践》,上海书店出版社,2001年版,第194页以下]。

② 参见瞿同祖:《中国法律与中国社会》,中华书局,2003年版,第361-362页。

③ 参见[日]滋贺秀三等:《明清时期的民事审判与民间契约》,王亚新等译,法律出版社,1998年版,第36-40页。

首先,中国传统的定罪思维认为解决实际问题优于贯彻抽象规则。它"关注于现实社会生活,不作纯粹抽象的思辨,也不让非理性的情欲横行,事事强调'实用''实际'和'实行',满足于解决问题的经验论的思维水平……要求理论联系实际,服务于实际,解决现实社会问题"①。在实用主义的指导下,传统司法往往把犯罪当作社会问题,定罪的目的是解决问题,恢复社会秩序,而不是适用法律规范;解决问题的方法既可以是官府判决,也可以是民间调解。

其次,中国传统的定罪思维与形式主义的思维方式很不相同:后者是从抽象到具体;前者是从具体到具体,抽象原则被有意识地具体表达在示范性的事实情形中。② 例如,《大清律例》在杀人罪中,规定了二十多种的不同处理;此外,在涉及诸如抢劫、斗殴等犯罪的其他条款中,另有关于杀人罪的规定。这些不同的杀人罪都是基于事实情形本身来制定的,清律从来没有意图从中抽象出普遍有效的法律原则;相反,它似乎认为只有与实际的司法实践相结合,抽象原则才可能得到阐明。美国学者布迪、莫里斯从这些凌乱的杀人罪规定中归纳了三条原则:① 动机原则:根据动机,可以分为谋杀、故杀、斗杀、巫术杀人、杀死奸夫、杀死奸妇等不同情况;② 身份原则:根据杀人者与被杀者之间的身份关系,可以分为杀父母、杀官吏、卑幼杀尊长、尊长杀卑幼、妻杀夫、夫杀妻、家长杀奴婢、奴婢杀家长、杀一家三口以上等不同情况;③ 手段原则:根据杀人手段或者行为方式,可以分为毒药杀人、服用药物不当而杀人、将有害物至于鼻耳及其他器官内而杀人、屏去人衣食而致死、车马杀人、狩猎杀人等。③ 而现代形式主义刑法往往将所有的杀人罪抽象为"故意杀人"与"过失致人死亡"两罪。再如,类推是清朝一种常用的法律方法,但是清律中并没有类推原则的抽象规定,而是通过 30 个具体的比依适用情形来阐明类推适用的方法。如"义子骂义父母,比依子孙骂祖父母";对"发卖猪羊肉灌水"或"米麦掺和沙土货卖"的惩罚,"比依客商将官盐掺和沙土货卖律"。这表明清律一种认识论上的态度:坚持抽象原则与具体事例不可分割。④

① 李泽厚:《中国现代思想史论》,东方出版社,1987 年版,第 320 页。
② 参见[美]黄宗智:《中国民事判决的过去和现在》,载许章润主编:《清华法学》(第十辑),清华大学出版社,2007 年版,第 5 页。
③ 参见[美]布迪、莫里斯:《中华帝国的法律》,朱勇译,江苏人民出版社,2008 年版,第 27-29 页。
④ [美]黄宗智:《中国民事判决的过去和现在》,载许章润主编:《清华法学》(第十辑),清华大学出版社,2007 年版,第 7 页。

在具体定罪过程中,由于中国古代法学缺乏抽象性、概况性的理论体系,审判官员们的思维路径无法经过理论抽象的缓冲过渡,而是直接从案件事实跃向具体的法律规则,在浩瀚的法律汪洋中寻找直接对应的解答。① 而现代的形式主义法律要求定罪坚持"大前提—小前提—结论"的三段论推理。

再次,中国传统的定罪思维追求案件事实的客观真实,而不是法律真实。理论上,清代法律不承认存在着统治者或法官所不能认识的真实,因此从来没有形成这样的认识,即满足于获得作为它的近似物或替代物的法律真实。因此,也就没有发展出一套精致的关于证据的规则。但是,由于客观真实不可常得,司法官员在定罪过程中往往会"移情就法",对案件事实进行符合法律规定的片面剪裁。

第三,它具有一定的理性,而不是恣意的。中国传统刑法虽然不具有现代西方规则之治的形式性,但并不意味着它是恣意的,还不能说是"卡迪司法"。因为,它通过自己独特的路径追求定罪的合理性与可预测性。

首先,通过严密立法限制司法官员的恣意。我国古代立法抽象性不高,主要是针对具体情形立法,一情一罪、一罪一罚。例如,《大清律例》"斗殴"条关于伤害案件的各种情况作了如下规定:用手足殴人而未致外伤者笞二十,手足殴人而致外伤或用器物殴人未致外伤者笞三十;以器物致人外伤者笞四十;殴人致耳目出血或致吐血者杖八十;打断他人一颗牙齿或一根手指、致耳目鼻功能受损或致人受火伤者杖一百;折人二指二齿或拔人全部头发者徒一年;折断筋骨一根或伤人双目,以及伤害胎儿或用刀伤人者徒二年,如此等等,一直到流三千里的刑罚。在某种意义上,可以视传统中国的刑律为力图把一切恶行按其形态及轻重详细地加以分类,并各自分配以不多不少正好与其恶性程度相对应的刑罚这样一种"罪刑对应一览表"。

在这种立法模式中,只要犯罪事实一旦确定,刑罚也就确定,司法官员基本没有自由裁量的余地。皇帝正是通过这种立法模式来严格制约官员的恣意判断。当然,犯罪事实在不断发展,法律也要不断发展。清朝的"律"基本保持稳定,而是通过增加"例"来适用新的社会发展。例如,在雍正时期律文就是436条,这个数字一直保持到清末;但是例却是不断变化的,从雍正的824条,到乾隆的1 409条,再到清末的1 900条。

其次,通过复审制度限制司法官员的恣意。明清时期全部司法案件依罪

---

① 王志强:《法律多元视角下的清代国家法》,北京大学出版社,2003年版,第92页。

名大小与刑度轻重,被分为"州县自理细事""上司审转重案"两大类。前者主要包括刑度在笞、杖以下的"细事"案件,相当于现代的民事案件;后者包括徒刑及徒刑以上的"重案",相当于现代的刑事案件。对于户、婚、田土、钱谷等民事案件,完全由州县官审结,只需每月造册送上司备查,无需将案卷移送上级复审。而对于刑事案件,州县官做成判决后,要将相关案件卷宗与人犯、证人、证物等,提交府、道、按察司(臬司),由这些地方上级司法机构审核案情是否有疑、引用法条是否失当。其中徒罪以上的"命、盗重案"及"谋反等十恶"罪案则再由省级将相关案卷送至刑部,再度审核案情与法条等是否可疑。①在这种审转制度下,中央与地方上级长官都对各级下属地方官定罪造成莫大压力,防止地方司法官员恣意出入人罪,保证案件的合理性与可预测性。

再次,自然和谐的观念限制了皇帝的恣意。"在中国人看来,帝王的责任在于真正做到'罚当其罪'。在遥远的古代,人们就形成这样一种观念:统治者之所以能保持其王位,仅仅是因为他是'上天'在人世间的代理人。一旦统治者不能够恢复遭到破坏的自然和谐,那么'上天'就会撤销其代理人的资格,收回所授予的权力……犯罪构成对秩序的破坏;因此,当犯罪行为发生后,若要恢复自然的和谐状态,只能对该犯罪施以适当的惩罚。但是,若对犯罪施以不适当的处罚,那么,其结果比不处罚还要糟。因为这样一来,它不仅不能恢复原有的自然和谐,而且将会对自然和谐造成更严重的破坏。"②

那么,我国传统的道德实用主义又是如何解释法律与认定事实的呢?对这两个问题探讨有利于进一步理解传统定罪思维中道德主义与规则主义的融合,也有利于我们理解当前我国定罪实践中的某些现象。

二、刑法解释中道德主义与实用主义的融合

刑法解释中道德主义与实用主义的融合主要表现在以下几个方面:

1. 主观主义立场。日本学者西田太一郎认为,在儒家所倡导的定罪原则中,"最重要的一个原则是:'春秋之义,原情定罪,赦事诛意''春秋之义,原心定罪'。在定罪量刑方面,犯罪的动机和心情要比犯罪的行为重要。换

---

① 参见邱澎生:《真相大白? 明清刑案中的法律推理》,载熊秉真编:《让证据说话(中国篇)》,麦田出版股份有限公司,2001 年版。

② [美]布迪、莫里斯:《中华帝国的法律》,朱勇译,江苏人民出版社,2008 年版,第 387 - 388 页。

句话说,根据其动机的善恶来确定是否有罪和刑罚的轻重"①。例如,董仲舒曾经对"殴父"进行过解释:甲父乙与丙争言相斗,丙以佩刀刺乙,甲即以杖击丙,误伤乙,甲当何论? 或曰,殴父也,当枭首。论曰:"臣以父子至亲也,闻其斗,莫不有怵怅之心,扶杖而救之,非所以欲诟父也。《春秋》之义,许止父病,进药与父而卒,君子原心,赦而不诛。甲非律所谓殴父,不当坐。"②可见,"殴父"不仅是指客观的行为,还应该包括主观的罪过。这种解释比秦朝时的完全按照客观行为进行解释的做法,有了进步。只是后来春秋决狱对主观因素的强调过了头,出现"志善而违于法者免,志恶而合于法者诛",从主观主义走向了主观归罪。③

2. 合理性优于安定性。合理性是指刑法解释的结论应该做到罪刑相适应;安定性是指刑法解释应该严守罪刑法定原则。在现代刑法中,罪刑法定是最高原则,其地位应该优于罪刑相适应原则,各种刑法解释的运用都受到罪刑法定原则的限制。但是,"对中华帝国刑事制度发生长期、稳定影响的原则,首推刑罚应与犯罪相适应原则"④。在刑法解释中,追求罪刑相符的冲动总是胜过对罪刑法定的坚守。

例如,张陈氏最初因为逼迫妇女卖淫而被判处流刑,并被允许缴纳赎金而不实际服刑。后来,张陈氏再次逼迫妇女卖淫。按照罪刑法定原则,张陈氏前后两次逼迫妇女卖淫的行为应该适应同一法律。该法律条款规定了两种刑罚选择:第一,对于该犯再次判处流刑,并允许以赎代刑,而这一处理已被证明没有效果。第二,对于该犯判处流刑,并规定不得收赎,这一处罚是非常严厉的,因为它将使该妇女永远地与其家庭相分离,其严厉性仅次于死刑。刑部对于上述两种法定处理方式均未采纳,而是判处张陈氏监禁三年。⑤ 显然,刑部认为法定的处理方法要么过轻,要么过重,从而在法定的刑罚之外选择了一种更合理的处罚。这反映了在传统定罪中,对合理性的追求胜过对罪刑法定的坚持。

3. 国家法益优于个人法益。在传统的封建刑法中,国家法益与个人法

① [日]西田太一郎:《中国刑法史研究》,段秋关译,北京大学出版社,1985年版,第71-72页。
② 参见程树德:《九朝律考》,中华书局,1963年版,第164页。
③ 参见陈兴良:《定罪之研究》,《河南省政法管理干部学院学报》2000年第1期。
④ [美]布迪、莫里斯:《中华帝国的法律》,朱勇译,江苏人民出版社,2008年版,第431页。
⑤ 参见[美]布迪、莫里斯:《中华帝国的法律》,朱勇译,江苏人民出版社,2008年版,第198、403页。

益两者不是处于同一水平的,国家法益总是优于个人法益。这种刑法理念深刻地影响了刑法的解释。例如,在两个"凶器伤人"的案件中,司法官员的解释表现出与现代法官完全不同的思维。在"刘殿臣案件"中,被告人刘殿臣最初手中并无任何器械,在殴打被害人时,拾到一把铁尺,并随即用拾到的铁尺殴打被害人。审理此案的河南巡抚认为"凶器伤人"律不适合此案,并给予被告一种较轻的刑罚。刑部不同意河南巡抚的意见,认为"该犯既用凶器伤人,岂得以铁尺系临时拾获,与自行执持者另有区别",因而应当依照"凶器伤人"律处罚。本案中刑部的意见与河南巡抚的意见相比较,更具有合理性。但是,在一年后的"张四娃案件",刑部的态度发生了变化。在该案中,被告人张四娃从被害人手中夺过铁筒,并用该铁筒殴伤被害人。刑部的意见与"刘殿臣案件"完全不同,认为本案不适用"凶器伤人"律:本案"若竟照'凶器伤人'本例拟罪,则凶器系夺自死者之手,与出有凶器、持以伤人者无别"。刑部前后不同的解释似乎令我们难以理解,给我们以罪刑擅断的感觉。依照现代刑法思维来看,只要是使用凶器伤害他人(不管凶器是拾到的,还是夺自被害人之手),其行为对他人法益侵害性都是一样的;没有理由对使用所拾到的凶器伤人案件从重处罚,对使用夺自被害人之手的凶器伤人案件从轻处罚。美国学者布迪和莫里斯的研究揭示了这一区别解释的奥秘:"中华帝国的历任皇帝都极其关注各种造反、叛乱。而造反者一旦持有武器则更具有破坏力。立法者制定'凶器伤人'律的意图在于惩处那些持有武器、图谋不轨的人,而不是针对在斗殴过程中偶尔使用武器殴打对方的人。"①也就是说,刑部是站在国家法益而不是个人法益立场上来解释"凶器伤人"法律的。

4. 论理解释优于文理解释。中国古代刑法的解释方法很多,例如在唐代时,"出现了限制解释、扩张解释、类推解释、举例解释、律意解释、辨析解释、逐句解释、答疑解释和创新解释等多种解释方法"②。但是,各种解释方法之间没有一个顺序,完全由司法官员方便使用。现代法律解释学都要求文理解释先于论理解释,只有当文理解释可能有数个解释结论时,才继以论理解释。但是,在中国古代刑法解释中,一个突出的特点就是"缺乏对文义解释方法的充分尊重……文义解释并不具有这种优越地位;在很多情况下,甚至处

---

① [美]布迪、莫里斯:《中华帝国的法律》,朱勇译,江苏人民出版社,2008年版,第292、400页。

② 何勤华编:《律学考》,商务印书馆2004年版,第159页。

于劣势地位。坚持法意只是刻薄小吏所为,循良长官则须深明道理"①。

例如,对"奸所"的解释。安徽人貌应瑞之妻张氏与王幅多次通奸,被貌应瑞撞破后受到责打,仍不思悔改。后王幅买馍送与张氏,在巷道内共坐谈笑,被貌应瑞撞见,张氏被貌应瑞殴死。安徽巡抚认为杀奸处非"奸所"而判奸夫、杀者(本夫)各杖一百,徒三年(依律,如系奸所杀死奸妇,本夫为杖责,奸夫为绞候)。刑部则认为:"平日未经和奸之人,一男一女面见然一处,亦涉调戏勾引之嫌,况王幅素系该氏奸夫,今复同坐说笑,其为恋奸欲续情事显然。是同坐既属恋奸,巷道即属奸所。律载非奸所一条,非谓行奸必有定所,亦不必两人正在行奸之时。巷道之内,奸夫奸妇同坐一处,不可不谓之奸所。"②将奸夫奸妇"共坐谈笑"之"巷道"解释为"奸所",已完全超出"奸所"的文义射程。

再如,对"聚众伙谋抢夺路行妇女"的解释。清嘉庆十年(1805)贵州巡抚认为陈恩所犯之抢夺罪行,因为犯罪人"仅止二人",在犯罪人数的界定上,"固与聚众伙谋抢夺路行妇女"律例有别,因此,贵州官员判决陈"绞监候"。刑部官员审转结果则为:"聚众伙谋抢夺路行妇女"律例的规范重点,在于"因抢夺财物,而将人妇女抢回奸污",并不在于是否符合"聚众"的人数条件。③这里出现对"聚众伙谋抢夺路行妇女"条文不同的解释。贵州巡抚侧重文理解释:"聚众"必须是三人以上,本案犯罪人只有两人,所以不适用本条;刑部采取的是论理解释:本条立法原意在于"因抢夺财物,而将人妇女抢回奸污",并不在乎是否符合"聚众"的人数条件。

又如,对身份的解释。在一般情况下,丈夫杀死妻子,无须抵命;"至本夫抑勒其妻卖奸不从故杀,例因斩候。盖抑妻卖奸,已失夫妇之义,故照凡人故杀例问拟"④。可见,刑部的解释是,这种情况下"已失夫妇之义",即杀人者已经不具有"夫"的身份,而只是一"凡人"。

三、事实认定中道德主义与实用主义的融合

古代司法官员在事实的认定方面同样具有道德实用主义倾向,这主要表现为"移情就法"和对因果关系的方便使用。

① 王志强:《制定法在中国古代司法判决中的适用》,《法学研究》2006 年第 5 期。
② 何勤华:《清代法律渊源考》,《中国社会科学》2001 年第 2 期。
③ 《刑案汇览》,卷 15,第 1106 页。
④ 《刑案汇览》,卷 33,《鸡奸情热逼妻同奸不从自尽》。

1. 移情就法。古代司法官员不区别原始事实、法律事实、证明事实①，事实的认定不受证据规则、犯罪构成要件与疑罪从无原则的限制，而是随实用主义解决问题的需要而定。因此，根据需要剪裁案情事实的"移情就法"就不可避免。实际上，"移情就法"是明清时期地方司法官员非常重视的一种审判技巧，有关办案指南手册还会专门讨论这样的技巧。例如，当时颇为流行的幕学手册《刑幕要略》《办案要略》《居官资治录》和《审看拟式》都有这方面的论述，其中特别提到了"办案全要晓得剪裁"的技巧。而"剪裁之术"主要包括：其一，必须预先打算案件的出路和结局；其二，根据相关法律确定剪裁的内容；其三，为了达到预期目的，对各类证据进行精心剪裁，甚至伤痕和验尸报告同样可以剪裁。这样一来，司法官员不仅能把案件"制作"成为天衣无缝的铁案，而且又有峰回路转的余地。既不怕两造翻案，也不怕上司驳案。②

2. 因果关系的方便使用。刑事案件的发生往往都是多因一果，因此，如何确定案件的因果关系就很值得探讨。现代刑法学中的条件说、原因说、相当因果关系说、客观归责理论都旨在解决这一问题。但是，我国的古代司法官员对因果关系的运用缺乏这些理论的指导，表现出很大的实用性。

例如，杨氏与人通奸，其姑贺氏得知后令其母家管教，杨氏之兄反称贺氏诬蔑，意欲告官，致贺氏气愤自尽。裁判者也明知"王贺氏并非为伊媳犯奸轻生"，但仍然对奸妇处以严刑，奸夫也受到牵连。③ 该案中，作为间接原因的通奸行为受到严厉惩罚，而直接原因的制造者、杨氏之兄却未受到任何追究。这种对因果关系方便使用的情况，在古代司法中极为普遍。它"使案件能够以其所乐见的合理结果解决。因此，这种对因果关系的处理方式，是与其价值判断过程的直觉性和模糊性——即一种实用主义精神——相适应的，是一种有效为之服务的法律推理技术"④。

第二节　现状评估：规则主义与实用主义的冲突

我国刑法近百年来的多次反复，使我们现在难以清晰认识其是一张什么

---

① 关于三者的区别参见郑永流：《法律判断大小前提的建构与方法》，《法学研究》2006 年第 4 期。

② 参见高浣月：《清代刑名幕友研究》，中国政法大学出版社，2000 年版，第 73 - 81 页；徐忠明：《明清刑事诉讼"依法判决"之辨正》，《法商研究》2005 年第 4 期。

③ 《续增刑案汇览》，卷 9，《子妇犯奸氏兄护短逼姑自尽》。

④ 王志强：《法律多元视角下的清代国家法》，北京大学出版社，2003 年版，第 83 页。

样的"脸"：首先是清末和民国时期对传统法律的全盘否定和对德日规则主义法律的全面移植；其次是新中国对民国"资产阶级法制"的全盘否定和对苏联刑法模式的照搬；然后是近年来在刑法知识去苏俄化潮流中对过去刑法理论的一系列反思性批判。但是在刑法反复变化的过程中，我们也可以清晰地看到一条线索——规则主义与实用主义的此消彼长。这种规则主义与实用主义的冲突一直持续到现在，成为我国定罪制度的现状：一方面，我国立法与司法、理论与实践都已经明确接受了西方规则主义的形式合理性，树立了罪刑法定主义的大旗；但另一方面，我国传统的实用主义思维并没有完全从刑法领域退场。这样一来，在定罪领域，移自西方的规则主义文化与继自传统的实用主义文化经常冲突。其表现涉及诸多方面，以下几点尤为明显。

一、定罪依据中法律与道德的冲突

在我国古代传统的法律制度中，道德具有超越法律之上的地位：从立法上看，法律是道德的成文化，是道德大海上凝固的冰山；从司法上看，法律的解释与适应需要道德的导向。在现代罪刑法定原则的要求下，法律与道德严格区别，单纯的道德不能够成为定罪依据。但是，在我国司法实践中，罪刑法定原则所要求的规则主义总是会受到道德实用主义的抵抗。

例如，单纯的道德义务可以披着"不作为的作为义务"这一外衣，成为实质的定罪依据。在宋福祥故意杀人罪一案中，宋福祥因与妻子争吵厮打，导致妻子自缢身亡，而被判有罪。判决理由是，"在家中只有夫妻二人这样的特定环境中，被告人宋福祥负有特定义务"[①]。陈兴良教授从规则主义的角度指出，该案的被告并不具有"不作为的作为义务"：从法定的夫妻之间的抚养义务不能推导出救助义务，否则就是一种"举轻以明重"的类推解释；家庭这一特定的社会环境与不作为的作为义务没有必然联系；先行的争吵厮打行为并不具有导致妻子自杀的现实危险性，也不能成为作为的义务来源。[②] 而法官面对的是"闹人命"这样一个严重的问题，如果处理不好也许会导致更大的社会问题。而且我国自古就有这样一种观念，即总得有人为一条屈死的生命负责。在这种文化氛围中，法官会倾向于有罪判决，这是一种实用主义的态度。

---

① 中国高级法官培训中心、中国人民大学法学院：《中国审判案例要览》（1996 年刑事审判卷），中国人民大学出版社，1997 年版，第 34 页。类似的案例还可参见马克昌主编：《犯罪通论》，武汉大学出版社，1999 年版，第 172 页。

② 参见陈兴良：《判例刑法学》（上），中国人民大学出版社，2009 年版，第 112 页以下。

当然,在规则主义占统治地位的背景下,法官不可能直接依道德定罪,他们总是会千方百计地将"道德"嫁接于"法律",使其转化为"不作为的作为义务"。

再如,道德因素还可以成为超法规的违法阻却事由。例如,杨远军发现妻子与杨锡鹊通奸,甚为愤怒,即发生争执。其间,杨远军用匕首刺伤杨锡鹊大腿。事发后,杨远军妻子受不了村里舆论而自杀。杨远军妻子死后,村里舆论谴责杨锡鹊,后者迫于压力,与杨远军达成书面协议,同意支付火葬费2 800元。后杨锡鹊又反悔,以杨远军刺伤其大腿为由,向法院提起刑事附带民事诉讼,同时否认与杨远军妻子有染。法院裁定驳回其诉讼请求。杨锡鹊不服裁定,提出上诉,二审维持原裁定。① 按照规则主义逻辑,杨远军刺伤杨锡鹊的行为应该构成犯罪,而其妻与杨锡鹊通奸以及随后的自杀并不能够成为其行为的违法阻却事由。但是,按照实用主义逻辑,杨远军先是出了"家丑",后又失去妻子,在道义上是值得同情的,如果再判处其有罪,似乎情理上过不去。

另外,道德因素还可以影响对犯罪事实的取舍,这一点通过比较邱兴华案与邓玉娇案可以看得出。2006年,邱兴华因为怀疑有人调戏其妻而连杀10人,手段残忍,在逃期间又杀死1人、重伤2人。案发不久,有的精神病专家、法学家、新闻媒体吁请司法部门为邱兴华启动司法鉴定程序。但是这些吁请都被拒绝,邱兴华最后被判处并执行死刑。2009年,邓玉娇因为拒绝为邓贵大等人提供性服务,而遭到不法侵害,于是愤而将邓贵大刺伤致死。司法部门认定邓玉娇为心境障碍(双相),属部分刑事责任能力。可见,这里影响事实认定的关键因素是道德:邱兴华在道德上属于"滥杀无辜",司法部门不愿意为其提供精神病鉴定;邓玉娇在道德上被认为是"烈女",司法部门乐于接受其为精神病人的鉴定结论。

二、判决与刑事和解的冲突

在我国法制传统中,除了法律与道德并存外,另一个特点就是判决与和解并存,这是与当时的社会结构相适应的。在古代社会中,"皇权的官方行政只施行于都市地区和次都市地区……出了城墙之外,行政权威的有效性便大大受到限制。因为除了势力强大的氏族本身之外,行政还遭遇到村落组织的自治体之对抗……'城市'就是官员所在的非自治地区;而'村落'则是无官员

---

① 参见杜宇:《重拾一种被放逐的知识传统》,北京大学出版社,2005年版,第64页。

的自治地区"①。日本学者滋贺秀三认为,清朝司法官员对于"命盗重案"采取的是"依法判决",而对于"州县自理"的案件则是"教谕的调停"。对于州县自理的案件,地方官员"几乎完全不受法律拘束",而是"根据'情理',融通无碍地寻求具体的妥当解决"。"中国人还喜欢相对的思维方式,倾向于从对立双方的任何一侧都多少分配和承受一点损失或痛苦中寻找均衡点。""所谓听讼从最终来看是一种靠说服当事者来平息纷争的程序","听讼应该说并不是本来意义上的裁判,从本质上就是调解"。② 美国学者黄宗智的看法与滋贺秀三不太一样,他认为,清朝司法中不仅"命盗重案"严格地"依法判决",即使是对于"州县自理"案件,地方官员也"极少从事调解"。但是州县自理案件在进入官方程序之前往往都会有一个民间调解的程序。民间调解所最关心的是在一个朝夕相处、紧密组织起来的社区内维护族人和邻里之间和睦的关系。它的主要方法是妥协互让,一般也考虑到法律与社区的是非观念。此外,在村社族邻的非正式性调解与州县衙门的正式性审判之间存在一个第三领域,在此领域,民间调解与官方审判发生交接、互动,而形成一个半官半民的处理地带。③ 也就是说,州县自理案件往往先后会经历三个阶段:先是民间调解,其次是半官半民的处理阶段,最后是官方的审判。

新中国成立后的很长一段时间,刑法通说认为,犯罪的本质是"孤立的个人反对统治关系的斗争"。在这种语境下,国家垄断了定罪的权力,刑事和解无法获得官方的承认。后来,我国确立了罪刑法定原则:定罪是将规则适用于事实的过程;罪与非罪、此罪与彼罪的结论应该是明确的,不能依被害人或加害人的意志而转移。在这种语境中,刑事和解也不被承认。例如张明楷教授认为:在我国刑法"定罪+定量"的立法模式下,刑法第3条前半段"法律明文规定为犯罪行为的,依照法律定罪处刑",旨在"禁止司法机关随意出罪"。因此,"我国刑事司法机关不应当盲目进行刑事和解"。④

但实际上,即使在国家垄断定罪权的时代,刑事和解从来没有完全退场,而是以"私了"的名义存在于民间社会。据调查,某些地方人身损害、盗窃、重

① [德]韦伯:《中国的宗教》,简惠美译,台湾远流出版公司1989年版,第155-156页。

② [日]滋贺秀三等:《明清时期的民事审判与民间契约》,王亚新等译,法律出版社,1998年版,第8-19页。

③ 参见[美]黄宗智:《清代的法律、社会与文化:民法的表达与实践》,上海书店出版社,2001年版,第77、60、107页。

④ 张明楷:《司法上的犯罪化与非犯罪化》,《法学家》2008年第4期。

婚三类案件"私了"率竟高达 70%。① 近年来在建设"和谐社会"的大背景下，官方逐渐认识到刑事和解的积极意义，在湖南、上海、江苏、浙江等地出现了大量刑事和解的案例。2006 年，湖南省检察院还颁布了《关于检察机关适用刑事和解办理刑事案件的规定（试行）》。这样一来，刑事和解制度对刑事判决制度形成了冲击：刑事和解是否有法律依据，是否违背我国刑法第 3 条前半段？刑事和解的适用范围如何？被害人与加害人和解的依据是刑法还是其他？这些问题都还需要进一步研究。但有一条可以明确是，刑事和解实用主义思维的要求。

总之，刑事判决制度与刑事和解制度冲突的局面，正是我国定罪思维中规则主义与实用主义冲突的体现。刑事判决是一种规则主义思维，采用三段论推理形式，通过规则的统一适用，强调规范的不可违反性，追求形式合理性；刑事和解是一种实用主义思维，采用协商交流形式，通过具体案件的妥当处理，恢复被破坏的社会关系，追求实质合理性。刑事判决的依据是实证法规则；刑事和解的依据是情理法的融合。

三、形式解释论与实质解释论的冲突

形式解释论与实质解释论之争有着复杂的背景。首先，从我国来看，一方面我国传统的刑法解释是一种以解决问题为核心的实质解释，刑罚规范的字面含义可以被牵强附会地曲解；另一方面，我国现在建立了犯罪构成要件理论，确立罪刑法定原则的至上地位，出入人罪的实质解释受到了罪刑法定原则形式上的抵抗。其次，从西方国家来看，构成要件理论经历了行为构成要件说、违法类型说、违法有责类型说三个阶段，对构成要件的解释也从形式解释转向了实质解释；与此相适应，罪刑法定原则由形式走向实质。再次，现代形式解释与实质解释确实各有优点。例如耶林认为，"形式乃是反复无常之行为的不共戴天之敌——亦即自由的孪生姐妹……确定的形式乃是有关纪律和秩序的基础，据此也是有关自由本身的基础。它们是抵御外部进攻的堡垒，因为它们只会断裂，而不会弯曲；而且在一个民族真正理解自由的作用的情况下，他们也将从本能上发现形式的价值并且从直觉上认识到，就其形式而言，他们所拥有的和所坚持的并不是某种纯粹外部性的东西，而是对其

---

① 张荣等：《不能忽视农村犯罪私了现象》，《人民法院报》2001 年 3 月 1 日，第 5 版。

自由的保障"①。但是,法律的形式规定又可能包含一些不值得处罚的行为,这时实质解释可以甄别值得处罚的行为,而将不值得处罚的行为排除在外。这种复杂的背景决定了我国现阶段形式解释与实质解释之争不可避免。

以张明楷教授为代表的一派学者提倡实质解释论,批判形式解释论。张明楷教授认为,"我国刑法理论一直注重的是形式解释。即使在旧刑法允许类推的时代,人们也仅对刑法规范做形式解释,只是在类推适用时,考虑到了案件事实的实质。……单纯对制定刑法进行形式解释,其所演绎出来的'正义'将会是一种机械的、电脑的'正义',一种非人性的'正义',而不是国民所需要的活生生的正义"②。刘艳红教授主张"由实质的犯罪论上升到实质的刑法立场,并提倡与之相适应的实质的刑法解释学"③。

以陈兴良教授为代表的一派学者坚持形式解释优于实质解释,"对于刑法的实质解释应当保持足够的警惕"。由于"社会危害性"一直被认为是犯罪的本质,是定罪的最终依据,所以,"如果要处罚一个行为,社会危害性说就可以在任何时候为此提供超越法律规范的根据"。新刑法罪刑法定原则的确立,"将导致刑法解释方法论的转变,即由重视实质的解释转向重视形式的解释。在罪刑法定原则之下,刑法形式上的东西将居于首要的、主导的地位"④。

而白建军教授的实证研究表明,我国过去的刑法解释既非"一直注重的是形式解释",也非以实质解释为主,而是形式解释与实质解释并存,形式解释的数量多于实质解释,并且在不同时期形式解释与实质解释的比例在变化。他认为,刑法解释包括规范逻辑和实践逻辑两种逻辑:规范逻辑即规则主义,为形式解释所倚重;实践逻辑即实用主义,为实质解释所重视。白建军教授通过对建国以来 561 个司法解释的研究,发现其中规范逻辑占 70.1%,实践逻辑占 29.9%。在无刑法典时期、"79 刑法时期"、"97 刑法时期",规范逻辑分别是 68.9%、65.9%、81.5%,呈曲线上升趋势;相应地,实践逻辑分别是 31.1%、34.1%、18.5%,呈曲线下降趋势。⑤

① [美]罗斯科·庞德:《法理学》(第一卷),邓正来译,中国政法大学出版社,2004 年版,第 400 页。
② 张明楷:《刑法学研究的十大关系》,《政法论坛》2006 年第 2 期。
③ 刘艳红:《走向实质解释的刑法学》,《中国法学》2006 年第 5 期。
④ 陈兴良:《形式与实质的关系:刑法学的反思性检讨》,《法学研究》2008 年第 6 期;陈兴良:《社会危害性理论:进一步的批判性清理》,《中国法学》2006 年第 4 期;阮齐林:《新刑法提出的新课题》,《法学研究》1997 年第 5 期。
⑤ 白建军:《刑事政策的运作规律》,《中外法学》2004 年第 5 期。

第三节　文化出路：规则主义与实用主义的融合

一、不在于从形式推理走向辩证推理

关于我国定罪思维的现状与出路，有的学者提出了自己的看法：我国现行的定罪思维是三段论形式推理，这种形式推理，正好与我国现行的四要件犯罪构成论相适应。"但定罪过程的实质性特点使司法三段论面临困境，于是辩证推理的定罪思路成为解决问题的首选途径"，这种辩证推理的具体表达就是"前见的证成与修正"。与定罪思维从形式推理走向辩证推理相适应，犯罪构成理论也应该从传统的平面四要件犯罪构成论走向多元递进的犯罪构成论。[①] 这种观点对于推动我国定罪思维的研究有所裨益，但是，也存在不少值得商榷之处。

首先，我国定罪思维的趋势不是以"前见的证成与修正"取代三段论的形式推理。一方面，三段论形式推理不是我国定罪思维的现状。即使认为我国的犯罪构成仅具有形式意义，也不能够得出结论说我国的定罪是纯粹的形式推理，因为在犯罪构成之外，还有犯罪阻却事由——一种价值判断的载体。例如，对于正当防卫的杀人，司法官员不会根据三段论推出故意杀人罪的结论。相反，司法官员会有一种该行为不构成犯罪的"前见"，并进而"证成"该前见。另一方面，"前见的证成与修正"也不是一种新的定罪思维，恰恰相反，它正是我国传统的定罪思维方式。正如有的学者在分析清代刑部的法律推理时指出，"司法官员们首先需要凭借职业直觉判断作出大致的定罪、量刑的定位，以确认'情罪相符'的大致目标……进一步与制定法的对照检验，使职业直觉判断与简单感情直觉之间的区别更为凸显。司法官员们通过法律检索发现相关条文及成案，进行情节剪裁，然后在基于经验和情理的职业直觉判断和法条的理性论证之间小心翼翼地寻找平衡点"[②]。这种定罪的过程正是"前见的证成与修正"。

西方国家所出现的从三段论形式推理向辩证推理的过渡，是与其古典自

[①]　参见王志远：《如何应对传统定罪思维的困境》，《法律科学》2006 年第 6 期；李洁、王志远：《前见的证成与修正：传统定罪思维之超越》，《政治与法律》2008 年第 6 期。

[②]　参见王志强：《法律多元视角下的清代国家法》，北京大学出版社，2003 年版，第 91 - 92 页。

由主义的衰落相适应的。例如,在大陆法系中,贝卡里亚主张建立严格的罪刑阶梯,否定法官对法律的解释,定罪只能依照三段论形式推理。这种古典学派自然遭到后来实证学派的反对。在美国,古典正统的代表是自1870起执掌哈佛法学院院长职位的兰德尔,他认为,法学应该和希腊传统的欧几里得几何学一样,从少数的几个公理出发,凭推理得出一系列定理,然后通过逻辑应用于所有的案件事实。① 这种观点后来遭到以霍姆斯为代表的实用主义的反对。但是在我国,无论是古代还是现代,形式逻辑推理从来没有形成气候。此外,西方所谓的从形式推理转向辩证推理,并不是否定三段论形式推理,而是在坚持三段论形式推理的前提下通过规范与事实的等置以获得大小前提。②

其次,三段论的形式推理与我国平面四要件犯罪构成论之间,辩证推理与阶层的构成要件论之间并不存在必然的联系。我国法官在定罪时不可能把平面四要件犯罪构成仅仅当作形式推理的载体,而是把它当作形式判断与实质判断的统一体。也许我国的四要件犯罪构成论没有很好地区分形式判断与实质判断的关系,甚至是先实质判断,后形式判断,但是从来没有人认为四要件犯罪构成只能够进行三段论的形式推理。西方阶层的犯罪论与辩证推理之间也不具有必然联系。这种阶层的犯罪论经历了行为构成要件说、违法类型说、违法有责任类型说,以及与此相应的形式犯罪论与实质犯罪论的发展。另外,即使我们发现西方的定罪思维有从形式推理向实质推理发展的趋势,即使我们预言我国平面四要件犯罪构成论将向阶层构成要件论发展,我们也没有理由认为这两种趋势之间存在内在的联系。

二、注重规则主义与实用主义的融合

定罪思维的出路应被置于我国刑法现代化这一大背景下进行思考。但是,现代化不等于西化,它必须同时考虑西方的规则主义与我国传统的实用主义;现代化的出路不在于以西方的规则主义排斥我国传统的实用主义,而是追求规则主义与实用主义的融合。"现代性的精髓不在于任何一种理论或意识形态,而在于历史的实际变迁过程。以思想史为例,现代性不在于西方

---

① 参见[美]菲尔德曼:《从前现代主义到后现代主义的美国法律思想》,李国庆译,中国政法大学出版社,2005年版,第172页。

② 参见[德]考夫曼:《法律哲学》,刘幸义等译,法律出版社,2004年版,第125页以下;郑永流:《法律判断形成的模式》,《法学研究》2004年第1期。

启蒙以来的两大思想传统理性主义和经验主义中的任何一个,而在于两者18世纪以来的历史上的共存、拉锯和相互渗透。以科学方法为例,其真正的现代性不简单在于理性主义所强调的演绎逻辑,也不简单在于经验主义所强调的归纳逻辑,而在于历史上的两者并用。"①当然,就定罪制度而言,如何将规则主义思维与实用主义思维结合起来是一个值得进一步深入研究的问题。大致而言,应该注意以下几点:

1. 以正向定罪为主,辅以逆向定罪。正向定罪是规则主义的要求,是我国现代定罪制度的主体,它的逻辑是:大前提—小前提—结论—刑罚。当然,在这一过程中,大前提与小前提的认定往往是互相影响的,需要法官的目光往返于规范与事实之间。逆向定罪是实用主义的做法,是我国古代定罪制度的普遍现象,它的逻辑是:刑罚—结论—小前提—大前提。它的基本思路是量刑反制定罪:对于一些罪与非罪、此罪与彼罪难以区分的案件,与其先从构成要件分析,不如先从应否适用刑罚以及适用何种刑罚开始判断。不应适用刑罚的案件,便可以直接得出非罪的结论,而不需要通过三段论推理得出非罪的结论;应该适用刑罚的案件,便可以得出有罪的结论,然后再根据刑罚的轻重,寻找合适的犯罪构成。

这种逆向定罪思维因为能够解决一些难办案件,而顽强地存在于现代刑法学中。例如,许霆案的争论恰恰反映了正向定罪与逆向定罪的不同态度。初审判决采取的是正向定罪的逻辑,从盗窃罪的犯罪构成出发,考虑许霆案盗窃金融机构,数额特别巨大的事实,得出无期徒刑的结论。但是这个坚持规则主义的判决导致了以普遍正义的名义践踏个别正义的不合理结论。于是许多学者认为,对于许霆案应该采取逆向定罪思维,从刑罚的轻重出发,寻找与之相适应的刑罚规范。② 所以,梁根林教授说,许霆案"生动而形象地折射了处于两个极端的严格规则主义与能动裁量主义的司法裁判思维正在以什么样的方式左右、主导甚或扭曲着脆弱的中国法治……刑从罪生、刑须制罪的罪刑正向制约关系是否就是罪刑关系的全部与排他的内涵,抑或在这种罪刑正向制约关系的基本内涵之外,于某些疑难案件中亦存在着逆向地立足于量刑的妥当性考虑而在教义学允许的多种可能性之间选择一个对应的妥

---

① [美]黄宗智:《中国法律的现代性》,载许章润主编:《清华法学》(第十辑),清华大学出版社,2007年版。

② 参见刘明祥:《许霆案的定性:盗窃还是信用卡诈骗》,《中外法学》2009年第1期;高艳东:《从盗窃到侵占:许霆案的法理与规范分析》,《中外法学》2008年第3期。

当的法条与构成要件予以解释与适用,从而形成量刑反制定罪的逆向路径?"①本书认为,虽然在占主流地位的规则主义的要求下,我们应尽量追求正向定罪的过程,但是实践中的逆向定罪是不可避免的。正向定罪与逆向定罪的互补正是规则主义与实用主义融合的要求和表现。

2. 接纳刑事和解,但是要妥善划分其与刑事判决的适用范围。在我国古代社会,和解只适用"州县自理案件"(笞杖案件),对于"命盗重案"(徒流死案件)必须依法判决。现阶段如何划定刑事和解的适用范围,确实是一个值得研究的新问题,立法上没有统一的规定,理论与实践的看法也不完全一致。多数学者主张以犯罪的轻重为标准。例如,湖南省《关于检察机关适用刑事和解办理刑事案件的规定》第四条规定:"依照本规定处理的案件主要是轻微刑事案件和未成年人刑事案件,且应当同时具备以下条件:(一)犯罪嫌疑人、被告人系自然人;(二)基本事实清楚,基本证据确实、充分;(三)犯罪嫌疑人的行为触犯刑法;(四)犯罪嫌疑人悔罪,并且对主要事实没有异议。"但是也有学者认为,"刑事和解的范围与罪行轻重没有必然联系,邻里间的激情杀人不能完全排除刑事和解的可能,罪行轻微的危害公共安全罪,则必须通过正常的诉讼处理模式";刑事和解的范围应该以犯罪客体来确定,即只限于单纯侵害个人法益的犯罪。② 还有的学者认为,我国刑事和解的近期方案以自诉案件与交通肇事案件为主,中期方案与远期方案可以相应扩大刑事和解的适用范围。③ 虽然我国对刑事和解的正当性与适用范围还没有统一的看法,但规则主义与实用主义融合的趋势决定未来我国必然采取以刑事判决为主导、以刑事和解为补充的综合定罪制度。

3. 综合运用形式解释与实质解释,而不是以一方排斥另一方。形式解释与实质解释更多地是一种理念、一种"理想类型",实践中两者可以也应该互补。理由至少有以下几点:

(1)我国刑法学中形式解释论与实质解释论之争的"战场"并没有德日刑法学那么广。在德日刑法学中,刑法解释的对立存在两个场合:一是构成要件符合性的解释(判断),对此存在形式犯罪论及其形式解释论与实质犯罪论及其实质解释论;二是刑法条文用语的解释,对此也存在形式解释与实质

① 梁根林:"编者按",《中外法学》2009年第1期。
② 于志刚:《刑事和解的正当性追问》,《政法论坛》2009年第5期。
③ 参见向朝阳、马静华:《刑事和解的价值构造及中国模式的构建》,《中国法学》2003年第6期。

解释。构成要件符合性的解释（判断）以规范与事实的关系为对象，探索规范能否涵摄事实，事实能否被涵摄于规范；它是一个拉近规范与事实之间距离的过程，是一个抽象规范具体化与具体事实抽象化的过程。构成要件符合性的解释应该以刑法条文用语的解释为前提，同时又指导着刑法条文用语的解释，这是解释学循环的宿命，但是不能由此将两种不同的解释混为一谈。正如陈兴良教授所说，"这是两种含义完全不同的解释，但我们现在经常将两者混淆"①。在我国刑法学中，针对犯罪构成符合性只存在实质解释，而不存在形式解释；形式解释与实质解释的对立只在于刑法条文用语的解释。

首先，在德日刑法学中，先后存在两种不同意义的形式的犯罪论—解释论与实质的犯罪论—解释论之争。早期形式犯罪论与实质犯罪论争论的重点在于构成要件是否包含了主观要素和规范要素，以及构成要件符合性与违法性、有责性的关系。概括起来说，从贝林格的行为构成要件说到麦兹格的违法类型说再到小野清一郎的违法有责类型说，"本来作为价值无涉的概念来把握的构成要件概念，包含着越来越多的价值，更多地包含着主观性和规范性这两种要素。因此，本来被认为具有独立于违法性之机能的构成要件，与违法性的关系也越来越紧密，最终埋没在违法性之中……构成要件论发展的历史实际上也正是构成要件论崩溃的历史"②。"由于行为构成要件说将构成要件视为价值中立的现象，符合构成要件的行为均等地包含了违法行为与非违法行为，故对构成要件只能够进行形式的解释。而违法类型说必然要求构成要件说明行为对法益的侵害与威胁，因而应对构成要件进行实质的解释。"③因此，西原春夫先生所说的"构成要件论崩溃的历史"也是形式解释向实质解释转化的历史。

近期形式犯罪论与实质犯罪论争论的重点在于刑罚规范的性质以及构成要件符合性判断的标准。"承认构成要件的独立机能，以社会的一般观念为基础，将构成要件进行类型性地把握的犯罪论，通常被称为形式的犯罪论……实质的犯罪论对形式的犯罪论进行批判，认为作为形式的犯罪论的中心的犯罪的定型或类型的内容不明……主张在刑罚法规的解释特别是构成

---

① 陈兴良：《形式与实质的关系：刑法学的反思性检讨》，《法学研究》2008年第6期。

② ［日］西原春夫：《犯罪实行行为论》，戴波、江溯译，北京大学出版社，2006年版，第56页。

③ 张明楷：《刑法的基本立场》，中国法制出版社，2002年版，第107页。

要件的解释上……应当从当罚性这一实质的观点出发来进行。"①也就是说,形式犯罪论认为刑罚规范首先是国民的行为规范,因此主张对构成要件符合性以"一般人是否能够得出该种结论"为标准进行形式解释;实质犯罪论认为刑罚规范主要是法官的裁判规范,因此主张对构成要件符合性以"处罚的必要性和合理性"为标准进行实质解释。

我国学者往往将这两种不同意义的犯罪论—解释论混淆起来。例如认为,"贝林的古典形式犯罪论体系在日本得到了一些学者的继承和发扬。日本学者团藤重光、大塚仁、大谷实等均主张形式的犯罪论","形式犯罪论的主张者首推同志社大学教授大谷实"。而"日本东京都立大学的前田雅英教授是实质的犯罪论的领军人物","前田的构成要件论认为构成要件是违法、有责的类型"。② 这容易给人一个误解,以为近期的犯罪论—解释论是早期的犯罪论—解释论的延续。而实际情况并非如此。大谷实虽然持形式犯罪论与形式解释论,但并非像贝林一样持行为构成要件说,而是与前田雅英一样持违法有责类型说。③ 也就是说,近期形式的犯罪论—解释论与实质的犯罪论—解释论之争是违法有责类型说内部的争论,而不是行为构成要件说与违法有责类型说之间的争论。正如有的学者所说,"在日本刑法学的研究中,形式和内容的对立在很久以前就存在,但是,作为新的学派之争即'形式的犯罪论'和'实质的犯罪论'对立则是近年来的事情"④。

反观我国刑法学,可以说上述两种意义上的形式犯罪论—解释论与实质犯罪论—解释论之争都不存在。我国的"犯罪构成要件"不同于德日刑法中犯罪成立要件之一的"构成要件",它是犯罪成立要件的总和,是犯罪成立的唯一标准。我国的犯罪构成要件从一开始就包含了客观要素与主观要素、记述要素与规范要素;犯罪构成的判断从一开始就同时包含了形式判断与价值判断。因此,可以说在犯罪构成符合性的判断上,我国并不存在形式解释与实质解释之争。

其次,我国形式解释论与实质解释论之争的真正领域是刑法条文的用语。这里有很多表现。例如,对刑法总则第 23 条"已经着手实行犯罪"中的"着手",形式解释将其理解为"开始实施刑法分则所规定的某一犯罪构成客

---

① ［日］大谷实:《刑法讲义总论》,黎宏译,法律出版社,2008 年版,第 87 - 88 页。
② 刘艳红:《实质刑法观》,中国人民大学出版社,2009 年版,第 162 - 167 页。
③ ［日］大谷实:《刑法讲义总论》,中国人民大学出版社,2008 年版,第 87 页。
④ 黎宏:《日本刑法精义》,法律出版社,2008 年版,第 57 页。

观要件的行为"，实质解释将其理解为"侵害法益的危险达到紧迫程度时"。①
对于刑法第 29 条"教唆他人犯罪"中的"他人"，形式解释将其理解为具有刑
事责任能力的自然人，否则构成间接正犯；实质解释将其理解为具有支配能
力的自然人，即使"他人"不具有刑事责任能力，但只要具有支配能力，教唆者
也只成立教唆犯。② 对于刑法第 263 条"冒充军警人员抢劫"中的"冒充"，形
式解释将其理解为"假冒"，实质解释将其理解为"假冒"与"充当"。③ 对于刑
法第 275 条"故意毁坏公私财物"中的"毁坏"，形式解释将其理解为物理性毁
坏，实质解释将其理解为效用毁损。④ 对于刑法第 318 条"组织他人偷越国
(边)界"中的"偷越"，形式解释将其理解为没有证件而出入境或者使用伪造、
变造的证件而出入境两种情况，实质解释认为偷越除了这两种情况外，还包
括使用骗领的证件而出入境。⑤ 此外，形式解释与实质解释的分歧还表现在
第 261 条"抚养义务"、第 245 条"侵入"、第 114 条中的"危险方法"等许多条
文用语上。

（2）我国刑法学中形式解释论与实质解释论关于刑法解释的限度并没
有原则分歧。德日刑法学的通说认为解释的限度止于可能的字义，但是除了
可能字义说之外，还存在其他一些不同的观点。其中有些观点的影响还很
大。例如，Germann 是将客观目的从法律文字抽离的代表学者，他认为法律
规定的目的与意义高于法律规定的文字；Sax 与 Heller 等人主张解释可以超
过文字字义的界限，只要符合"规范目的"；奥地利学者 Bydlinski 主张以事物
本质取代字义界限；考夫曼不接受可能字义界限，认为"不法类型"才是解释
的界限；"雅格布斯认为，超越原文文字界限在四个条件下是允许的：① 符合
概念发展的连续性；② 否则就会发生任意性评价；③ 根据同等适用的需要；
④ 具有解决问题的适当性"。⑥

在我国刑法学中，形式解释论与实质解释论都明确主张以"可能文义"作
为刑法解释的限度，在这一点上并没有表现出如德国刑法学那样的原则区
别。例如，形式解释论者认为，"在罪刑法定原则下，包含在可能文义范围之

① 张明楷：《刑法学》，法律出版社，2007 年版，第 286 页。
② 参见张明楷：《刑法学》，法律出版社，2007 年版，第 332 页。
③ 张明楷：《刑法学》，法律出版社，2007 年版，第 717 页。
④ 陈兴良：《形式与实质的关系》，《法学研究》2008 年第 6 期。
⑤ 参见陈兴良：《判例刑法学》（上卷），中国人民大学出版社，2009 年版，第 81 页。
⑥ 参见蔡蕙芳：《刑法之解释与适用》，作者发行 2004 年版，第 69 - 79 页；[德]罗克辛：
《德国刑法总论》，王世洲译，法律出版社，2005 年版，第 84 - 89 页。

内的类比推理是允许的,超出可能文义范围的类推推理则是被禁止的,这是一条不可逾越的原则界限。当然如何区分两者是一个复杂而困难的问题,它关涉对可能文义的界定";"如果允许超出可能文义范围,根据事物本质进行实质判断,将使罪刑法定原则的形式理性丧失殆尽"。① 实质解释论者同样认为,"刑法解释的对象是刑法规定,刑法又是以文字作出规定的,故刑法解释不能超出刑法用语可能具有的含义,否则便有违反罪刑法定原则之嫌";"扩大解释是对用语通常含义的扩张,不能超出用语可能具有的含义;否则,属于违反罪刑法定原则的类推解释"。②

可见,形式解释论与实质解释论对于刑法解释的限度并没有原则分歧,其争议只是如何在可能文义范围内找到合适的点:形式解释比较偏重于刑法用语的字面含义;实质解释则同时考虑处罚的必要性与刑法用语的字面含义——"对于一个行为而言,其处罚的必要性越高,将其解释为犯罪的可能性越大,但如果行为离刑法用语核心含义的距离越远,则解释为犯罪的可能性越小。换言之,'解释的实质的容许范围,与实质的正当性(处罚的必要性)成正比,与法文通常语义的距离成反比'"③。

(3) 我国刑法学中形式解释论与实质解释论关于刑法解释目标的分歧也是可以调和的。关于刑法解释目标,形式解释论往往采主观说,实质解释论则持客观说。例如,形式解释论者认为,"形式的解释论的意旨在于严格尊重和忠实于立法者通过刑法文本表现的立法意思",只有在"根据立法当时的标准原意进行平义解释所得出的解释结论显然荒谬的情况下"以及"行为形式上触犯刑法的明文规定,而缺乏实质的可罚性和违法性的情况下"才例外地允许寻找立法的客观目的。④ 实质的解释论认为,"罪刑法定原则是指罪刑由'刑法'确定,而不是由'立法者意图'确定,'刑法'与'立法者意图'并非一体,具有法律效力的是用文字表达出来的、具有外部形式的刑法,而不是立法者的内心意思……要求对刑法进行客观解释"。⑤ 这种对立从对刑法第 261 条的"抚养义务"的解释上可见一斑。

但是,单纯的主观说和客观说都难以得出合理的解释结论。"'主观'和

---

① 陈兴良:《刑法教义学方法论》,《法学研究》2005 年第 2 期。
② 张明楷:《刑法学》,法律出版社,2007 年版,第 34、37 页。
③ 张明楷:《刑法分则的解释原理》,中国人民大学出版社,2004 年版,第 18 页。
④ 梁根林:《罪刑法定视域中的刑法适用解释》,《中国法学》2004 年第 3 期。
⑤ 张明楷:《刑法分则的解释原理》,中国人民大学出版社,2004 年版,第 31 页。

'客观'解释理论研究的是相互关联的部分。它们中没有一个是完全'正确的'或者'错误的'。两者都是研究法律解释和法律适用时的必要步骤。"而且,主观解释试图探究的最初规范意旨正是一种客观事实;相反,所谓的客观解释却也是主观的法官造法。因此,主观解释是客观的;客观解释也是主观的。[①]

总之,我国形式解释与实质解释争论的范围并没有德日刑法学那么广泛,而且形式解释与实质解释在解释的限度上并没有原则分歧,在解释目标上的分歧可以也应该进行调和。所以,未来我国刑法学定罪思维的发展趋势应该是综合运用形式解释与实质解释,而不是强调某一方面。"折中是社会生活的本性"[②],所以,"综合的方法才是最好的刑法方法"[③]。

三、小结

定罪思维从属于法律思维,而人们在法律实践中的思维模式本身就是法律文化的组成部分,并且时刻受到其他法律文化因素的影响。囿于我国传统法律文化的工具主义色彩、国家本位、道德心性主义,我国传统的定罪思维是道德实用主义:适用法律为推行道德服务,定罪的最终目标是罪刑相适应,这种定罪思维在法律解释与事实认定两个方面都有体现。由于西学东渐,西方法律思维尤其是欧陆刑法思维的移植影响,我国现阶段定罪制度反映了西方规则主义思维与我国传统实用主义思维的冲突,如法律与情理的冲突、判决与刑事和解的冲突、形式解释与实质解释的冲突。我国未来定罪思维的出路在于协调规则主义与实用主义的冲突,使两者在各方面尽量融合,而不是一方排斥另一方,这就是中西刑法文化比较视野中的我国定罪思维的应然取向。

---

① [德]魏德士:《法理学》,丁晓春、吴越译,中国政法大学出版社,2005 年版,第 346 页。

② 储槐植:《提倡折中——研究范式检讨》,载梁根林主编:《刑法方法论》,北京大学出版社,2006 年版,第 101 页。

③ 王世洲:《刑法方法理论的若干基本问题》,《法学研究》2005 年第 5 期。

第三章

中西刑法文化比较视野中的定罪政策

刑事政策是指国家立法机关、司法机关制定或运用的预防犯罪、惩罚犯罪以及矫治犯罪人的各种刑事对策,它影响着刑法的结构,也即影响刑法所划定的犯罪圈大小和所设定的刑罚量轻重之间的不同比例的搭配和组合。与前者相关的是定罪政策,与后者相关的是量刑政策。世界范围内大致存在两种定罪政策,一是厉而不严,一是严而不厉,二者在刑事立法和司法上均产生了明显不同的刑事法网的严密程度。这种对犯罪圈进行不同控制的定罪政策以及传统刑法文化与当前流行文化息息相关,更与对中西不同刑法文化的理解、比较、借鉴相关,尤其对于我国这样一个从封建主义直接跨越到社会主义的后起国家而言(外发型法制现代化国家),这些中西、古今刑法文化的影响更值得探究。

第一节 "厉而不严"的定罪政策之提倡

以 1997 年现行刑法颁行为开端,至今近十四年间,我国刑事立法一直处在最为活跃的时期,亦即"刑事立法的活性化"[①]时代。八部刑法修正案的颁

---

① "刑事立法活性化"的提法,来源于日本学者对日本晚近刑事立法的概括描述。参见[日]井田良:《刑事立法の活性化とそゆくえ》,载《法律时报》2003 年第 75 卷第 2 号,第 4 页。转引自[日]关哲夫:《现代社会中法益论的课题》,王充译,载赵秉志主编:《刑法论丛》(2007 年第 2 卷·总第 12 卷),法律出版社,2007 年版,第 339 页。

行是活性化时代的见证和产物；新增加的三十几个罪名则体现了活性化时代我国刑事立法的主要内容——犯罪化；来自刑法理论界、实务界和民间不胜枚举的"增设新罪"的呼吁，则是这种活性化时代仍将继续的隐性因素和证明。然而，即便如此，理论上仍有相当学者主张我国未来刑事立法应继续实行犯罪化，立法者对于犯罪化的趋势也似无停止之意。从 1979 年我国第一部刑法颁行之日起算，迄今为止，我国的刑事立法犯罪化进程已经行进了三十几年。为此，冷静下来深入分析当下中国刑事立法之现实及未来我国刑事立法的发展方向，亦即究竟是犯罪化抑或是非犯罪化，是当前急需解决一个问题。

一、官方文化之"工具主义"与我国刑事立法的犯罪化导向

现行刑法颁行以来，以平均每一年半一部刑法修正案的速度、以共八部刑法修正案的数量不断地实现着我国刑法犯罪化的进程。① 纵观八部刑法修正案，除了"修八"在以死刑为代表的刑罚轻缓问题上有重大进步之外，前七部刑法修正案一律以实现刑法保护社会与国家的利益为目标，不断地缩小公民自由之范围，增设各种新的罪名，以扩大国家刑罚权对公民的制约。②

"修一"增加了隐匿、故意销毁会计凭证、会计账簿、财务会计报告罪，国有事业单位人员失职及滥用职权罪等新罪。"修二"将非法占用耕地罪扩大为包括林地在内的非法占用农用地罪。"修三"增加了危险物质作为危害公共安全罪中诸多罪名的新的犯罪对象，而且提高了恐怖活动犯罪的法定刑。"修四"降低了生产、销售不符合标准的医用器材罪的入罪标准，单独规定了走私固体废物行为的刑罚，扩大了走私废物行为的对象范围，将刑法第 344 条的保护对象由珍贵树木而扩大至国家重点保护的其他植物，降低了非法收购、运输盗伐、滥伐林木罪的入罪门槛，增加了非法雇佣童工劳动罪、执行判决裁定失职及滥用职权罪等三个新罪名。"修五"增加妨害信用卡管理罪，窃取、收买、非法提供信用卡信息罪，过失损坏武器装备、军事设施、军事通信罪等新罪，还增加了原有罪名即信用卡诈骗罪的行为方式。"修六"新增了强令违章冒险作业罪，大型群众性活动重大安全事故罪，不报、谎报安全事故罪，虚假破产罪，背信损害上市公司利益罪，骗取贷款、票据承兑、金融票证罪，背

---

① 为了行文的简便，下文对于八部刑法修正案将均采用"修一""修二"等简称，以此类推。

② 详细分析可参见刘艳红：《〈刑法修正案（八）〉的三大特点——与前七部刑法修正案相比较》，《法学论坛》2011 年第 3 期。

信运用受托财产罪,违法运用资金罪,组织残疾人、儿童乞讨罪,枉法仲裁罪,开设赌场罪等新罪。被誉为"注意入罪与出罪相结合、从严与从宽相协调,较好地体现了宽严相济的刑事政策"①的"修七",新增了九种新罪名。所谓"出罪",涉及的也就是逃税罪;所谓"从宽",也只有绑架罪降低了法定刑,其余条款均以增加新罪、降低既有罪名入罪条件、扩大处罚范围以及提高刑罚为内容。在我国刑事立法史上首次较大规模废除死刑而获得高度评价的"修八",其中也有占全部 50 个条文的二分之一即 25 个条文,是为了提高刑罚或者增加新罪以便更好地打击相关犯罪而设立的;危险驾驶罪,对外国公职人员、国际公共组织官员行贿罪,虚开发票罪,持有伪造的发票罪,组织出卖人体器官罪,拒不支付劳动报酬罪,食品监管渎职罪共七个新罪名就是此次犯罪化的产物。

综观八部刑法修正案,新增罪名约三十余个,它们无不以扩大国家刑罚权力、缩小或限制公民之自由为内容。这体现了我国刑事立法仍然在工具主义的轨道上前行,国权刑法的观念仍然深深根植在立法者的脑海中,民权刑法的观念离我们仍很遥远。在当前我国社会转型经济急剧发展的时代背景下,纵然立法者能够找到诸多理由为刑罚权的扩张做辩护,然而,既然我国正朝着如何构建法治国的方向努力,短短十四年期间八部刑法修正案所呈现的紧锣密鼓的犯罪化步伐就值得深刻反省。我国刑事立法层官员也毫不讳言地指出,当今我国刑法的犯罪化趋势已经占了绝对主导,"刑法立法已成为我国立法活动中最积极、最活跃的一个方面。这种积极的立法不仅表现为立法活动的频繁,还表现在立法的内容的取向,在历次对刑法的修改中,基本上是增加罪名或加重对某些犯罪的刑罚"②。

二、大众文化之"新罪情节"与我国刑事立法的犯罪化延续

当下中国刑法不间断的犯罪化并不仅仅是立法者自身的观念问题,它在很大程度上也是国人对刑法的高度期盼之反映和体现。"一切问题,由文化

① 许永安:《刑法修正案(七)的立法背景与主要内容》,中国人大网 http://www.npc.gov.cn/npc/xinwen/rdlt/fzjs/2009-03/05/content_1482958.htm,访问日期:2010 年 11 月 24 日 12:09。

② 朗胜:《在构建和谐社会的语境下谈我国刑法立法的积极与谨慎》,《法学家》2007 年第 5 期。

问题产生。一切问题,由文化问题解决。"①重刑轻民的中国法律传统在当今社会却以对刑法的迷信和过度依赖,以不断设立新罪的方式变相地体现出来。中国人的"立法情结""新罪情结"都是这种重刑轻民法律传统文化观念的反映。在刑法理论和实务中,"增设新罪"向来是一个不乏人关注的话题,只是这个新罪的罪名每天都在变换而已;通过建议刑法增设新罪,以发挥国人臆想中的"万能刑法"之"万能"作用,试图将所有社会问题通过刑法一以定之。

基于立法中心主义而不是释法中心主义,国人对于很多行为都提出了犯罪化的建议。其一,对于实践中常常发生的某些行为,如果现有法律无法通过解释涵摄的,国人就会呼吁增设新罪或"扩容"旧罪来解决问题。比如,性贿赂案因为无法通过刑法解释纳入受贿罪中"财物"的范围,有人提出应该通过立法将性贿赂纳入贿赂犯罪惩处之。② 其二,对于国际社会无被害人犯罪已然非犯罪化的罪名,却逆国际潮流而动,提出犯罪化。比如,随着我国吸毒人数的增多,每年一到国际戒毒日,我国几乎都会有人提出建议刑法增设吸毒罪。③ 再如容留赌博罪也是此类罪名。国际社会自上世纪 50 年代即已对这些无被害人的犯罪实行了非犯罪化,1989 年 10 月在维也纳召开的国际刑法学协会第 14 届代表大会上通过的《关于刑法与行政刑法之间的差异所导致法律和实践问题的决议》也指出:"国际上存在一种潮流,把一些社会意义较小的违法行为从传统的刑法中删除。""轻微违法行为的非刑事化,符合刑法只作为辅助性工具的原则,因而是值得欢迎的。"我国很多人却置国际社会对于这类无被害人犯罪或违法行为长期以来所持的非犯罪化的理论与实践于不顾,不断地要求增设诸如吸毒、卖淫罪等罪名。其三,每年的"两会"人大代表提案环节,必然是刑法新一轮新罪名产生的时间点;人大代表的立法提案在很大程度上似乎已成为增设刑法新罪名的提案。比如,因为发生了山西黑砖窑事件,中华全国律师协会宪法与人权专业委员会遂以特快专递"上书"全国人大常委会,建议增设奴役罪以填补刑法之不足。④ 比如 2011 年的"两

---

① 钱穆:《文化学大义》,台湾正中书局,1981 年版,第 3 页。

② 参见刘自强:《性贿赂纳入贿赂罪的必要性和可行性》,《检察日报》2006 年 6 月 16 日第 3 版。

③ 参见张辉:《吸毒行为是否"入罪"再成关注焦点》,《检察日报》2010 年 6 月 26 日第 3 版。

④ 参见吴革:《全国律师协会提议刑法增设奴役罪》,《检察日报》2007 年 7 月 9 日第 3 版。

会"上,增设新罪的提案则有好几个:因为发生了天价过路费案,立即有代表提出刑法应该增设偷逃收费公路通行费罪①;因为现实生活中许多生效的民事裁判文书成了"法律白条",有人大代表建议在刑法中增设"债务人拒不申报财产罪"和"债务人不如实申报财产罪"两个罪名②;有代表建议刑法增设侵害环境罪③;有代表提出增设虐待儿童罪以保护流浪儿童的利益④;等等。其四,提出新罪根本不考虑相关行为在刑法中是否可运用其他罪名予以解决。因为民事活动领域出现的欺诈现象,有观点提出刑法中增设民事诉讼欺诈罪⑤;因为在民事诉讼领域频频出现滥用诉权、借助诉讼这一合法形式谋取不正当利益的现象,即诉讼欺诈的现象,有人提出增设诉讼欺诈罪⑥;因为公安民警在执行职务活动中受到侵害的情况偶有发生,在检察院工作的检察人员提出建议刑法增设袭警罪——"我国当前的袭警行为有愈演愈烈之势,很大程度上源于对袭警行为的打击力度不够",因此建议刑法增设袭警罪⑦;因认为当前我国对贿赂犯罪的打击不力,而提出"从严密法网,惩治贿赂犯罪的角度出发",建议刑法"应当把教唆贿赂行为单独规定为犯罪"⑧。这些所谓的新罪令人啼笑皆非。比如,民事诉讼欺诈罪与诉讼欺诈罪,究其本质乃通过欺骗行为使对方主动交付财物,这两种行为用目前刑法中的诈骗罪完全可以解决,根本用不着增设这样似是而非的所谓"新罪"。同理,偷逃收费公路通行费罪的提出也丝毫经不起推敲:虽然我国刑法规定诈骗罪的对象是公私财物,但在解释论上和实务操作中,一直秉承的是如下观点,即"财产性利益也可以成为诈欺等财产罪的侵害对象",而"财产罪侵害对象的财物是从广义而

① 参见记者唐姗姗:《张少康代表建议刑法增设偷逃收费公路通行费罪》,《检察日报》2011年3月9日第3版。

② 记者徐日丹、徐伯黎:《袁汉民委员:建议刑法增设"债务人拒不申报财产罪"》,《检察日报》2011年3月7日第3版。

③ 记者岳德亮、黄深钢:《周晓光代表建议刑法增设侵害环境罪》,《检察日报》2011年3月6日第3版。

④ 记者傅勇涛:《史贻云:建议增设虐待儿童罪 保护流浪儿童》,《检察日报》2011年3月5日第3版。

⑤ 潘海军:《建议增设"民事诉讼欺诈罪"》,《检察日报》2001年6月5日第3版。

⑥ 谢志强:《刑法要不要增设诉讼欺诈罪》,《检察日报》2007年3月13日第3版。

⑦ 孙桂华:《建议刑法增设"袭警罪"》,《检察日报》2004年12月20日第3版。

⑧ 严夏晖:《刑法宜单独设立教唆贿赂罪》,《检察日报》2007年08月14日第3版。

言的,自然包括了财产性利益"①,既然如此②,偷逃公路收费行为当然可以适用诈骗罪的条文,何来单独立罪之必要? 而所谓袭警罪,无非是通过暴力或威胁方式伤害警察的身体健康或妨害其执行公务,难道现行刑法的故意杀人罪、故意伤害罪、妨害公务罪等不足以涵盖这些行为吗? 如果仅仅因为所袭对象是警察就炮制出一个袭警罪,那下一次就会来一个"袭击人大代表罪""袭击法官罪"等诸多滑稽罪名。事实也的确如此,因为实践中发生了一起工商干部骑车撞上宠物狗,被俩男子当街毒打致死的事件,有人立即提出"为避免人们产生施行暴行而不受处罚的侥幸心理,建议刑法增加暴行罪,规定只要施以暴力,即使没有产生特定的伤害结果,也构成犯罪"③。

刑法中很多新罪都是国人不断呼吁的结果,例如,"修八"新增的拒不支付劳动报酬罪、组织出卖人体器官罪以及危险驾驶罪等均为典型代表。还有很多国人提出的"新罪名",真是超乎一般人的想象,诸如有观点建议,应"在刑法中增设学术诈骗罪的罪名,从而得以运用刑法严厉打击和遏制学术诈骗行为,捍卫教育界和科技界的学术规范和基本秩序"④;其他如增设见死不救罪、浪费罪、骗取社会福利罪、医疗诈骗罪、非法收养罪、藐视法庭罪、恶意传播虐待动物影像罪、破坏村民委员会选举罪、虐待动物罪、将当事人纳入伪证罪,等等。反思过去十四年间新增罪名或"扩容"的老罪名,从军事犯罪到普通犯罪,从侵犯国家安全到交通等公共安全及食品安全犯罪,从恐怖犯罪到涉黑犯罪,从金融领域的证券期货信用卡犯罪到集资贷款犯罪再到发票犯罪,从计算机犯罪到公民个人信息犯罪,从保护残疾人未成年人的相关犯罪到保护类似弱势群体即打工族人员的欠薪犯罪,可以说包罗万象,新设罪名遍布刑法的各章甚至各节。这正如民法领域,先立合同法,再立物权法,再立侵权法,"更加不可收拾者,也愈发坚定了人格权独立成编的决心和勇气,概既可与时俱进,又能体现特色,彪炳创新,何乐而不为! 只是难为了想一心要创新特立的法学家们,他们展开思想的翅膀,刮肚搜肠,一定要把那人格的权

---

① 刘明祥:《财产罪比较研究》,中国政法大学出版社,2001 年版,第 38 页。

② 胡满子:《立法的非法学化与法学的非学术化——从人生非戏说起》,《比较法研究》2010 年第 6 期。

③ 参见邹云翔:《刑法没有暴行罪壮了施暴者的胆》,《检察日报》2005 年 7 月 27 日第 3 版。

④ [加]杨诚:《关于增设学术诈骗罪的建言》,载赵秉志主编:《刑法评论》(2010 年第 2 期总第 81 卷),法律出版社,2010 年版,第 234 页。

利全列光！"①刑事立法虽然更多地是政治层面考量的结果而非少数法学家们的推动,因为与平等主体之间所发生的民事侵权行为不同,"犯罪这个论题反映的是社会秩序和社会责任的内涵,表现的是个人行为自由与压制受社会规定的越轨行为之间的平衡,所以,从本质上讲注意它并对它起反应的方面是政治"②。但是这种"欲立不休",大有将天下违法行为装进刑法犯罪圈一网打尽的势头,与民法领域中势将"那人格的权利全列光"的做派何其相似?!

从以上诸多增设新罪的提案或者建议中,不难预见,未来中国的刑事立法似乎还会继续在犯罪化的道路上前行。这种潜在的高热犯罪化趋势令人担忧。

三、西方文化之"轻罪入刑"与我国刑事立法的停止犯罪化

面对我国刑事立法犯罪化的高热态势,今后我国刑事立法究竟是继续扩大犯罪圈实行犯罪化,还是重提并推动刑法谦抑性原则之实现,停止犯罪化进而适当地实行非犯罪化? 对此,主张非犯罪化者提出,我国刑法应"在考察非犯罪化的思想渊源和理论根据的基础上树立正确的非犯罪化观念,并进而开展非犯罪化的理论研究和立法、司法实践"③。然而,更多学者似乎主张进一步的犯罪化。他们认为,国际社会上当前出现的犯罪化动向在我国还未得到应有反应和体现,"与非犯罪化相比,这种国际范围内方兴未艾的犯罪化趋势,至今还未在我国产生强烈反响"④,因此,"我国当前的主要任务不是实行非犯罪化,而是应当推进犯罪化"⑤。

主张我国刑法应当实行犯罪化的重要理由是,借鉴德日刑法中轻罪入刑的做法,有利于实行法治。"在我国,选择犯罪化,主要是需要规定相当数量的轻罪","通过严密法网来强化人们的规范意识"⑥;其具体路径是,"废除劳动教养制度,制定《轻犯罪法》,将《中华人民共和国治安管理处罚法》、劳动教

① 胡满子:《立法的非法学化与法学的非学术化——从人生非戏说起》,《比较法研究》2010 年第 6 期。

② [英]R.胡德:《关于犯罪学在社会政策中的地位的若干思考》,《当代国外犯罪学》(第一集),中国人民公安大学出版社,1991 版,第 34 页。

③ 贾学胜:《非犯罪化与中国刑法》,载陈兴良主编:《刑事法评论》(2007 年第 2 卷·总第 21 卷),北京大学出版社,2007 年版,第 510 页。

④ 冯军:《犯罪化的思考》,《法学研究》2008 年第 3 期。

⑤ 张明楷:《日本刑法的发展及启示》,《当代法学》2006 年第 1 期。

⑥ 冯军:《犯罪化的思考》,《法学研究》2008 年第 3 期。

养法规所规定的各种危害行为,纳入《轻犯罪法》,并规定建议的审理程序,同时充分保障被告人的各项权利,使各种犯罪行为得到法院的依法审理,是建设社会主义法治国家的要求和必然"①;"将各种轻微的犯罪行为纳入刑法进行规制,由法院依法适用制裁程度不同的刑罚"而不是"交由行政机关裁量","正是依法治国的要求,也是社会成熟的表现"②。很显然,主张实行犯罪化的这些学者的理由虽然表述不同,但实质内核一致,即以法治之名,要求当下我国刑法的主要任务是继续实行犯罪化。

德日等大陆法系国家的刑法立法模式是严而不厉,我国的刑法立法模式是厉而不严。③ 厉而不严,是指我国的犯罪圈并不如同国外或境外地区的立法严密,我们的犯罪圈偏小,但是,我国的犯罪成立的起点较高,一旦某种行为定性为犯罪,那往往意味着一种很严厉的惩罚,而且法定刑设置整体也的确偏重;严而不厉,是指以德日为代表的西方国家和地区的刑法及相关法律规定的犯罪圈很严密,很多行为都是犯罪,但是犯罪成立的起点很低,某种行为被定性为犯罪,并不代表特别强烈的谴责意味和严厉惩罚,而且法定刑的设置整体偏轻。主张犯罪化的学者在力主轻罪入刑的背后,蕴含着另一个他们均未道明但却不言自明的问题,即我国刑事立法模式可以由厉而不严转换为严而不厉。问题是,以法治之名,就真的可以实现刑事立法模式的转换,可以实行轻微犯罪行为的入罪化了吗?

从法理层面而言,德日刑法严而不厉的立法模式使得对违法犯罪行为人的人身自由之限制等都通过法院审理进行,这较之于由行政机关不通过正当审理程序擅自作出限制人身自由的裁决等当然更符合法治的要求。但是,在实践层面,法治从来不是仅仅停留在法理层面可以践行之事,它从来都是而且只能是与一国情境紧密相联。法治必须联系一国的具体国情来讨论其具体路径。中外国情之巨大差异,其中尤其是"大国法治"与"小国法治"的巨大差异,在极大程度上决定了中外法治路径不可能一致,也决定了我国不可能实行轻微犯罪行为的犯罪化。

作为大国的中国法治实现之路未必与作为小国的德日法治之路相同,在当前社会背景下我国刑事立法不可能实现小国法治之下严而不厉的立法模式。孟德斯鸠指出,"法律应该同国家已建立或将要建立的政体的性质和原

---

① 陈兴良:《犯罪范围的合理定义》,《法学研究》2008 年第 3 期。
② 张明楷:《日本刑法的发展及启示》,《当代法学》2006 年第 1 期。
③ 参见储槐植:《刑事一体化论要》,北京大学出版社,2007 年版,第 54 - 66 页。

则有关系"，"和国家的自然状态有关系；和寒、热、温的气候有关系；和土地的质量、形式与面积有关系；和农、猎、牧各种人民的生活方式有关系；和居民的宗教、性癖、财富、人口、贸易、风俗、习惯相适应"。法律"和立法者的目的，以及和作为法律建立的基础的事物的秩序也有关系。应该从所有这些观点去考察法律"。① 事实上，孟德斯鸠对法律的考察，在历史法学派萨维尼那里也有类似表述，即"法律""实际乃为一个独特的民族所特有的根本不可分割的禀赋和取向"，"法律与民族的存在和性格"具有"有机联系"。② 简言之，法律是民族文化、民族精神之体现，而法治应该选取与一国政治经济文化土壤相适应的方式。换言之，法治不具有普适的模式，而只能结合本土性语境选取最合适的那一种。对此，我国学者苏力教授从其法治的本土资源之基本立论提出了"大国法治"的命题。苏力指出，法治是规则之治，但规则不具有普遍性，因而法治也不是万能的，法治并不能解决现实生活中的所有问题。尤其在中国，由于幅员辽阔、人口众多、城乡差距、地方地理位置的交叉纵横、经济发展不平衡、法律职业者分布不均衡等原因，都会影响法治实施的效果。西方法治发达国家之所以能够比较容易建成法治国家，就是因为这些国家面积小，人口少，经济发展比较均衡，规则的统一比较容易。但在中国则不一样，中国有自己的特殊国情，因此，在中国建设法治，既无前人可资借鉴，也不可能全盘移植西方法律，而是必须立足于本土。③ 可见，苏力教授的"大国法治"之理念实际上是对孟德斯鸠及萨维尼等学者上述观点在中国语境下的阐释和发展。刑事法治在整个法治建设中占有举足轻重的地位，对于刑事法治的追求同样不能离开"大国法治"这一前提进行思考。厉而不严的刑事立法模式在中国的语境下其实具有深厚的存在理由，将之转换为严而不厉的立法模式根本不具有现实可能性。

从中国目前实际情况来看，转变刑法厉而不严的模式意味着从实际上将现由公安机关处理的大量行政违法行为抽离出去，而交由检察机关和法院处理。"选择犯罪化的目的，是通过严密法网来强化人们的规范意识，而不是用

---

① ［法］孟德斯鸠：《论法的精神》（上册），张雁深译，商务印书馆 1961 年版，第 7 页。

② ［德］卡尔·冯·萨维尼：《论立法与法学的当代使命》，许章润译，中国法制出版社，2001 年版，第 7，9 页。

③ 参见朱苏力：《大国法治》，2010 年 11 月 25 日晚上 19：00—21：00，"庆祝东南大学建校 110 周年系列人文名家高层演讲"之七。

严厉的刑罚来处罚轻罪"①,这正是主张犯罪化论者的观点,也是其推崇西方严而不厉刑法立法模式的主要理由。然而,中国作为世界上少有的多民族的大国,如何维护各民族的安定团结历来是我国政府的主要政治目标;加之当今中国仍处在社会转型时期,经济高速发展,社会新旧观念强烈碰撞,人们思维极为活跃,生活方式也常变常新,如何平衡各种社会力量以实现社会稳定,向来是我国政府的工作重点。因此,在中国,人们耳熟能详的一句话是"稳定压倒一切",维稳政治因而成为中国的特色。而维稳的政治任务势必要求国家"适当保持对社会治安控制机构的公安机关的激励,而不使其打击锋芒受挫,公安机关在整体上处于强势状态"②,面对众多的违法行为,不上升为刑法中的犯罪处理,而仍由公安机关作为行政违法行为对待予以治安处罚等行政制裁,在以往及当今甚至在今后相当长的时间内,都是一种客观存在的态势。换言之,维稳政治决定了公安机关在公检法司四机构中独领风骚的强势地位。犯罪论者呼吁的类似制定"轻犯罪法",由"立法制裁危害行为"而不是由行政来处理危害行为等观念,至少在当前的中国,是不可能实现的。否则,就意味着公安机关的治理范围大大缩小,行政权力受到削弱,检察机关、法院的权力得到加强。由公安行政机关处理大量违法行为亦即德日刑法中的轻微犯罪行为,在某种意义上的确会"违反保障程序公正的宪法精神"③,然而,法治本来就存在着吊诡。很多看似不符合法治精神的行为,比如说"允许民事案件的私了,允许某些刑事和解,看起来破坏了法治,其实是维护了法治"④。这在大国法治的语境下,在稳定、和谐、司法成本等各种语词的解释下,其实不难理解。因此,在中国"派出所解决"了"可能有 80% 的社会纠纷"⑤也就丝毫不会令人奇怪。这 80% 的纠纷中,相当一部分正是主张犯罪化的学者所说的轻微犯罪行为。

这些情况与法治的目标有客观距离,但在大国的中国,如果没有社会的长久稳定,法治只可能是奢谈。众多轻微的纠纷一律通过司法来处理,在中国这一大且不发达国家的现实之下,不具有操作可能性。"过去一些年里,司

---

① 冯军:《犯罪化的思考》,《法学研究》2008 年第 3 期。

② 刘忠:《被识别的几率:非法取证程序性制裁的构成性前提》,《中外法学》2011 年第 2 期。

③ [日]西原春夫:《刑法·儒学与亚洲和平——西原春夫教授在华演讲集》,山东大学出版社,2008 年版,第 51 页。

④ 朱苏力:《中国司法的规律》,《国家检察官学院学报》2009 年第 1 期。

⑤ 朱苏力:《中国司法的规律》,《国家检察官学院学报》2009 年第 1 期。

法改革过程中一般认为其他纠纷解决机制不太重要,重要的是法治,但法治被理解为仅仅是司法,法院,为一毛钱去打官司,'为权利而斗争',于是大量的纠纷进入司法程序,导致司法工作压力急剧加大。司法确实很重要,但司法不是解决纠纷的唯一机制,有时还未必是最有效的机制。"①总之,中国法治的实现之路必须结合中国本土的情境,当下主张犯罪化的学者所向往的严而不厉刑法立法模式至少对我国是不现实的。"法律首先产生于习俗和人民的信仰(popular faith),其次乃假手于法学——职是之故,法律完全是由沉潜于内、默无言声而孜孜矻矻的伟力,而非法律制定者(a law-giver)的专断意志所孕就的。"②换言之,法律是自发生长而成,它不是立法者理性的产物。强行将我国治安管理处罚法纳入刑法轨道,改变我国厉而不严的立法模式,强行将德日立法严而不厉的立法模式在我国推行,只会扭曲法治的本意;法治一定是本土之治,所谓全球化的法治,对于某些经济领域、国际合作关系事项也许有一定的作用,但是,对于刑民法律治理领域,既无实际意义也没有可能性。

目前已有犯罪立法例正在朝着严而不厉的立法模式努力,但其效果也未必尽如人意。"修八"将酒后驾驶行为不分情节严重与否一律规定为犯罪的做法就是最好的例子,该罪规定的刑罚仅仅是"处拘役,并处罚金",不可谓不轻。因此,可以说该罪不考虑后果情节宽泛入罪但同时又规定较轻的刑罚,非常符合严而不厉的西方刑法立法模式。但事实上,是否达到了严而不厉的西方刑法立法模式所追求的法治效果?回答似乎并不乐观。一方面,与中国刑法厉而不严的立法模式相印证的是国人对刑法的认同,绝大多数国人理解的刑法也就是严厉的法、处罚很重的法,而犯罪则是社会危害性极其严重、刑罚处罚也很严重的行为。然而,危险驾驶罪如此之低的刑罚处罚却被规定为犯罪,这在观念层面就为众多国人难以接受;即或接受其犯罪化的事实,但是国民仍然认为既然是犯罪就应该处以较重的刑罚,在危险驾驶罪立法讨论阶段,对其"判处拘役,并处罚金的量刑规定遭到了相当多的委员质疑",信春鹰委员就指出,"不规定徒刑,这种刑罚方式比较少见,对于这个社会普遍关注的问题,如何处罚要慎重研究"③。

① 朱苏力:《中国司法的规律》,《国家检察官学院学报》2009年第1期。

② [德]卡尔·冯·萨维尼:《论立法与法学的当代使命》,许章润译,中国法制出版社,2001年版,第11页。

③ 《刑法拟规定醉驾可拘役被指缺乏可操作性》,《中国青年报》2010年8月27日,http://news.jcrb.com/jxsw/201008/t20100827_408087.html,访问日期2011年6月8日13:23。

这意味着,国民也许可以接受厉而不严,甚或又严又厉,但对于严而不厉的刑事立法,目前可能缺乏接受的土壤。另一方面,对于危险驾驶这样的轻犯罪,其侦查机关仍然是公安部门,公安机关觉得可以立案才会将其移交给检察司法机关,如果认为不可以立案而是处以行政处罚可以结案,则会自行处理了事。换言之,即或将危险驾驶这类德日中的轻微犯罪行为入罪化,但由于起侦部门仍然是公安机关,它们在事实上把握着第一道也是最重要的一道阀门,这就决定了即或将轻微犯罪行为入罪,也未必能获得主张犯罪化的学者所追求的法治的实践效果。最近最高人民法院与公安部两个部门就危险驾驶罪是否一律立案之争暴露了问题之一斑。2011 年 5 月 10 日,最高人民法院副院长张军在全国法院刑事审判工作座谈会上要求,"正确把握危险驾驶罪构成条件,达到醉酒标准的不一定构成犯罪"。5 月 18 日,公安部一句"醉驾案件一律按刑事立案"①,则充分暴露了公安机关在我国的强势地位。在此,危险驾驶罪的处理能否真正进入法治轨道,在事实上似乎完全取决于公安机关,"说立就立说不立就不立",在公安机关决定立与不立之前,司法机关又如何能够进入? 所以,即或危险驾驶行为进入了刑法的领地,并代表了严而不厉的立法模式在中国的实践,但是,它能否获得如同西方的法治实践效果,却并非主张犯罪化的学者所能肯定的。

可见,一国法治的实现取决于该国自身的国情与历史,绝非简单的立法对比可以得出有效的结论。在中国这个世界上少有的多民族国度,法治如何实现,可能需要更为深入的论证和实验,而在此过程中,如何毫不懈怠地追求社会的稳定,则是法治追求者所必须时刻警惕的首要问题。轻罪入刑在当下中国不仅难以实现,即或实现了,也未必具有法治的效果。有鉴于此,考虑到当下我国的实际国情,考虑到现行刑法实施后十多年从未停歇的犯罪化的进程,笔者力主在坚持刑法谦抑性原则的前提下,停止刑法调控范围的扩张,不考虑轻罪的入刑化,拒绝进一步的犯罪化。

四、小结：我国传统刑法文化影响下的定罪政策之现代转变

我国目前在定罪上的刑事政策呈现"厉而不严"的特征：刑罚过于苛厉,法网不严。中国厉而不严的定罪政策深受我国传统法文化的影响,这种公法

---

① 赵蕾:《醉驾入罪起争议 最高法院的菩萨心肠》,《南方周末》2011 年 5 月 19 日 A4 版"法治"。

文化体现在两个方面。一是规范内容的刑事性。法者，刑也，中国古代的法典虽然卷帙浩繁，但无一不是刑律，即使是民事法律规范也被刑事化了。大量民事案件都由国法来处理，这类民事纠纷一经国法处理，其性质就完全转变为刑事案件，以刑罚处断。另一些民事纠纷，由民间依据风俗习惯或宗族规范等非法律规范来调解。这就决定了中国古代法网的"不严"。二是制裁手段的刑罚性。刑与兵具有密切的关系："刑起于兵"讲的是渊源；"兵刑不分""兵刑合一"讲的是状态。这注定了中国古代法律的"苛厉"性。法律制裁的"苛厉"与法网的"不严"是有逻辑的：法律手段的"苛厉"就决定了它不能够适用于所有领域，而只能够适用于一些较严重的场合，从而导致法也只是调整社会生活的一小部分领域。公法文化必然导致"厉而不严"的法律结构。

与此相对，西方刑法结构总体上呈现"严而不厉"的特征：一方面刑罚轻缓，死刑得到控制和减少，罚金刑的适用得到增强；另一方面刑事法网严密，例如，德国刑法典对于杀人罪规定了 7 个罪名，日本刑法对于受贿罪规定了 7 个罪名。西方严而不厉的刑法结构深受西方传统的私法文化的影响。西方传统法律文化是一种私文化，私法始终是西方法律体系的"基底和根干"。这种私法文化体现在两个方面：一是规范内容围绕个人权利展开。从法的起源来看，与中国古代法律"刑起于兵"不同，古希腊法、古罗马法起源于氏族内部以及贵族和平民之间的"权利"斗争。在某种意义上，法是社会各方妥协的结果，而不是任何一方以暴力强加于对方的命令。从法的状态来看，与传统中国法有别，西方法律的闻名不是因为他们的刑法，而是因为他们的民法。在大陆法系，民法典的编纂有着悠久的历史，而且其体例很科学；在普通法系，虽然民法典的编纂不如大陆法系，但是民法的发达毫不逊色。民法规范是围绕个人权利展开的；而个人权利具有多样性和广泛性，这就决定了法律调整范围的广泛性，法网尽量"严密"。二是制裁手段的轻缓化。与传统中国民事法律规范刑事化不同，西方存在着刑事法律规范民事化的传统。例如，依据中国传统的法律观，窃盗和强盗是两种刑事犯罪，一般要处徒刑以上的刑罚，严重的要处死刑。而罗马法却将这两种犯罪列入私犯，犯者只负赔偿损害的责任，而且只有蒙受损失的人才可以起诉。此外，罗马法将伤害罪也作为私犯。这种说明西方法律制裁有轻缓化的传统。严而不厉的刑法结构在定罪时能够较好地同时发挥刑法保护社会和保障人权的功能。

当今我国刑事立法，应该放弃被放大的刑法万能之理念；面对现实层出不穷的违法行为，立法者应该"冷眼观之"而不是动辄入刑。目前刑法已有的罪名已经数倍于我国第一部刑法典的数量,近五百个罪名编织的"罪名丛林"不但令普通民众难以了解和熟悉,也常常令专业人士倍感困惑;一部又一部的刑法修正案造成了人们对刑法新罪的"审美疲劳";相互交叉的罪名造成了司法实务中的困难,众多难以适用的罪名被束之高阁等,如此种种,足以令立法者反省这种过快的犯罪化进程。"视法典若儿戏,辄立则立,言废即废之天真与轻率也。"①虽然我们并不希望我国的刑事立法者做如同萨维尼那样"立法王国的法比尤斯式的迟疑者"②,但是,面对最应该保持权威性、稳定性的刑法典,我国的刑事立法者也绝不应该做"立法王国的索超式的急先锋"③。在我国社会转型时期,如果无法较为理想地实现政治经济与社会的改革以最大化地减少社会矛盾,那也不应该在政治经济行政的手段不济之时频繁求助于刑法。"刑法是把双刃剑,构建和谐社会,必须把刑法的负面影响限制在最小范围,这也是提高执政能力的要求。要坚持刑罚谦抑原则,将刑法作为调整社会关系的最后选项,防止动辄主张动刑的泛刑法化倾向。"④更何况,如果考虑到刑事司法中入罪化的实务倾向,对于刑事立法的犯罪化就更应保持足够的慎重。近年来,司法实务中"面对社会转型期出现的诸多问题","存在着扩大适用刑法的明显倾向。大量本来属于民事法律领域的事项,竟然越来越普遍地被纳入刑事法调整的范围,使得刑法适用存在着日益严重的扩大化趋势",面对这种入罪化的实务倾向,以至于"很多不专门从事刑法研究的法律学者都发出慨叹:按照这一逻辑,'天下还有不是犯罪的违法行为'吗?甚至就连一些刑法学者都提出质疑:法学界和司法界在面对复杂的个案时,还有多少人能够坚持罪刑法定原则的底限?"⑤刑事立法上过多的犯罪化,在司法实践中入罪化的实务倾向操作之下,必然导致犯罪圈的进一步扩大。总之,作为最严厉的部门法——刑法,理应从属于西方的权利逻辑,赋予公民最大的自由,而不是妥协于源自新中国成立以来即形成的打击犯罪之需要从而盲

---

① 〔德〕卡尔·冯·萨维尼:《论立法与法学的当代使命》,许章润译,中国法制出版社,2001年版,中译本序言第9页。

② 〔德〕卡尔·冯·萨维尼、艾里克·沃尔夫编:《历史法学派的基本思想》(1814—1840年),郑永流译,法律出版社,2009年版,第41页。

③ 此为笔者所用比喻。索超,《水浒传》里的人物,由于其性甚急,杀敌总是一马当先,故人称"急先锋"。

④ 朗胜:《在构建和谐社会的语境下谈我国刑法立法的积极与谨慎》,《法学家》2007年第5期。

⑤ 陈瑞华:《脱缰的野马》,《中外法学》2009年第1期。

目地扩大犯罪圈。

第二节　中国"风险刑法"政策之批判

正如第一章所述,我国传统刑法文化的一个基本形象便是义务本位、社会本位,重视国家轻视个人,倾向于社会防卫,国家统治的权力逻辑贯穿刑法运行的始终。这种法文化传统在日益强调个人权利保障的现代中国,本应成为被消解、被批评的刑法文化之"劣根性"。但是,随着我国社会转型所产生的一系列矛盾,有人从西方刑法理论中引进了一种叫"风险刑法"的理论体系,试图以风险社会"重述"中国所处的社会形态,用风险刑法解决风险社会之矛盾。然而,要想顺利地引入风险刑法,并且使其能够在中国的大地上生根发芽,必须在中西刑法文化的比较视野中首先解决两个前提性问题:其一,风险刑法在其母国是否适合它的刑法文化环境,是否已经成为西方文化成功的检验理论;其二,在中国社会防卫思想从未得到清理的后起法制现代化国家,风险刑法所渲染的刑法思潮是否适合中国当前刑法现代化之需要,是否有助于转变中国传统刑法文化中的"劣根性"。如果不仔细审查上述问题,以风险刑法可以解决我国当前社会的社会矛盾而不加以实证,就会出现继续不知悔改的刑法文化惯性,就有可能出现社会阶段的错位,甚至沦为"吾之弃粪,人拾而视之若宝"的笑柄。因此,在中西刑法文化比较视野中考察风险刑法理论,具有重要意义,它对我国定罪政策的影响也是无可回避的。

一、风险刑法的价值观念反思:强化了传统刑法文化的社会本位

根据风险学者的看法,当前全球进入"风险社会"时代;为了应对风险,在经济刑法、环境刑法、医事刑法等很多领域,刑法保护法益抽象化、普遍化与早期化倾向日益明显,这些都"向谦抑主义提出了挑战,被视作当前刑法学的新的重要的课题","这样一来,谦抑主义还能够维持的问题,就被提了出来"。① 然而,在坚持建设法治国的今天,"风险社会"概念的蔓延以及风险刑法对传统刑法理论的侵入不可动摇刑法谦抑原则。

在风险社会概念的席卷下,风险刑法应运而生。风险刑法以抵御社会风

---

① 刘淑珺:《日本刑法学中的谦抑主义之考察》,载陈兴良主编:《刑事法评论》(2008年第1卷·总第22卷),北京大学出版社,2008年版,第314-315页。

险为己任,以追求人类安全为目标,对于危害社会安全的行为即使没有出现法益侵害的结果,也主张动用刑罚处罚。风险刑法因为其宗旨是为了实现安全而不是自由,刑法只是"用来满足安全政策的行为需求",故又称为"安全刑法";它认为犯罪"不是以导致什么样的具体损害作为实施制裁的前提条件,而是以没有促使安全状态的形成或者这类犯罪的步伐来表述的,它不是一个具体的损害,而是一种慌乱不安"①。在风险刑法倡导下,处罚危险行为的抽象危险犯日益增多,比如危险驾驶罪就是适例;法定犯的立法比重越来越大,"法定犯的时代"似乎已经到来,以至于有学者指出,随着风险社会的到来,新型安全需要的扩展,刑法日益关注风险控制,并因此出现了犯罪形态结构由自然犯占绝对优势到法定犯占绝对比重的变化②,立法上越来越多的破坏环境资源保护犯罪、食品安全犯罪、交通犯罪等都是法定犯时代的典型代表;刑事制裁更多地强调所谓"犯罪人"的危险性,而不是罪责大小、行为实施与否、后果是否发生等。

然而,风险刑法是反法治的,它体现德国刑法学界主观主义的盛行;它与德国刑法学界备受争议的"敌人刑法"③概念一样,与纳粹刑法有着异曲同工之妙;它挑战的其实不仅是刑法谦抑原则,而是整个刑事法治理念和罪刑法定原则的法治内核。

纳粹刑法的反法治在人类历史上早已获得共识并因此人神共愤之。纳粹刑法具有处罚的扩充性、任意性、严酷性与不确定性。20世纪30年代的德国纳粹暴政,就是通过人身危险性等一类语焉不详的刑法概念并通过刑法上保安处分等早期干预的处罚方法"利用法律把犹太人变成次于人类的物",以

---

① 〔德〕乌尔斯·金德霍伊泽尔:《安全刑法:风险社会的刑法危险》,刘国良编译,《马克思主义与现实》2005年第3期。

② 储槐植:《要正视法定犯时代的到来》,《检察日报》2007年6月7日第3版。

③ Jakobs的敌人刑法理论在国内也受到了一些学者的认同。然而,笔者一直以来坚持认为,敌人刑法是一个意欲将刑法带入无限危险境地的概念,它的诸多主张常常令人联想起德国历史上的纳粹刑法。敌人刑法学说建立在将恒常性的反社会者认定为不具备理性的非人格者,并认为他们不配享有人权的保障,对他们可以视为"仇敌"而无需刑事诉讼程序的手段。敌人刑法基于国家主义的立场,易导向对公民遵守秩序的绝对强调,即使国家公权力已沦为暴政,人民亦不允许行使积极的抵抗,加之敌人刑法对程序正义的严重忽略,它在总体上特别容易成为暴虐政权压迫异己的利器(参见林立:《由Jakobs"仇敌刑法"之概念反省刑法"规范论"传统对于抵抗国家暴力问题的局限性》,载《政大法学评论》1993年10月第81期,第2页)。

法律的方式展开了对犹太人的大屠杀。① 解读并概括德国学者 Joachim Vogel 对纳粹主义对刑法影响问题的分析，带有纳粹印记的刑法大致有以下几方面的体现②：一是刑法处罚范围的不断扩大，犯罪构成要件日益膨胀，更多的行为被作为可罚行为塞进构成要件之中；二是刑法日益远离责任，"在法律后果方面，刑事后果不断被创设而且同责任相剥离开来"；三是刑法日益主观化，纳粹认为不合乎伦理的行为是不法的，不法日益被主观化与人格化，而法益日益被抽象化精神化，行为无价值越来越发挥重要的作用，"行为人自身，即其人格、危险和信念，被重视，且刑法朝着行为人刑法甚至是观念刑法发展"；四是立法中存在着日益不确定的法律概念和一般条款。

分析风险刑法，不但存在着上述纳粹刑法的深深印记，而且很多地方有过之而无不及。其一，风险刑法导致刑法的处罚范围不断扩大。风险刑法通过风险概念使得法益保护日益抽象化，也不断地实现着刑法介入的早期化，但是，较之这些更加危险的是，风险刑法对传统犯罪的处罚上也存在着日益扩大的趋势，换言之，在具体犯罪的处罚上，存在着全面风险化的倾向。所谓全面风险化，是指不但要求广泛处罚作为风险刑法核心的危险犯，而且对传统刑法中的实害犯也进行"风险解读"，亦即站在风险防范角度从事实上对刑法中几乎所有犯罪都提倡进行提前处罚，将处罚仅仅有危害安全风险的人这一风险刑法的重要主张贯彻到了刑法中所有的犯罪之中。比如强奸罪属于典型的传统的自然犯，论及其惩处恐怕没有人会与风险社会或风险刑法等概念联系起来。然而，在风险学者最容易犯的"泛风险"的错误之下，"早处罚"竟也成为打击强奸罪的手段，因为风险学者明确指出，"强奸犯的罪责也许可能很轻微或者由于心理性疾病的原因而根本不能承担责任。但是，他又会造成极大的不安，这种不安不仅是对他自己，更多地是对他人乃至社会的整体。如果说等到他的行为实施完毕、等到这种危害结果出现了再做出反应，显然已为时过晚。对他处以严重的处罚，益处又有多大呢？按照以前的刑法理论，刑法只能等到行为发生危险的后果时才做出反应，然后对犯罪分子处以重刑"，而按照风险刑法的理论，"在行为实施之前采取提前的实际警戒和保

① ［英］韦恩·莫里森：《法理学》，李桂林等译，武汉大学出版社，2003 年版，第 322、329 页。

② ［德］约阿希姆·福格尔：《纳粹主义对刑法的影响》，喻海松译，载陈兴良主编：《刑事法评论》（2010 年第 1 卷·总第 26 卷），北京大学出版社，2010 年版，第 291－292 页。

障可以阻止危害的结果发生"。① 这样的观点是惊世骇俗的。如果处罚诸如强奸、杀人等典型自然犯都要使用风险刑法的处罚早期化理念以防范风险确保安全,这意味着不但将风险刑法的触角伸入到了刑法所有犯罪之中,而且将风险刑法反法治的本质暴露无遗。其二,风险刑法本身就宣称它使得传统的罪责刑法发生了转变。风险刑法明确主张,它不是如传统刑法那样以"事实侵害犯"为刑法的核心,"危险犯才处于刑法关注的中心地位",从而使传统的"罪责刑法"转变为了"安全刑法";并且,风险刑法指出,"刑法必须要走出罪责刑法的界限,对一些特定的情况施加一些并非依据罪责的反应。这种反应针对的仅仅是犯罪人的人身危险性而不是它的责任"②。显然,如同纳粹刑法一样,风险刑法同样是远离责任的。其三,风险刑法以防范风险为目标,对于任何有碍于人类安全的行为视为是不法的,前述风险刑法表明,风险刑法下的犯罪"不是一个具体的损害,而是一种慌乱不安",而什么是慌乱不安?风险刑法的回答是"这种慌乱不安的不法更多地被理解为在主观上具有罪恶的意图或者客观上对所有生活领域的安全造成损害的行为"③。由此一来,风险刑法凭借主观化的理解断定某人是否对社会的安全会有危险,在"人作为不安全的因素"④的层面考虑处罚对象,它的主观性、行为人刑法的特性暴露无遗。而且,风险刑法认为法益侵害不再是必备构成要件,"危险状态的出现是对这个行为惩罚的必备的构成要件";"行为方式本身似乎是可罚的,而不是行为所引起的结果被认为是可罚的"⑤。在此可以充分地看到,风险刑法与主观擅断主义有着多么天然的亲和力。不考虑法益侵害的结果,意味着行为本身一经实施无论结果如何都要受到处罚;置重于行为及行为人本身,意味着实施行为时内心的动机、想法、观念等主观层面的因素均将成为可罚性的判断基准。最终,这种远离罪责的做法,导致的是极端的行为无价值和刑法

---

① 薛晓源、刘国良:《法治时代的危险、风险与和谐——德国著名法学家、波恩大学法学院院长乌·金德霍伊泽尔教授访谈录》,《马克思主义与现实》2005 年第 3 期。

② 薛晓源、刘国良:《法治时代的危险、风险与和谐——德国著名法学家、波恩大学法学院院长乌·金德霍伊泽尔教授访谈录》,《马克思主义与现实》2005 年第 3 期。

③ 〔德〕乌尔斯·金德霍伊泽尔:《安全刑法:风险社会的刑法危险》,刘国良编译,《马克思主义与现实》2005 年第 3 期。

④ 〔德〕乌尔斯·金德霍伊泽尔:《安全刑法:风险社会的刑法危险》,刘国良编译,《马克思主义与现实》2005 年第 3 期。

⑤ 薛晓源、刘国良:《法治时代的危险、风险与和谐——德国著名法学家、波恩大学法学院院长乌·金德霍伊泽尔教授访谈录》,《马克思主义与现实》2005 年第 3 期。

的伦理主义。其四,风险刑法凭借刑法禁止对人对社会造成风险的行为进行惩处,意图解决风险社会的安全问题,"一个行动必须是安全的,只有具有安全性才是被允许的,如果一个行动被证明将可能造成伤害,应该马上禁止这个行动的事实"①。因此,"风险"和"安全"是风险刑法中的关键词。然而,恰恰对于什么是风险以及什么是安全,在风险刑法那里是极端不确定的。尽管风险学说认为"风险和安全是规范性概念"②,但事实是,即便风险学说的创始人贝克也认为它是一个不清楚的概念。贝克指出,风险是指"'不再——但——还没有'这种独特的现实状态——不再信任/安全,但还没有毁灭/灾难——就是风险概念所要表述的"③,"风险的概念是一个现代的概念,它需要有各种决策和各种尝试,以使得公民决策的各种不可预测的结果能够被预测并且能够被控制"④。很显然,贝克的风险概念不是对现实的描述,而是对未来的预期;它似乎不是指某种具体的灾难,而是强调控制这种灾难的能力。这样的风险概念有别于当今学界混乱地使用的所谓各种风险概念,但是,不可否认的是,这一风险概念本身仍然是内涵不清的,也许风险本身就注定了只能给予如此难以捕捉到实质内容的定义,这也迫使贝克反复从侧面及排除的消极角度来下定义,诸如贝克后来又指出,"风险归根到底不是任何具体的物,它是看不见的,是人的感官感觉不到的东西。它是一些社会构想,主要是通过知识、公众、正反两方面专家的参与、对因果关系的推测、费用的分摊以及责任体系而确立起来的。它是认识上的构想,因此总带有某种不确定性"⑤。贝克语焉不详的风险概念,也是其风险学说的主要问题之所在,"风险社会的概念有许多含糊不清的漏洞。许多欧洲学者以此为理由将乌尔里希·贝克当作广告员,说他更多的兴趣在于建立了一个哗众取宠的概念,而不是作为一个严谨的社

① [德]乌尔斯·金德霍伊泽尔:《安全刑法:风险社会的刑法危险》,刘国良编译,《马克思主义与现实》2005 年第 3 期。

② 薛晓源、刘国良:《法治时代的危险、风险与和谐——德国著名法学家、波恩大学法学院院长乌·金德霍伊泽尔教授访谈录》,《马克思主义与现实》2005 年第 3 期。

③ [德]乌尔里希·贝克:《风险社会再思考》,郗卫东编译,载薛晓源、周战超主编:《全球化与风险社会》,社会科学文献出版社,2005 年版,第 137 页。

④ [德]乌尔里希·贝克:《"9·11"事件后全球风险社会》,王武龙编译,《马克思主义与现实》2004 年第 2 期。

⑤ 薛晓源、刘国良:《全球风险世界:现在与未来——德国著名社会学家、风险社会理论创始人乌尔里希·贝克教授访谈录》,《马克思主义与现实》2005 年第 1 期。

会学家捕捉环境试验中的证据"①。如果再考虑到风险发生与否的概率性与或然性，则更使人对于何谓"风险""安全"不明所以；使用这些本身极不确定的概念评判一个行为是否安全或是否对社会造成风险，并以此为基础决定对某人处罚与否，则显然更加充满了不确定性。

最近更是有德国风险刑法学者主张，为了应对"'世界风险社会'的新挑战"，可以考虑"刑法的延伸和去边界化（Entgrenzung）"，即使"刑法更加侧重于解决预防与安全的问题，以及由此引发的对实行犯罪和怀疑犯罪之前场行为进行干预"，诸如"实体刑法中可罚性的前移""预防性监控观念的延伸，自由权利保障的解除"等。② 这些极端的风险刑法观念，意在将刑法作为一种社会控制的工具而不仅仅是保障人权打击犯罪的手段，在此，其实质是将刑法无所不在地予以适用，这种无边界的刑法也是滥用的刑法，其后果最终如亚当·斯密指出的，"不适当的惩罚，即或者根本不应当的惩罚，或者超过了该犯罪的过失的惩罚，是对刑法的一种损害"③，此即罗马法谚所云，"以法的形式损害法本身"④。最终，刑法本身将被消解，成为真正意义上的安全法，既不是善良人的大宪章也不是犯罪人的大宪章。可见，风险刑法挑战的其实不仅仅是作为刑法基本理念存在的刑法谦抑性，更是当今刑法帝王原则的罪刑法定主义；甚或它挑战的也不是罪刑法定主义，而是整个刑事法治；甚而也不仅仅是刑事法治，而是人类社会的法治进程。试想，在一个视图消解刑法的国家，还有什么法治和人权可言?!

可见，风险刑法的理念和做法将会导致法律的变异和对法治的践踏破坏。"罪刑法定原则"是"形式法治国的最重要的制度构成"⑤，当今世界文明各国，莫不以人权、法治为国家建设目标，莫不以体现人权保障精神的、法治国的罪刑法定原则作为刑法的帝王原则。人权理论表明，"人权是对国家权

① 周战超：《当代西方风险社会理论研究引论》，载薛晓源、周战超主编：《全球化与风险社会》，社会科学文献出版社，2005 年版，第 27－28 页。

② ［德］乌尔里希·齐白：《刑法的边界——马普外国与国际刑法研究所最新刑法研究项目的基础和挑战》，周遵友译，载赵秉志主编：《刑法论丛》（总第 16 卷 2008 年第 4 卷），法律出版社，2008 年版，第 24－25 页。

③ ［丹］努德·哈孔森：《立法者的科学》，赵立岩译，浙江大学出版社，2010 年版，第 153 页。

④ ［德］鲁道夫·冯·耶林：《为权利而斗争》，胡宝海译，中国法制出版社，2004 年版，第 94 页。

⑤ 郑永流：《德国"法治国"思想和制度的起源与变迁》，载夏勇主编：《公法》（第 2 卷），法律出版社，2000 年版，第 55 页。

力的限制,是对抗国家权力的权利"①。如果一味地扩大刑法的处罚范围,则意味着国家刑罚权力的增加和公民个人自由权利的缩小,在强大的国家机器面前,弱小的个人理应享有充分的对抗国家权力的权利,那就是自由不受侵害的权利。风险刑法恰恰是以超强度地压缩公民自由以求得社会安全;在风险刑法高举的安全旗帜之下,人权被悄悄地搁置一边。如果普世价值认为,当今社会是法治社会,那么就完全有理由有信心认为,刑法谦抑原则根本不会受到所谓来自风险社会与风险刑法理论的挑战。如果说"法治最特殊、最非同凡响的地方正是其分配权力,但又限制权力实施的理念"②,那么,刑事法治最特殊最与众不同之处则在于其给予国家刑罚权,但又限制国家刑罚权的随意发动。国家有权力行使刑罚权,以保障社会上各项合法利益,但是,国家刑罚权的发动必须受到一定的限制;详言之,刑法不应以所谓危害社会安全的危险行为为当然的处罚对象,而应该将其处罚范围限制在迫不得已的必要限度以内,即刑法是为了维护社会秩序而不得不采取的必要手段。这就是刑法的谦抑思想。刑法的谦抑思想是贯穿现代刑事法领域的基本理念。现代刑法的思想体系,由刑法谦抑理念出发,而发展出三项具体的刑法准则,即罪刑法定主义、法益保护主义与责任主义,配合这三项刑法准则产生了刑法的三个基本机能,即保障机能、保护机能、规制机能。③ 因此,刑法谦抑理念不是游离于罪刑法定主义之外的一项刑法基本原则,而是作为罪刑法定主义的理念基础而存在的,其所具有的统领刑法全局的意义,由此可见一斑。

风险刑法不断扩大刑法处罚范围的做法在日本学者看来是"具有讽刺意味的",因为这是"社会成员用自己的一部分权利与自由来换取安全的社会生活",并且"最终在刑事立法中蕴涵了容忍将'如果有危险就有刑罚'原则化、扩大化的危险"。④ 如果允许安全应跃居于自由、人权、法治之上成为刑法的主要理念,允许社会上的普罗大众用自己的自由交换他人(也可能包括其自身)的安全,允许公民个人本已确定的权利行为受到惩罚以换取不确定的社会安全,那意味着人类不但用科技发展戕害了自身,更错误地以法之名侵犯

① [英]约瑟夫·拉兹:《人权无需根基》,岳林译,《中外法学》2010年第3期。
② [英]韦恩·曼塞尔、贝琳达·梅特亚德:《别样的法律导论》,孟庆友、李锦译,《别样的法律导论》,北京大学出版社,2011年版,第11页。
③ [日]小暮得雄:《刑法入门》,第25-26页,转引自李海东主编:《日本刑事法学者(下)》,中国法律出版社,日本成文堂出版社,1999年版,第229页。
④ [日]关哲夫:《现代社会中法益论的课题》,王充译,载赵秉志主编:《刑法论丛》(2007年第2卷·总第12卷),法律出版社,2007年版,第339页。

了自身。"既然世界上发生着的这一切变化是趋向于加强社会的权力而减弱个人的权利,可见这个侵蚀就不是那种趋于自动消失的灾祸,相反是社会增长得愈来愈可怕的。"①因此,那种偕同"风险无处不在"因而"刑法也无处不在"的风险刑法观念和做法,才是当今"风险社会"最大的"风险"。对此如果不保持足够的审慎和警惕,恐怕将会使人类在工业社会带来的"社会风险"之外还会二次受创,即在此基础之上再遭受"法治风险",毫无疑问,那将是较之前者更为致命的风险! 人类如何在合理发展科技与尊重自然之间作出更多的思考和选择,在社会综治与经济对策方面作出更多的调整,应该是较之于刑法更为有效地应对风险社会的治理对策——如果我们也承认贝克的风险社会理论的话。试想,"像切尔诺贝利核事故、环境灾难、有关人类基因的讨论、亚洲经济危机和当前的恐怖主义袭击之类的事件和威胁"②这类贝克等风险学者常常提到的风险社会中的典型风险,举一国政府之力甚至世界各国联合之力恐怕也未必能够防范,又怎么能将防范此等充满政治意味的风险或因科技发展引发的重大自然灾害的重任交给刑法? 人类不能仅仅因为"通常在没有解决有关正义、民主或者国家的合适目标等有很大争议的问题前,可以解决政策和法律方面的难题"③,于是就动辄使用刑法,否则,这将"是一种极为荒谬的和刑事政策上使人担心的境况,在这种境况中把通过刑法和警察法进行的犯罪控制作为纯粹的安慰剂来接受,完全不取决于控制的有效性",这种做法,将会使整个社会发生"破坏性的方向迷失",对此需要足够警惕。④ 总之,即或我们认为风险社会与风险刑法的提法有一定意义,比如,它可以更好地提醒人类协调社会发展与工业化进程中的矛盾,但是,基于人权法治基本理念作为当今文明各国价值追求的普遍目标,刑法谦抑性原则显然也是不可能动摇的。有意思的是,风险刑法论者也意识到了盲目扩大刑法处罚范围以防范风险的做法有所不妥,于是也指出,我们"远远不能得出这样的结论,即这个审慎的、缺乏灵活性的、自由法治的刑法,连同它的证据规则、罪责原理、合法的和道德高尚的诉求和它的那个很难兑现的合法性需求,是解决所有风

---

① [英]约翰·密尔:《论自由》,程崇华译,商务印书馆1996年版,第14页。

② [德]乌尔里希·贝克:《"9·11"事件后全球风险社会》,王武龙编译,《马克思主义与现实》2004年第2期。

③ [美]凯斯·R.孙斯坦:《风险与理性——安全、法律及环境》,师帅译,中国政法大学出版社,2005年版,第121页。

④ [德]哈塞默尔:《面对各种新型犯罪的刑法》,冯军译,载中国人民大学刑事法律科学研究中心组织编写:《刑事法学的当代展开》(上),中国检察出版社,2008年版,第67页。

险社会的一切领域里所潜伏的并且不断增多的安全问题的最恰当的手段"。①既然如此,所谓风险社会对刑法谦抑性原则的挑战根本就是一个伪问题。更何况,"在现代日本刑法理论中,存在着把谦抑原则做扩张性使用的倾向,主张把谦抑原则适用于'从立法一直到帮助犯罪人重返社会'的全过程"。这些表明,谦抑原则在风险刑法理论背景之下不但在理论上不可能受到挑战,在实践中也没有受到动摇,反而在类似于日本这样倡导客观主义刑法立场的国度得到了更多的强调和贯彻。②

二、风险刑法的定罪政策清理:以环境犯罪惩罚的早期化为视角

鉴于"风险刑法"理论潜伏着上述危机,将"风险刑法"的作用领域局限于法定犯,是近年来一种相当流行的观点。例如,有学者在"风险刑法"是传统刑法的一种补充基础上,对"风险刑法"的作用领域作了严格限制,其中导致环境污染、自然资源破坏的环境犯罪被认为是"风险刑法"的重要作用领域。③由于"风险刑法"理论主张依托刑法对社会造成风险的行为进行惩处,来实现对风险的管控,因而对环境犯罪处罚早期化的立法和司法上的政策导向就成为一种广受欢迎的定罪方法。不可否认,社会的发展的确给传统刑法带来了不少新的挑战和新的问题,但解决之道远非是将传统刑法向"风险刑法"全面或部分转型那样简单。即便在环境犯罪这类法定犯领域,以"风险刑法"代替传统刑法进行犯罪的管控,也将出现不堪设想的后果。换言之,长久以来我国刑法在环境犯罪惩处上表现出的"软骨病",绝不是通过一剂"风险刑法"补钙药方就能立竿见影地治愈的,在传统刑法之内和刑法之外双管齐下地解决,才是治疗这一"软骨病"的对症良药。

就传统刑法之内的解决而言,应对环境污染等问题的核心是谨守刑法的谦抑性,而不是刑法惩处的早期化。各国长久以来的实践证明,环境治理涉及多元化的问题,绝非刑法这一部门法所能包办的。况且,"关于刑法处罚对

① [德]乌尔斯·金德霍伊泽尔:《安全刑法:风险社会的刑法危险》,刘国良编译,《马克思主义与现实》2005年第3期。

② 刘淑珺:《日本刑法学中的谦抑主义之考察》,载陈兴良主编:《刑事法评论》(2008年第1卷·总第22卷),北京大学出版社,2008年版,第300页。

③ 参见利子平、石聚航:《我国风险刑法理论研究中的三大理论误区》,《北京理工大学学报(社会科学版)》2013年第4期。

环境污染的遏止效果问题,实证(犯罪学)研究一般认为效果不大"①。事实上,我国的环境污染问题早已不同程度地与经济发展、国防安全、社会稳定等一系列问题交织在一起。如在山西、河北、湖南等地大型工矿企业的污染问题的处理,就涉及国家的税收、地方经济、国防安全(军工企业)、数十万人的就业等问题,某些地区甚至出现了"污染也是民生"的尴尬现象,这让环境污染的治理一度进退两难,也加重了我国刑法在环境犯罪处理上的"软法"特色。因此,环境污染问题不同于原先的"醉驾"问题,前者既是一个法律问题,也是一个政治问题,而后者基本上是一个单纯的法律问题。譬如,近年来因屡次违法排污被报道的兰州石化事件,其背后的利益纠葛就是适例。在此意义上,企图通过单纯的法律框架来完全解决不免过于理想化,而力图将法律解决的重任托付给刑法并通过环境法益保护的早期化和抽象化来处理,似乎更是缘木求鱼之道。例如,《环境污染刑事解释》第 1 条第 5 项对"严重污染环境"的解释包含了部分环境法益保护早期化内容,即"2 年内曾因违反国家规定,排放、倾倒、处置有放射性的废物、含传染病病原体的废物、有毒物质受过 2 次以上行政处罚,又实施前列行为的"。这种粗放的入罪化处理方式未能有效地解决问题。首先,入罪标准的不明确妨碍了相关案件向司法部门的移送。如总部设在北京的 A 化工企业,分别在南京、武汉和兰州拥有 B、C、D 三处分公司,因分公司不具有法人资格,所以 B、C、D 的排污行为都由具有法人资格的 A 承担责任,那么,若南京的 B 分公司和兰州的 D 分公司 2 年内分别因排放有毒物质受到一次行政处罚,是否意味着作为总公司的 A 就会成立犯罪,还是说同一地区同一排污单位(如 B)必须在 2 年内因排放有毒物质分别受到 2 次行政处罚 A 才成立犯罪? 并且在跨地区的行政处罚所存在的一系列问题彻底解决之前,这样的规定都隐含着选择性执法等风险。定罪标准的不明确直接阻碍了相关案件向司法机关的移送,也削弱了上述规定的效力。其次,既有的国企与私企、央企与地方性企业之间的隐性不平等都可能造成他们在入罪与否、罪刑承担上的差异性。统计数据显示,该条自生效以来基本上处于休眠状态,刑法在此的"软骨病"并未得到根本改善。

就刑法之外的解决而言,我国环境污染等问题的日益严峻化,实难归咎于环境法益保护的"晚期化"和"具体化",刑法之前其他部门法防线的薄弱才

---

① [瑞典]汉斯·舍格伦、约兰·斯科格编:《经济犯罪的新视角》,陈晓芳、廖志敏译,北京大学出版社,2006 年版,第 66 页。

是主要原因。诚然,在环境污染等的治理上,最好的社会政策就是最好的刑事政策。但是,在我国相关的社会政策因主客观原因而未到位时,刑法之前其他部门法防线就显得尤为重要。特别是在违反环境立法带来的收益常常高于成本的客观现状下,民法、行政法等防线的脆弱都会导致牺牲环境成为市场主体的理性选择。其实,该问题的症结并非没有被认识到,但种种原因致使相关解决措施被搁置、敷衍、拖延而已。① 举例来说,如果行政法不在"饮用水水源一级保护区""自然保护区核心区"上配套完成相应的保护机制,而是沿用当前这种各行政单位以及同一单位不同科室"分割"管理的模式,就会因开放的构成要件边界模糊而影响"刑罚的必定性",并进而冲击它对犯罪最强有力的约束力量②,"修八"扩大犯罪圈以加强惩处环境犯罪的努力也难以实现。在明了真正的问题所在后,解决问题的着力点就明显不在于将环境法益保护防线提前,增加效果不大的犯罪人标签,而在于落实和加强民法、行政法等刑法之前部门法防线,提升环境违法成本。如,涉及环境侵权案件民事判决书的强制公开、环境公益诉讼主体范围的扩大等。实际上,强化刑法之前的部门法防线在环境治理上的功效,一直以来都是国际社会的通行做法。例如,在上世纪中叶当德国鲁尔地区饱受环境污染之苦时,付诸实施的并不是刑法对环境法益保护的延伸,而是"高烟囱政策"这样的刑法之外的举措。③尽管这样的措施最终被证明是延缓矛盾的扬汤止沸之法,但后续问题的解决也是一条"综合治理"之路。其实,不少"风险刑法"的提倡者也十分重视非刑法措施的应用,如乌尔里希·齐白就看重"刑法外甚至也是法律外"刑事预防的替代措施。④ 再将目光转向被国内学者视为法益保护的早期化和精神化的日本,福岛核事故可谓典型的污染环境的犯罪,但从事件的处理来看粗放的刑罚惩处早期化或重罚化并未出现,这也与东京电力公司等涉及国计民生有关,通过刑法之外的举措(如优化核反应堆结构设计、发展核能源替代措施)来最大化缓解、消除矛盾才是善后工作的重点。

---

① 参见梁冠华:《打击环境污染犯罪 守住生态文明底线》,《南方法治报》2014 年 3 月 7 日第 3 版。

② 参见[意]贝卡里亚:《论犯罪与刑罚》,黄风译,中国法制出版社,2005 年版,第 72 页。

③ 参见刘丽荣:《鲁尔区如何实现华丽转身?》,《中国环境报》2013 年 7 月 2 日第 6 版。所谓高烟囱政策,是指将排污烟囱加高到 300 米,通过扩大排放空间,降低鲁尔地区空气中的污染物浓度,但由此造成了欧洲大面积的酸雨,变相扩大了污染,造成了严重的后果。

④ 参见[德]乌尔里希·齐白:《刑法的边界——马普外国与国际刑法研究所最新刑法研究项目的基础和挑战》,周遵友译,赵秉志主编:《刑法论丛》,法律出版社,2008 年版,第 251 页。

此外,如前所述,风险概念具有模糊性,这导致了以此为依据的环境犯罪惩处的早期化成了无本之木。"风险刑法"创设了"风险"这一核心概念,但在"风险"概念之前传统刑法中存在"危险"概念,它与"实害"相对应,是"发生实害的危险"的简称。迄今为止,"风险"与"危险"之间是替代关系还是补充关系,抑或其他某种关系并不能说已经解决了。例如,乌尔斯·金德霍伊泽尔更是批评在故意危险之前设置风险预测是多余的,并否定客观归责理论①,而在与"风险"概念存在密切联系的客观归责理论更多地被批评为造成了各个原则之间的相互重叠②。另外,不同学者对"风险"的不同界定引发了这一概念内涵不清的尴尬,即使是风险理论创始人之一的乌尔里希·贝克对"风险"的界定也会让人产生一种"雾里看花"的印象。如"风险归根到底不是任何具体的物,它是看不见的,是人的感官感觉不到的东西。它是一些社会构想,主要是通过知识、公众、正反两方面专家的参与、对因果关系的推测、费用的分摊以及责任体系而确立起来的。它是认识上的构想,因此总带有某种不确定性"③。由此招来的非议是许多欧洲学者将乌尔里希·贝克视为"广告员"在兜售一个哗众取宠的概念。这样,在逻辑上将环境犯罪惩处的早期化建构在一个内涵不确定的概念之上,其合理性值得怀疑。

三、小结：认真看待刑法文化的"全球化语境"与"拿来主义"

我国刑法学者对于风险社会概念不加甄别不加限制拿来主义的做法非常普遍,比如,很多人常常通过"在风险社会的背景下"这样似是而非的命题左右刑法问题的思考,虽然对于什么是风险社会可能自己也并未多加厘清。④在中文语境多义的背景下,很多人望文生义地通过将风险社会中的风险解释为危险、威胁、危害、危难等各种类似的语词,再挟以社会危害性理论,使得具有特定意义的风险社会中的风险概念泛化为无所不在的具有某种危险或危害的概念,从而不但令反驳或赞成真正意义上风险社会的学者无法与之对

---

① 参见[德]乌尔斯·金德霍伊泽尔:《犯罪构造中的主观构成要件》,蔡桂生译,陈兴良主编:《刑事法评论》(第30卷),北京大学出版社,2012年版,第200页以下。

② 参见许玉秀:《主观与客观之间——主观理论与客观归责》,法律出版社,2008年版,第207页。

③ 薛晓源、刘国良:《法治时代的危险、风险与和谐——德国著名法学家、波恩大学法学院院长乌·金德霍伊泽尔教授访谈录》,《马克思主义与现实》2005年第3期。

④ 王昭振:《刑法解释立场之疑问:知识谱系及其法治局限》,《环球法律评论》2010年第5期,等等。

话,而且也使风险社会中的风险概念在我国发生了严重变异①;在错误地将风险社会之风险解读为客观归责论允许的风险之风险的基础之上,又错误地认为客观归责理论的精髓乃体现了风险社会的价值选择②,或者认为客观归责理论是立足于风险社会的现实而提出的一种归责理论的基础之上,并因支持风险社会理论为由进而支持客观归责理论③,则更是对风险社会另一种"别开生面"的误读。

需要说明的是,笔者无意全盘否定风险社会学说的有关理论与主张,但是,对于风险社会理论向刑法领域里渗透而形成的风险刑法,则持审慎的和怀疑的态度。笔者反对的是风险刑法为了一味追求安全而置人权自由等公民权利于不顾的做法,并希望借此警惕由此可能带来的对法治社会的挫伤。通过指出风险刑法的种种问题,以此促使我们反思该如何在追求社会安全与妥当适用刑法以保障公民自由之间的平衡。面对源自德国的敌人刑法、风险刑法等充满国家威权色彩的刑法理论,每个刑法学人都应该冷静思考:我们究竟要将刑法带向何处? 事实上,即便在德国本土,也有很多学者诸如Schünemann等教授也意识到在诸如风险社会以及敌人刑法等理论的鼓噪下,德国刑法日益出现的意图保护"世界法益"及由此导致的"滥用与过份苛求刑法所引起的危机","为了让德国刑法学与正义邂逅",从而"提出理由来强调德国刑法学所面临问题的处境,包括从走入死胡同到错误发展"。④

因此,当我们面对西方刑法文化思潮时,不能在所谓全球化的语境下不加甄别地全盘接受,拿来主义值得警惕。事实上,法治应当是也只能是一种本土文化,全球化的法治是否存在本身就值得怀疑,审慎而怀疑地分析"西学"是否都该"东渐"显然才是中国刑法学人该有的理性态度。

---

① 我国刑法学人发表的以风险社会为题的论著中,不敢说全部但至少有相当一部分存在着这一问题。对于我国学者为何如此钟情于"风险社会""风险刑法"一类概念,笔者以为,这可能与苏力教授所说的国人素有的"大词法学"(参见苏力:《〈波斯纳文丛〉总译序》,载[美]波斯纳:《超越法律》,苏力译,中国政法大学出版社,2001年版,总序第3页)情结有关,借以容易"发酵"并被扩散理解的风险社会概念这样的"高级理论"(苏力语),加一点刑法场域的专题话语,于是,所谓新的研究成果就产生了。

② 参见许发民:《风险社会的价值选择与客观归责论》,《刑事法学》2009年第1期。

③ 参见王振:《坚守与超越:风险社会中的刑法理论之流变》,《刑事法学》2010年第11期。

④ [德]Bernd Schünemann:《批判德国刑法学思潮》,钟豪峰、彭文茂译,载许玉秀、陈志辉合编:《不移不惑现身法与正义——许迺曼教授刑事法论文选辑》,新学林出版股份有限公司,2006年版,第66、91页。

第四章

中西刑法文化比较视野中的定罪立场

刑法上关于定罪的基本立场主要有主观主义和客观主义之对立,二者的主要分歧在于评价行为的不正当,是先主观后客观还是先客观后主观。西方刑法文化经历了古典时期,这是向封建主义的客观归罪、主观归罪进行清理的时期,经历了启蒙运动之后的西方刑法,越来越充满对个人权利的关注,自由、平等、天赋人权等启蒙思想自此成为西方刑法文化的价值核心。西方古典刑事法学时期成为了后来自由主义刑法的同义词,这种理性法文化催生了先客观后主观的客观主义定罪立场。西方发达国家在自由主义的道路上走得十分彻底,甚至出现了一些过度自由化的现象,在面对新世纪各种经济、政治和社会矛盾,后自由主义、后现代化的刑法思想开始萌发,并受到追捧,因而也导致了一些偏主观主义的定罪思路,但整体而言,客观主义定罪立场仍然处于主导地位。与此相对,我国传统刑法文化属于心性主义,封建主义道德伦理色彩浓厚,并且没有得到彻底清理,像西方文化那样的启蒙思想、古典思想几近于无;进入20世纪,自由、民主、平等、博爱的自由主义文化并没有推广,在封建文化遗留不去、新的国家主义意识形态不断强化的背景下,国家本位、义务本位的社会统治文化成为刑法学建构的绝对主导。因此,中国刑法文化始终没有机会转变,甚至有些阶段还变本加厉起来。这样的刑法文化要求刑法为社会防卫、社会稳定服务,成为保护社会的工具,要求对行为人本身的危险"关爱有加",对行为人的思想"洞若观火",定罪先主观、主观先入为主、主观归罪成为常态立场。如何看待这种一如既往的主观主义定罪立场,其何以根深蒂固,我国当前是否继续从主观主义转向客观主义,尤其在取法欧陆刑法的西学东进背景下,如何实现这种转变,这都是尚未给出答案的问题。本课题接受"方法论法律文化观",应用法律文化来解释定罪制度,具体来说,就是寻找并应用中西文化传统中与刑法有关的比较典型的法律文化来对中西两种不同的定罪制度进行比较研究。因此,在中西刑法文化及其环境的比较视野中探寻中国定罪立场的去从是核心任务之一。

第一节　中国刑法文化与传统定罪立场

所谓原心定罪,是指董仲舒等人依据《春秋》等儒家经典为决狱指导思想,从中总结出的审判原则,要求审理案件时,分析案情、定罪处罚,必须考察行为人的动机、目的等主观方面,以契合现实的政治需要。董仲舒是将儒家的经义应用于法律的第一人,以儒为体,以法为用,德刑不偏废,是真正沟通德治、法治,融会儒法两家思想于一的实行家。①《晋书·刑法志》载:"故胶东相董仲舒老病致仕,朝廷每有政议,数遣廷尉张汤亲至陋巷,问其得失,于是作春秋折狱二百三十二事,动以经对,言之详矣。"其后,引经决狱者甚众,散见于《史记》《汉书》《后汉书》等列传中。如《史记·儒林列传》载:"(吕)步舒至长史,持节使决淮南狱,于诸侯擅专断,不报,以《春秋》之义正之,天子皆以为是。"《春秋繁露·精华》载:"《春秋》之听狱也,必本其事而原其志。志邪者不待成,首恶者罪特重,本直者其论轻……罪同异论,其本殊也。"即依据《春秋》的精神审理案件,应当以犯罪事实为根据,考察行为人的动机、目的等主观方面。若行为人动机不纯、目的邪恶,即使尚未着手犯罪或犯罪未遂,也要予以处罚;对共同犯罪的首要分子,更要从重处罚;若行为人的动机、目的纯正,即使犯罪既遂,也可以"赦而不诛"或减轻刑罚。又载:"《春秋》之治狱,论心定罪。志善而违于法者免;志恶而合于法者诛。"②而"志善"与"志恶"的分水岭为基于现实政治需要、取舍后的《春秋》等儒家经典的精神。凡符合现实政治需要和儒家道德准则的,便是"志善",违背的则为"志恶",即舍弃功利主义,而采取伦常主义。

在汉代,可用来作为判案依据的儒家经典主要有《诗》《书》《礼》《易》《春

---

① 参见瞿同祖:《瞿同祖法学论著集》,中国政法大学出版社,2004 年版,第 355 页。

② 《盐铁论·刑德》。

秋》等，其中以《春秋》最为常用。这大体上是由《春秋》的功能决定的。"夫《春秋》，上明三王之道，下辨人事之纪，别嫌疑，明是非，定犹豫……《春秋》辩是非，故长于治人……故《春秋》者，礼义之大宗也。夫礼禁未然之前，法施已然之后；法之所为用者易见，而礼之所为禁者难知。"①

任何一种对后世影响深远的思想和制度，都不会是脱离时代的凭空设想。尽管自汉朝以来对"原心论罪"的评议褒贬不一，但置于特定的时空下，是批判还是还正，结合定罪制度，值得思考。笔者以为，原心论罪在扬弃客观归罪倾向的立场上，是值得褒扬的，但需警惕其过分强调"原其志"、弱化甚至虚化"本其事"易滑入主观归罪的危险，应还正"本其事"基础上的"原其志"。

一、对"客观归罪"倾向的矫枉

春秋战国时代，经夏、商、周三代发展而成的社会和国家制度（包括法律制度）趋于土崩瓦解，家国一体、君父一体、族权与政权合一的格局被打破，宗法家族与政治国家有了分离，于是，在新的政治制度如何设置基础上，出现了"百家争鸣"，其中儒、法两家最具影响。② 在以皇权为中心的中央集权模式下，秦朝始终奉法家的法治学说为治国之圭臬，强调"以法为本""事断于法"与"以吏为师""以法为教"，厉行法治。与此相适应，秦律大抵为应政治需求而将贯穿着国家本位的法家思想法律化，其极具开创性。例如，慎刑恤罚观念在我国的流风遗韵至为深长。《尚书·酒诰》载："毋庸杀之，姑惟教之。"《尚书·吕刑》又载："惟敬五刑，以成三德。"秦律大抵摒弃了这一观念，这源于法家的本性。"法家不别亲疏，不殊贵贱，一断于法，则亲亲尊尊之恩绝矣。可以行一时之计，而不可长用也，故曰'严而少恩'。若尊主卑臣，明分职不得相逾越，虽百家弗能改也。"③而"以'尊主'为核心的法律，被推崇为规范一切社会行为、协调所有社会关系的唯一准则，导致法律的刚性化以至于僵化"④。其实，法家法律观的形成，不是基于"人权"的考虑，而是基于这样一种认识：为了有效地控制在其管辖下日益增多的民众，法律是一种重要的手段。在思想方法和使用手段方面，法家是一群真正的极权主义者，对于民众，总是考虑如何从整体上加以控制。同时，在中国，最初促使法律产生和发展的，既不是

---

① 《史记·太史公自序》，史记卷一百三十。
② 参见张中秋：《中西法律文化比较研究》（第四版），法律出版社，2009 年版，第 43 页。
③ 《史记·太史公自序》，史记卷一百三十。
④ 孙家洲主编：《秦汉法律文化研究》，中国人民大学出版社，2007 年版，第 63 页。

宗教因素,也不是经济因素,而贯穿法律的基本任务是政治性的:对社会施以更加严格的政治控制。且法律在产生之初,即具有纯粹的世俗性,并受到了是道德沦丧的产物之诉病,而被充满敌意。①这从子产(法家)答复叔向(儒家)质疑铸刑书的信中,可窥一斑。"若吾子之言。侨不才,不能及子孙,吾以救世也。既不承命,敢忘大惠?"②由于法家理论与传统中国是宗法家族社会这一根本特性相悖逆,故秦亡后其退出了独占统治地位的历史舞台。③ 至汉武帝时期独尊儒家,"乃是对自战国至秦以来盛极一时的任刑的法治主义的极大反动④,但法家在遭受批判的同时,其合理内核为儒家所汲取。"汉代以后的儒家亦吸收了法家关于国家主义、君主的权威优越于父母权威的主张,然而儒家固有的家族主义及孝道思想并没有消失,相反在后世仍有长期的重要影响。"⑤在法律上,这征表为法律的儒家化进程。

汉初"无为而治"被尊为国策,社会经济得到恢复和发展,至武帝时"中国隆盛,财力有余",中央集权政治需求下,吸收法家国家本位思想、创设了新的家族本位与国家本位相结合的儒家思想,被确立为治国指导思想。⑥ 然而,在法律上以《九章律》为核心的汉律,不仅条文、编目系"捃摭秦法"而成,贯穿其间的指导思想基本未脱离法家思想之窠臼。《晋书·刑法志》载:"汉承秦制,萧何定律。"⑦可谓一语切中肯綮。于是,两种思想的冲突融合在所难免,但囿于诸多主客观因素,法律创制一时无法完成而以变革后的儒家思想为理论基础,但"罢黜百家,独尊儒术"后,法律领域内势必形成儒家思想对法家思想的驱逐或融入之格局,其途径为:注释法律。"法律(汉律)已经颁布不能随意

①　参见[美]德克·布迪、克拉伦斯·莫里斯:《中华帝国的法律》,米勇译,凤凰出版传媒集团、江苏人民出版社,2008 年版,第 17、18、11、45 页。
②　《左传·昭公六年》。
③　参见张中秋:《中西法律文化比较研究》(第四版),法律出版社,2009 年版,第 46 页。
④　杨鸿烈:《中国法律思想史》,中国政法大学出版社,2003 年版,第 94 页。
⑤　[日]西田太一郎:《中国刑法史研究》,段秋关译,北京大学出版社,1985 年版,第 120 页。
⑥　早期的儒家过分忽视了以皇权为中心的专制国家的突出地位,因此,它在西汉以前始终停留在理论阶段,而不能成为政治现实。直到汉儒在此基础上吸收了法家的国家本位思想,成功地创设了新的家族本位与国家本位相结合的理论以后,它在传统的中国的政治舞台上才一跃而成为主角。参见张中秋:《中西法律文化比较研究》(第四版),法律出版社,2009 年版,第 44 页。
⑦　除传世文献的相关记载外,秦汉法律之间的继承关系,从张家山 247 号汉墓出土的《二年律令》《奏谳书》等汉初法律文献中,也能得到充分印证。

修改,在此情形之下,注释法律是最好的办法。"①这拉开了法律儒家化进程的序幕。

在审判实务中,"引经决狱"对贯穿法家思想的汉律以临时性纠偏机制的形式,使得被独尊的儒家思想迅速渗入法律实践,案件的判断不是完全根据规范的法,而是更多地根据不具有规范性质的礼,从而削弱了既有汉律的约束。甚至认为"引经决狱"使得儒家思想在审判实践中一跃成为最高原则,与法理无异,也并不为过。"汉代儒家大量注释法律,利用解释法律的办法,来左右法律。"②《晋书·刑法志》载:"后人生意各为章句。叔孙宣、郭令卿、马融、郑玄诸儒章句十有余家,家数十万言,凡断罪所当用者合二万六千二百七十二条,七百七十三万三千二百余言。"这样,汉律条文的本义大抵被淹没、歪曲、篡改,便不足为奇。

贯穿了法家任刑的法治主义之秦律和汉律,在审判实践中的一大消极表现为"客观归罪"的倾向。秦律业已区分故意、过失、犯罪意识等犯罪的主观方面,其中,故意被称为"端",过失为"不端"。但秦简《法律答问》载:"有贼杀伤人冲术,偕旁人不援,百步中比墼(野),当赀二甲。"这是秦律被认为具有客观归罪倾向的佐证。"或许正是这种客观归罪的倾向,才在一定程度上导致了汉代'论心定罪'的兴盛。"③甚至有论者认为:"秦朝是奉行客观归罪的典型,其后果是不言而喻的。"④其实,董仲舒强调"本其事"与"原其志"的原心论罪,结合其残存的判例来看,可以认为是兼顾了客观与主观两个方面的,与主客观相统一大体相当,这较之客观归罪,进步意义重大。

但在秦汉,法律中无罪刑法定原则,甚至没有"律无正文不为罪"的规定,而是贯穿了有罪推定原则,且允许比附。法是当为与存在的对应,而且法原本即带有类推的性质。⑤ 在有罪推定的框架下,法的类推属性被放大,因侦查技术的不足,虽然客观事实较主观心理更易查明,且更有说服力,但作为弥补手段的刑讯逼供也被合法化,以获得判案所需的重要证据——口供,这在重"禁邪""止奸"而不重"诛心"的法家思想助推下,兼顾客观与主观的旨趣受

---

① 瞿同祖:《瞿同祖法学论著集》,中国政法大学出版社,2004 年版,第 376 页。
② 倪正茂、俞荣根、郑秦、曹培:《中华法苑四千年》,群众出版社,1987 年版,第 45 页。
③ 张晋藩主编:《中国法制史》,中国政法大学出版社,1999 年版,第 85 页。
④ 江必新:《中国法文化的渊源与流变》,法律出版社,2003 年版,第 94 页。
⑤ 参见[德]亚图·考夫曼:《类推与"事物本质"——兼论类型理论》,吴从周译,台北学林文化事业有限公司 1999 年版,中文版序言第 7 页。

到了严重冲击,滋生出主观归罪的倾向。儒家注重"诛心",因此看重行为背后的动机、目的等主观方面,随着儒家思想逐步渗透汉律,其学说渐成事实上的行为规范与裁判规范,在原心论罪之"探意立情"的引导下,行为人的涉案动机、目的等主观方面在定罪量刑中的地位,大抵与客观的犯罪行为和危害结果相当,而在"志邪者不待成"等场合,主观方面已成为定罪量刑的唯一标准,这是对秦和汉初以来客观归罪倾向的扬弃,应当给予肯定的评价,但其弊害同样触目惊心。"这种以'春秋之义'决狱,即用封建伦理道德和宗法等级原则判断犯罪者的主观动机,以之作为定罪量刑的主要根据的做法,是对秦律中'客观归罪'精神的否定,为西汉统治者加强专制统治开了方便之门。"①

二、与西方主观主义立场的契合

引经决狱主要针对"决疑狱",即主要适用于法无明文规定的案例,避开规范的汉律而适用非规范性的文字隐晦的儒家经典,有利于应政治需求实现刑罚轻缓化,以矫正承秦律而来的刑罚苛严之时弊。由董仲舒引经决狱的实例观之,根据程树德先生在《九朝律考》中的考证,董仲舒决狱现存六例(其他史料中也有零星记载),其中四例不当坐,两例减轻。可见,原心论罪"非设罪以陷人",而是由重改轻,实现刑罚轻缓化以满足政治需求。从整个汉代残存的引经决狱的案例看,大部分案例是减免刑罚,只有极少数涉及皇帝人身安全和权威的案例是从重处罚的,从汉律佚文看,引经决狱一般并不超过法律规定的量刑幅度。② 汉代士人对原心论罪的肯定性评价,除了它是儒家理论、符合常人心态外,在执法实践中有援救善人的实效,也是重要原因。因此,原心论罪是实质理性与儒家思想驱逐、融合法家思想开启法律儒家化进程前的逻辑必然。

如前所述,秦律中故意、过失等主观方面在定罪量刑中的基础性地位已受到重视。汉儒以儒家经典注释汉律时,在以皇权为核心的中央集权下,政治需求使得"本其事而原其志"在审判实践中往往表现出"本其事"对"原其志"具有从属性,即在定罪中,"本其事"与"原其志"的作用原本相当,且"本其事"为"原其志"的前提和基础,在"本其事"上突出"原其志"——这是需要还正的本来面目——但其逐步异化为"本其事"的弱化甚至虚化,志恶的有无取

---

① 王立民主编:《中国法律思想史》,清华大学出版社,2008年版,第106-107页。

② 参见江必新:《中国法文化的渊源与流变》,法律出版社,2003年版,第94页。

代了事实存在与否的判断,这导致了实质理性对形式理性的超越,将原本在客观面与主观面基础上突出主观面而在当时颇具合理性的"原心论罪",常常引向了歧途,这在缺乏罪刑法定原则的框架下,危害尤甚。因为,审判实践中原心论罪所诉求的,是实质的公道正义,而非形式的法律,甚至完全可以不受法律的约束而依据儒家伦理进行自由裁量,定罪依据向行为人的主观面倾斜(这与刑事实证学派的主观主义有相似之处),甚至向主观归罪倾斜。"'原心论罪'的原则给法律判决留下了极为宽泛的伸缩余地,大为削减了法的理性形式所要求的普遍性。"①

原心论罪在近代以来受到的诟病,主要集中在定罪依据的不确定性、非客观性上。诚然,原心论罪的弊害在迷糊了法律与道德的界限上,十分明显,且"以经决狱","视'经义'的效力等于法律,或高于法律,牵强附会,异说纷纭,失掉法律的两个必不可缺少的要素——即'公平'与'确定'"②。原心论罪在定罪中突出主观面,对后世影响深远,即使以礼入法的法律儒家化进程完成礼法融合,原心论罪的审判原则大体被扬弃后,因驱逐、融合了法家思想的儒家思想浓缩而成的礼在定罪中常常处于超然地位,这形成了我国古代法律独特的定罪精神与风貌,即法在定罪中居于基础性地位,主要是强制性或惩罚性手段作用的发挥,而礼则处于高于法的超然支配性地位,侧重于道德修复。当疑狱中礼法冲突、法无规定或规定不明确时,礼往往担当定罪的最终标准,且这种现象在各更迭的王朝中均存在。"儒者为官既有司法的责任,于是他常于法律条文之外,更取决于儒家的思想。中国法律原无律无正文不得为罪的规定,取自由裁定主义,伸缩性极大。这样,儒家思想在法律上一跃而为最高的原则,与法理无异。"③

在我国,主客观相统一原则通常被认为是定罪时必须恪守的基本原则,是犯罪概念、犯罪构成及作为其核心的社会危害性理论得以建立的依据。④但实质上,我国的定罪原则是在主客观相统一的旗帜下倾向于主观主义的立场。尽管我国的主客观相统一原则、犯罪概念、犯罪构成、社会危害性理论及相关的制度渊源于苏俄,但定罪中考虑主客观两个方面,并倾向于主观主义,在汉代原心论罪的审判实践中已隐约可见其身影,并大抵得以延续。清末西

---

① 李泽厚:《己卯五说》,中国电影出版社,1999 年版,第 91 页。
② 杨鸿烈:《中国法律思想史》,中国政法大学出版社,2003 年版,第 144 页。
③ 瞿同祖:《中国法律与中国社会》,中华书局,2003 年版,第 349-350 页。
④ 参见张明楷:《犯罪论原理》,武汉大学出版社,1991 年版,第 20 页。

方法律文化大举入侵,但作为儒家倡导礼的社会根基之乡土社会,并未从根本上受到动摇,且《大清新刑律》及其后以此作为蓝本的《中华民国暂行新刑律》均"隆礼重刑",故未触及礼的超然支配性地位。南京国民政府在刑事立法上,吸纳西方新的刑法理论和刑法原则,进一步革除礼教内容,但没有完全清除礼教对刑法的影响,实务中疑狱时礼作为定罪的最终标准,未有实质性变更。① 即使在新中国彻底废除《六法全书》,断绝与传统法律文化联系,以苏联刑法为蓝本进行刑法制度的重新构建后,定罪中坚持了主客观相统一原则,但向主观主义倾斜的立场也是明显的,即"旧刑法是向主观主义倾斜的,即在主客观相统一的前提下重视主观要素"②。因为作为我国刑法蓝本的苏联刑法,被认为深受 20 世纪初期德国刑法理论的影响,而彼时的德国刑法理论中主观主义居于优势地位。而随着传统法律文化中合理因素的发现和继承,源于传统礼法刑法文化的纵向影响与来自借鉴域外刑法文化的横向影响,在定罪中突出主观要素上得到了契合,这使得主观主义倾向有了双重基础。因此,1997 年刑法在向客观主义倾斜的同时,审判实践中罪刑法定原则之积极侧面、犯罪构成、社会危害性理论等维系的主观主义倾向,仍惹人注目,值得深思。

第二节　中国当前定罪立场的现状考察

一、主客观相统一原则的定位

我国继受的苏俄刑法理论认为,在定罪中,主客观相统一原则是定罪的原则,贯穿在犯罪概念、犯罪构成、社会危害性理论等中,犯罪概念与犯罪构成之间大体为抽象与具体的关系,严重的社会危害性是犯罪的本质特征,由犯罪概念和犯罪构成揭示出来,行为符合犯罪构成是定罪的唯一标准。张明楷教授指出:"刑法理论将客体与客观方面进一步提升为'客观',将主体与主观方面进一步提升为'主观';主观与客观的统一(主客观相统一),成为我国犯罪论体系的基本特点乃至核心。"③但对犯罪的实体的认识不能仅停留在客观与主观两个概念上,而应以违法和责任为支柱构建犯罪论体系,形成了客

① 参见张晋藩主编:《中国法制史》,中国政法大学出版社,1999 年版,第 498－499 页。
② 张明楷:《刑法的基本立场》,中国法制出版社,2002 年版,第 61 页。
③ 张明楷:《以违法与责任为支柱构建犯罪论体系》,载《现代法学》2009 年第 6 期。

观(违法)构成要件与主观(责任)构成要件两阶层组成的犯罪构成。① 至于张明楷教授的两阶层的犯罪论体系合理与否,暂且不论,但主张对犯罪的实体的认识不能仅停留在客观与主观两个概念上的观点,值得褒扬,而且我国传统刑法理论在主客观相统一原则位阶的认识上,有失偏颇。那么,主客观相统一原则的应然位阶到底如何? 笔者认为:主客观相统一原则并非我国刑法所独有的思想,而是近现代世界各国刑法一以贯之的内在精神,其不是与客观主义、主观主义相对应的范畴。主客观相统一是与主客观相分裂对应的;客观主义、主观主义是与客观归罪、主观归罪对应的。主观主义与客观主义是在主客观相统一基础上进一步所作的价值择一遴选;客观归罪和主观归罪是在主客观相分裂基础上进一步所作的价值择一遴选。

(一)位阶关系的混淆

主客观相统一原则是特定时期苏联刑法学者运用马克思主义批判大陆法系刑法学的弊端并力图构建社会主义的犯罪构成理论过程中提出来的。② 但苏联刑法理论对大陆法系刑法理论,尤其是德国刑法理论"存在一些误解,再加上意识形态的原因,对德国刑法理论的不当批判,使其强调客观要素与主观要素的结合与统一"③。受苏联刑法理论的影响,以客观与主观为支柱的犯罪论体系在我国得以形成并延续至今,犯罪构成被诠释为:"刑法所规定的,体现和决定一行为的社会危害性及其程度,而为该行为成立犯罪所必需的一系列主客观要件的有机统一整体"④。在该犯罪论体系下,主客观相统一被认为是对客观与主观的脱离或对立的否定,而有别于客观归罪与主观归罪。由于苏联刑法理论中主客观相统一,是在定罪基础上的客观与主观的统一,还是处罚根据上统一,不甚明确,故渊源于此的我国刑法理论在主客观相统一上产生了"定罪原则论""定罪、量刑原则论"等的分歧。前者主张,主客观相统一是定罪原则;后者主张,主客观相统一既是定罪原则,又是量刑原则。

其实,客观与主观的脱离或对立有两种表现形式,即客观归罪和主观归罪,二者是相对应的范畴,处于同一位阶。而在客观与主观统一的基础上,突出主观要素在定罪中的作用,为主观主义;与之相对,突出客观要素在定罪中

① 参见张明楷:《刑法学》(第三版),法律出版社,2007年版,第98-100页。
② 参见何秉松:《苏联犯罪构成理论的历史与现状》,载《法学研究》1986年第4期。
③ 张明楷:《以违法与责任为支柱构建犯罪论体系》,载《现代法学》2009年第6期。
④ 高铭暄:《关于中国刑法学犯罪构成理论的思考》,载《法学》2010年第2期。

的作用,是客观主义。因此,主观主义与客观主义是一对相对应的范畴,处于同一位阶。可见,主客观相统一作为对客观与主观的脱离或对立之否定,是与主客观相分裂处于同一位阶的,客观归罪和主观归罪是在主客观相分裂基础上进一步所作的价值择一遴选,客观主义和主观主义是在主客观统一基础上进一步所作的价值择一遴选。这样,客观主义、主观主义在位阶上要低于主客观相统一,是主客观相统一的下位概念。我国传统刑法理论虽然区分了主客观相统一与主观归罪、客观归罪及主观主义、客观主义之间的界限,但混淆了主客观相统一与主观归罪、客观归罪及主观主义、客观主义的位阶关系。

主客观相统一并非我国刑法所独有的思想,而是近代以来世界各国刑法一以贯之的内在精神。在大陆法系国家刑法理论中,长久以来就存在客观主义与主观主义的论争。其中,客观主义的立场大体为刑事古典学派所持有,而主观主义的立场基本为刑事实证学派所坚持。但客观主义不等于客观归罪,其并非忽略或无视主观面;同样,主观主义并非主观归罪,其也看重客观面。然而,在传统刑法理论下,将客观归罪、主观归罪与客观主义、主观主义相提并论,并主张客观主义、主观主义与主客观统一相对立的观点,并不鲜见。如"主客观相统一的原则是与奴隶制和封建制刑法中的主观归罪和客观归罪的刑事责任原则根本对立的,同时,也是对资产阶级刑法理论中的主观主义和客观主义两种片面的定罪学说的否定。主观归罪和主观主义把犯罪意思作为犯罪成立的基本条件……至于是否实施了危害社会的行为……不影响犯罪成立。而客观归罪和客观主义则把客观上发生的实际危害作为犯罪的基本条件……至于行为人对其所实施的行为及其造成的结果,在主观上是否有认识,则可以不问"[①]。这受到了诸多诟病。如有的论者指出,客观主义认为刑事责任的基础表现在外部的犯罪人的行为及其实害,但这绝不意味着仅有外部行为及其实害就可以成立犯罪,构成要件符合性、违法性、有责性的犯罪论体系便能说明这一点;主观主义认为刑事责任的基础是犯罪人的危险性格,但同时认为,只有当行为人的危险性格征表为外部的行为时,才能对其科处刑罚。[②] 更有论者指出,客观主义、主观主义与主客观统一的对立只是由于对主观主义、客观主义及主客观相统一的误解造成的一种虚假冲突,并提出了彼此之间的位阶关系[③],但令人遗憾的是,该论者未能在此基础上反思

---

① 赵秉志主编:《新刑法教程》,中国人民大学出版社,1997年版,第64-65页。
② 参见张明楷:《新刑法与客观主义》,载《法学研究》2007年第6期。
③ 齐文远、周详:《对刑法中"主客观相统一"原则的反思》,载《法学研究》2002年第3期。

我国的犯罪论体系,将主客观相统一向前推进。毕竟,批判只有联姻建构时,才能彰显出价值。实际上,主客观相统一与客观主义、主观主义并不冲突,它们是不同位阶上的问题,不应置于同一层面。正是在主客观相统一基础上作进一步的价值择一的遴选,张明楷先生提出犯罪论体系应当以价值或目的作为出发点,体现评价,并以违法与责任为支柱构建犯罪论体系,主张犯罪构成由客观(违法)构成要件与主观(责任)构成要件两阶层组成。①

需要强调的是,主客观相统一并非客观主义与主观主义的某种折中。尽管客观主义与主观主义在长期的交锋论战中,彼此都修正了一些观点缓和了立场,从而带上了折中主义的色彩,但主张主客观相统一是在某种程度上对客观主义与主观主义所作的折中的观点,实质上是混淆了主客观相统一与客观主义、主观主义之间位阶关系的表现。因为主客观相统一在位阶上高于客观主义、主观主义,是一个上位概念,虽然客观主义与主观主义属于同一位阶,且二者的择一价值遴选都坚持客观与主观的统一,但二者统一的内容只是一种交叉关系而非重合关系。客观主义的统一,不一定体现在犯罪构成要件中,而是体现在成立犯罪的三个条件中,主观主义的统一,既不是体现在构成要件中,也不是以客观行为为基础,而是以行为人的危险性格为基础。② 同时,由于客观主义与主观主义在理论根基上的根本对立,要实现二者的彻底调和,被认为几乎不可能,因此,我国传统刑法理论中的主客观相统一原则,不是对客观主义与主观主义的折中。

(二)向价值择一演进的趋势

不可否认,"借鉴"苏联刑法理论使主客观相统一原则在建国初期的刑法理论草创阶段得以确立,并作为刑事法治建设的积极因素发挥着作用。但1957年"反右"及1966年开始的"文革"导致法律虚无主义盛行,犯罪构成在意识形态的渗透下被贴上了"资产阶级"的标签而成为刑法学者不敢问津的理论禁区,这无疑虚化了主客观相统一的重要载体,难免造成"审判"实践中诸多的客观归罪与主观归罪。囿于当时的情势,"拨乱反正"后重新确立主客观相统一与四要件的犯罪构成,具有历史的必然性,且在纠正客观归罪、主观归罪的意义上值得褒扬。"将主观与客观的统一作为构建犯罪论体系的指导思想,旨在禁止主观归罪与客观归罪的现象。在此意义上说,将主观与客观

---

① 参见张明楷:《以违法与责任为支柱构建犯罪论体系》,载《现代法学》2009年第6期。
② 参见张明楷:《刑法的基本立场》,中国法制出版社,2002年版,第58-59页。

的统一作为定罪量刑的要求，具有重要的实践意义。"①

承前分析，主客观相统一不是对客观主义、主观主义的折中，而是与客观主义、主观主义处于不同的位阶，客观主义、主观主义是在主客观相统一基础上进一步所作的价值择一遴选。因此，主客观相统一是否应仅停留在对客观归罪、主观归罪的纠偏层面上，是否有必要在既有的基础上作进一步的价值择一遴选，值得省思。笔者以为，主客观相统一只是理想形态，并非现实形态，其必然在既有的基础上作进一步的价值择一遴选，向客观主义、主观主义演进。

刑法调整的是人的行为，实质是规范。在此意义上，定罪难免带上浓厚的主体认识论与价值论的色彩，这在逻辑上延伸为事实判断与价值判断的合一。因为，基于客观见之于主观的认识，判断必须由客观的外部行为向主观的心理状态推进，"犯罪是行为"的命题产生后，这一逻辑顺序得到强化，而定罪中的价值判断从来就未远离事实判断，即便犯罪阶层体系的创始人贝林对费尔巴哈的犯罪构成进行切割，以剔除主观要素和评价要素②，从而竭力撇清构成要件与法的价值判断的关系，使其成为与价值判断相分离的、纯粹的、记述的、价值中立的行为类型，结果也是徒劳的。行为构成要件说导致对构成要件只能进行形式的解释，必然造成在构成要件之外就违法性进行伦理的判断③，贝林的失败无非是事实判断与价值判断合一的一次有效反击，于是，将价值判断纳入犯罪构成就成为修正的方向。沿着这一方向，陆续出现的犯罪论体系，大抵都不再试图撇清与价值判断的关系④，而是要么融价值判断于事实判断之中，要么实现事实判断与价值判断的分层，最终事实判断与价值判断分层的犯罪阶层体系取得强势地位。与此相对，同样发端于费尔巴哈的Tatbestand，在俄国，由于受其后德国一些学者对 Tatbestand 作包括主观要件和客观要件的宽泛理解之影响及翻译的原因，被译为"犯罪构成"，并在学说中被广义地解释为一定数量的必要的客观要件与主观要件，这一特征为其

---

① 张明楷：《以违法与责任为支柱构建犯罪论体系》，载《现代法学》2009 年第 6 期。
② 参见何秉松、科米萨罗夫、科罗别耶夫主编：《中国与俄罗斯犯罪构成理论比较研究》，法律出版社，2008 年版，第 216 - 218 页。
③ 参见张明楷：《刑法学》（第三版），法律出版社，2007 年版，第 122 页。
④ 以存在论的价值一元论为根基的目的行为论，回避了主观与客观的关系，主张直观的把握行为，从而改造因果行为为目的行为，但目的论的犯罪论体系并未脱离古典与新古典体系的基本范式，始终往返于事实与价值之间，从而双重地借鉴古典与非古典的犯罪论体系。

后的俄国(以及苏联)犯罪构成理论所继承和发展①,意识形态的渗透,使其定格成以社会危害性为价值内容、以四要件结构为样态的犯罪构成理论,这也深刻地影响了我国的犯罪构成理论。这样,犯罪论领域内基本演绎出立体的犯罪论体系与平面的犯罪论体系两大格局。可见,主客观相统一是近代以来世界各国刑法一以贯之的内在精神,而并非意识形态渗透下犯罪构成理论之间彼此对抗的产物,更不是我国刑法所独创的思想。

在客观归罪时代,行为人的主观心理状态被忽略,或者受侦查手段低劣等条件的制约而难以把握,故责任归咎于客观上引起结果、违反规范的行为人,就成为利弊权衡下包含着相对合理性的选择。在主观归罪的情形下(实际上绝对的主观归罪,除出于险恶的政治目的外,几乎是不存在的),客观的外部行为被虚化、扭曲,主观的心理状态与责任之间直接建立了因果关系,即责任归咎于在客观上未引起任何结果而有主观恶性的人。因此,主客观相统一作为对客观归罪、主观归罪之主客观相分裂的否定,是认识趋于真理化的结果。但定罪中的主客观相统一不是现实的存在形态,主观主义和客观主义才是。这恰似凝结在商品中的无差别的人类劳动——价值,围绕价值上下波动的价格才是现实形态。因为,当主客观不统一或难以统一时,在客观、主观基础上,必然倾向于其中之一,即客观主义或主观主义,而它们作为主客观相统一上价值择一遴选,究竟以何者为当? 笔者以为,客观主义与主观主义不仅是一个规范论的问题,更是一个关涉价值论的问题,刑法在二者之间选取怎样的基本立场,受制于特定时期国家的主客观情势。当社会保护机能被突出或强调时,主观主义在二者的博弈中将会更多地占据优势;当人权保障机能被重视或扩张时,客观主义将更多地居于强势地位。

在我国,受苏俄刑法学理论的影响,部分学者对主客观相统一是存在误读的。费尔巴哈根据心理强制说,明确将罪刑法定确立为刑法的原则。该原则要求将任何行为作为犯罪并对之科以任何刑罚,必须根据法律的规定来确定。据此,费氏认为 Tatbestand 是"'包含在一定种类的违法行为的法的概念之中的所有特别行为或者事实的总体',外部行为或结果等客观要素当然属于构成要件,一定的目的或者特定犯罪之下的故意那样的主观性要素也属

---

① 参见何秉松、科米萨罗夫、科罗别耶夫主编:《中国与俄罗斯犯罪构成理论比较研究》,法律出版社,2008 年版,第 4～5、219 页。

于构成要件"①，并将 Tatbestand 这一概念法律化，当违法行为包括依法属于某罪概念的全部要件时就成立犯罪。于是，罪刑法定原则与 Tatbestand 理论紧密联系在了一起。尤其值得注意的是，"费尔巴哈只把犯罪行为的客观要件归入 Tatbestand 中，而把主观属性（罪过）排除在犯罪构成之外，将它们看做是犯罪人负刑事责任和具备可罚性的第二个（除 Tatbestand 之外）独立的条件"②。可见，在犯罪成立条件的意义上，费氏对主客观相统一的把握，具备了真理性，即犯罪成立条件是主观和客观诸要件的总和。但其后的许多德国学者开始更为广泛地解释 Tatbestand 的内容，将犯罪行为的所有必要的客观和主观要件都包括进来，如贝尔纳。③ 准确地说，Tatbestand 由广义转向狭义是从贝林开始的。④ 同时，主客观相统一在西方未就此止步，并在定罪中被颂扬，而是顺势转向客观主义的现实形态。

其实，在定罪中单纯地坚持主客观相统一，坚持犯罪成立条件总和意义上的犯罪构成，即使强调人权保障机能的一面，也因犯罪构成无法有效地贯彻限制国家刑罚权，从而使以人权保障为终极价值取向的罪刑法定原则被排斥或虚化。这既有原心论罪之"本其事"的虚化所导致的司法权恣意的前车之鉴，又有苏联刑法、我国 1979 年刑法未规定罪刑法定原则却在定罪中坚持主客观相统一的教训。因此，犯罪成立条件总和意义上的犯罪构成与罪刑法定原则的联系，只是形式上的和历史沿革意义上的，这样的犯罪构成难以贯彻罪刑法定原则的核心价值。如果说费尔巴哈在刑法中确立罪刑法定原则，并将该原则与 Tatbestand 结合起来，其功至伟，那么费氏的 Tatbestand 在贯彻罪刑法定原则的核心价值上，是不彻底的。正是在贯彻罪刑法定原则核心价值的意义上，贝林才努力将主观的要素与规范的要素排除在构成要件之外。因此，尽管实际功效可能不太令人满意，但贝林是真正在试图实现罪刑法定原则与犯罪构成的实质性结合，而阶层式犯罪构成则由此在大陆法系国家成为罪刑法定原则之人权保障机能的忠诚卫士，主客观相统一也真正获得

---

① ［日］西原春夫：《犯罪实行行为论》，戴波、江溯译，北京大学出版社，2006 年版，第 28 页。

② 何秉松、科米萨罗夫、科罗别耶夫主编：《中国与俄罗斯犯罪构成理论比较研究》，法律出版社，2008 年版，第 4 页。

③ 参见何秉松、科米萨罗夫、科罗别耶夫主编：《中国与俄罗斯犯罪构成理论比较研究》，法律出版社，2008 年版，第 4-5 页。

④ 参见林山田：《刑法特论》，台湾三民书局 1981 年版，第 10-11 页。

了客观主义的现实形态。① 阶层式犯罪构成其后的发展与完善,恰恰是在总结正反两面的经验与教训的基础上,在客观主义与主观主义的对抗中,进一步以限制国家刑罚权为手段,来贯彻罪刑法定原则所承载的人权保障价值的。

如前所述,在苏俄,导源于费尔巴哈的犯罪构成,受德国广义的 Tatbestand 解释的影响,翻译后的"犯罪构成"被诠释成犯罪成立的主观和客观诸要件的总和,因此,费氏的犯罪构成理论未能彻底贯彻罪刑法定原则之人权保障机能的弊端,大体被延续。而以特拉伊宁为首的一批学者,对费氏的 Tatbestand 产生了理解上的失误,即认为费氏只是将犯罪行为的客观要件归入构成要件之中,并得出罪过被排除在犯罪构成之外的结论②,这实质上混淆了费氏的作为犯罪成立条件之一的 Tatbestand 与作为犯罪成立诸要件总和的犯罪构成的界限。而在批判发端于贝林、以新康德主义为哲学根据、以形式主义构成要件理论为基石的犯罪论体系的同时,受意识形态的渗透,苏联学者继承和发展了塔甘采夫的犯罪论体系模式,犯罪成立诸要件总和的犯罪构成最终成为压倒多数的观点。这样,主客观相统一被奉为与资产阶级刑法理论相区别的圭臬,并止步于此,从而基本丧失了获得客观主义、主观主义现实形态的可能。与之相适应,罪刑法定原则长期被排除出刑法典,因为在主客观相统一框架下主观与客观诸要件总和意义上的犯罪构成,同罪刑法定原则的实质性联系不大。基于移植了苏俄刑法理论与实践的成果,主客观相统一和犯罪成立条件总和意义上的犯罪构成在我国得以确立和展开,而罪刑法定原则则命运多舛,故对主客观相统一的误解演变为痼疾。由于单纯的主客观相统一并非客观的现实形态,因此受我国传统国家本位的法律文化和苏俄刑法浓厚的社会保护机能的双重影响,定罪中的主客观相统一倾向于主观主义的立场,便是其现实形态的不自觉的征表。

在定罪中强调主客观相统一并止步于此,对人权保障的积极作用极为有限。因为此种情况下,犯罪成立条件总和意义上的犯罪构成之诸要件间的排

① 在大陆法系与英美法系国家的法律中,罪刑法定原则表现出的差异较大。前者是在宪法与刑事实体法中对罪刑法定原则作明确规定,以此为统帅再对具体罪和罚进行法定,从而实现罪刑法定;后者是在宪法中规定的"正当程序"基础上实现罪刑法定原则的实质性内容,主要依赖于诉讼保障和宪法原则实现罪刑法定原则。参见夏成福:《大陆法系、英美法系罪刑法定原则之比较》,载《现代法学》1994 年第 1 期。

② 参见[苏联]A. H. 特拉伊宁:《犯罪构成的一般学说》,薛秉忠等译,中国人民大学出版社,1958 年版,第 15 页。

列顺序,似乎并不重要,只要主观与客观二者齐备,即使主观先于客观的判断也并不违反该原则,故在质疑通说从客观到主观的判断顺序时,有论者提出了从主观到客观的判断顺序①,还有论者提出了二者混杂的判断顺序②。这难以防止首先判断主观要件的符合性,在突出国家刑罚权有效行使的背景下,侵犯人权的不当入罪风险大大增加。"在许多情况下,人们是先考虑主观要件后考虑客观要件的,甚至在主客观相统一的大旗下,行主观归罪之实。"③

因此,随着对罪刑法定原则所承载的人权保障价值的日趋还正和对苏俄刑法理论中部分不当认识的逐步纠偏,主客观相统一在既有的基础上作进一步的价值择一遴选,向现实形态的客观主义、主观主义推进,尤其向重视人权保障的客观主义立场倾斜,将是不可逆转的潮流。

二、刑法主观主义立场的强化

承前分析,我国传统刑法理论的定罪原则,是在主客观相统一的旗帜下,倾向于主观主义的立场,这至少体现在凸显着社会保护机能的罪刑法定原则与缺乏阶层性的犯罪构成两个方面。我国首部刑法中罪刑法定原则缺位的同时,类推制度法典化,大抵是主观主义刑法理论与社会保护机能在秩序价值上合一的征表,而渊源于苏俄的主客观相统一框架下四要件的犯罪构成,与承载人权保障机能的罪刑法定原则无实质性联系,由于缺乏阶层性,因此,在有罪必罚与出罪从严以确保国家刑罚权有效行使的格局下,定罪倾向于主观主义的立场。

(一)罪刑法定原则的双层表述

我国 1979 年刑法未规定罪刑法定原则,修订后的刑法第 3 条规定:"法律明文规定为犯罪行为的,依照法律定罪处罚;法律没有明文规定为犯罪行为的,不得定罪处罚。"其中,前半段被称为罪刑法定原则的积极侧面,后半段被称为消极侧面。较之西方罪刑法定原则传统的格言表述,即"法无明文规

---

① 如赵秉志教授主张犯罪主体要件、犯罪主观要件、犯罪客观要件、犯罪客体要件的判断顺序。参见赵秉志:《论犯罪构成要件的逻辑顺序》,载《政法论坛》2003 年第 6 期。

② 如刘远教授主张四要件的排列顺序为"犯罪客观方面—犯罪主体—犯罪主观方面—犯罪客体"。参见刘远:《犯罪构成模式的反思与重构》,载梁根林主编:《犯罪论体系》,北京大学出版社,2007 年版,第 221 页。再如马荣春教授主张"犯罪主体—犯罪客体—犯罪客观方面—犯罪主观方面"的判断顺序。参见马荣春:《论四要件犯罪论体系的可取性与可改进性》,载赵秉志主编:《刑法论丛》2009 年第 4 卷,第 32 页。

③ 张明楷:《刑法分则的解释原理》,中国人民大学出版社,2003 年版,第 173 页。

定不为罪,不处罚(Nullum crimen,nulla poena sine lege)"①,罪刑法定原则在我国得到确立的同时,带上了浓厚的"中国特色",即附加了积极侧面,而该侧面毁誉参半。

罪刑法定原则应否包含社会保护机能,理论上存在激烈的争辩,但彻底否定罪刑法定原则所蕴含的社会保障机能是不现实的。通常肯定罪刑法定原则对一般预防的作用,如"法定原则,无论对社会防卫,还是对个人自由,均是不可或缺的"②。一般赞成罪刑法定原则的社会保护机能。"社会保护机能是通过对犯罪的惩治来实现的,因而属于罪刑法定的积极机能或曰扩张机能……罪刑法定的保障机能和保护机能并非势不两立,而是可以在共同的基础上统一起来并协调发展。"③否定说中具有代表性的观点认为,无论是绝对的罪刑法定原则,还是相对的罪刑法定原则,其精神实质都在于保障人权,社会保护机能是刑法的机能而非罪刑法定原则的机能。④ 现代刑法基于"个人—社会"本位承担了社会保护与人权保障等机能,但不宜由此认为罪刑法定原则在当下仅具有人权保障机能,这在规定了包含积极侧面的罪刑法定原则之我国,尤其如此。否定说在逻辑上无法周延。认为刑罚、刑法规范、罪刑法定原则都是刑法的构成要素,社会保护机能主要通过刑罚及包含刑罚的刑法规范产生,人权保障机能则主要通过罪刑法定原则产生⑤,这混淆了概念、要素间的关系。尽管从一项准则的形式上看,它是一条规则还是一项原则,常常不是很清楚的,但原则具有规则所没有的深度——分量和重要性的深度,且二者的区别是逻辑上的。⑥ 刑法法条固然由刑罚、刑法规范、罪刑法定原则等组成,但刑罚在位阶上低于刑法规范、罪刑法定原则,刑罚在现代各国刑法中都是刑法规范与罪刑法定原则的选择性要素,而刑罚集一般预防、特殊预防于一身的双重目的,使通过刑罚及包含刑罚的刑法规范来主要承担社会保护机能的观点之合理性,值得商榷。即便否定一般预防是罪刑法定原则

---

① 参见[德]冈特·施特拉腾韦特、洛塔尔·库伦:《刑法总论Ⅰ——犯罪论》,杨萌译,法律出版社,2006年版,第42-45页。

② [法]卡斯特·斯特法尼等:《法国刑法总论精义》,罗结珍译,中国政法大学出版社,1998年版,第145页。

③ 陈兴良主编:《刑事法总论》,群众出版社,2000年版,第167页。

④ 参见周少华:《罪刑法定与刑法机能之关系》,载《法学研究》2005年第3期。

⑤ 参见周少华:《罪刑法定与刑法机能之关系》,载《法学研究》2005年第3期。

⑥ 参见[美]罗纳德·德沃金:《认真对待权利》,信春鹰、吴玉章译,中国大百科全书出版社,1998年版,第40-48页。

理论基础的 Schünemann 和罗克辛等人，也不反对刑罚及罪刑法定原则能产生一般预防的效果。[①] 笔者以为，刑罚、包含刑罚的刑法规范、罪刑法定原则之社会保护机能是一种交叉关系，但承担人权保障机能兼顾社会保护机能的罪刑法定原则，其侧重点更应倾向于人权保障机能。

为摆脱我国罪刑法定原则突出的社会保护机能所受的诟病，"中国特色"的罪刑法定原则之积极侧面的立法本旨被阐释为："只有法律将某一种行为明文规定为犯罪的，才能对这种行为定罪判刑，而且必须依照法律的规定定罪判刑。"[②]即其突出的是"依法"，是对司法机关的限制。部分学者也将其解读为：不宜将法律有明文规定的必须定罪处刑理解为罪刑法定原则的应有之义。[③] 张明楷教授更是主张，刑法第 3 条前段不是关于罪刑法定原则的规定，而是基于我国刑法分则条文的特点，为了限制司法机关的出罪权、控制司法上的非犯罪化所作的规定。[④] 但从罪刑法定原则在现行刑法中的确立过程上看，其不无疑问；[⑤]若将视域扩大至同时代的宪法规定，则上述阐释愈加缺乏说服力。

现代意义上的法治并非我国的优良传统，法律在现实"挑战—应对"模式下带有强烈的实用理性色彩，"文革"结束后刑法的价值得到了凸显，"那个时候亟须制定一部刑法，结束无法无天的日子"，"我们刚刚进行刑事立法的时候，更强调的是社会的保障……怕就怕遗漏犯罪"。[⑥] 对秩序价值极度渴求下颁行的 1979 年刑法，不可避免地烙上了时代的印迹。其实，罪刑法定原则缺位的同时类推制度法典化，与其说是苏联刑法模式影响与意识形态因素使然，毋宁说是主观主义刑法理论与社会保护机能在秩序价值上合一的征表。罪刑法定原则确立后，其积极侧面使得刑法的社会保护机能成为首要价值取向，而罪刑法定原则所独有的人权保障机能退居其后，仅为社会保护功能之

① 参见［德］克劳斯·罗克辛：《德国刑法学 总论》（第 1 卷），王世洲译，法律出版社，2005 年版，第 83 页。

② 胡康生、李福成主编：《中华人民共和国刑法释义》，法律出版社，1997 年版，第 5 页。

③ 参见陈兴良：《入罪与出罪：罪刑法定司法化的双重考察》，载《法学》2002 年第 12 期。

④ 参见张明楷：《司法上的犯罪化与非犯罪化》，载《法学家》2008 年第 4 期。

⑤ 关于罪刑法定原则在我国的提出及表述的出台，可参见张军、姜伟、郎胜、陈兴良：《刑法纵横谈（总则部分）》，北京大学出版社，2008 年版，第 1－20 页。

⑥ 张军、姜伟、郎胜、陈兴良：《刑法纵横谈（总则部分）》，北京大学出版社，2008 年版，第 6、7 页。

附随。① 即使 1997 年刑法中的罪刑法定原则只采取了消极侧面的表述,其人权保障机能在秩序价值下也难免受到某种程度的弱化,甚至虚化。作为法治国精华浓缩的罪刑法定原则,在带上了"中国特色"之后,其社会保护机能无论在形式上还是实质上都取得了超越人权保障机能的地位,故罪刑法定原则之积极侧面即使是出于"限制司法机关"的本意,秩序价值也会迫使其额外地承担起社会保护机能。

(二)犯罪构成阶层性的缺失

较之大陆法系犯罪阶层体系,我国传统的四要件的犯罪构成在逻辑上是缺乏阶层性的。"犯罪阶层理论提供的犯罪判断阶层构造,从分析和定位构成要件要素,可以提供一个精确判断犯罪成立与否以及处罚与否的步骤,借以确保刑罚制裁制度的合理和有效。"② 毋庸置疑,阶层性是大陆法系犯罪论体系的精髓所在。尽管大陆法系国家的犯罪阶层理论纷繁复杂,但深入分析后可知其实阶层体系只有一套,即古典阶层体系所提出来的构成要件符合性、违法性、有责性三个判断阶层。往后各种演进的理论,都是在该体系中对各个检讨要素作不同定位或充实检验标准的工作。其中,目的论体系造成的变动较大,而目的理性的体系只是在阶层中作判断要素的补充,并未造成阶层的变动。③ 德国的罗克辛也认为:"各种不同的体系性方案,就是在一个共同的基础上发展出来的。一般犯罪原理的所有创新,就仅仅是在一种持续进行的延续性框架中的一些发展阶段。"④

那么,何为"阶层"? 我国不少刑法学者对此的理解,似乎过于形式化。如陈兴良先生认为:"阶层,又称为位阶,是指一种不可变更的顺序关系。"⑤ 这不宜认为是准确地区分了对传统四要件的犯罪构成进行部分要素增删、顺序调整或名称置换之伪阶层与德日犯罪阶层体系之间的关系。阶层固然具有"不可变更的顺序关系"的特征,但包含"不可变更的顺序关系"的犯罪构成,也可能是伪阶层。阶层是指定罪中在基于主客观相统一而作进一步的价值择一选择基础上确立的必要关系的递进,即在客观主义或主观主义基础上确

---

① 参见刘艳红:《刑法的目的与犯罪论的实质化》,载《环球法律评论》2008 年第 1 期。

② 许玉秀:《当代刑法思潮》,中国民主法制出版社,2005 年版,第 59 页。

③ 参见许玉秀:《当代刑法思潮》,中国民主法制出版社,2005 年版,第 109 页。

④ [德]克劳斯·罗克辛:《德国犯罪原理的发展与现代趋势》,王世洲译,载梁根林主编:《犯罪论体系》,北京大学出版社,2007 年版,第 5 页。

⑤ 陈兴良:《犯罪构成论:从四要件到三阶层》,载《中外法学》2010 年第 1 期。

立的必要关系的递进。这里的"必要关系",是指前后相邻的两个要件之间存在"有之不必然,无之必不然"的逻辑递进关系。

客观主义与主观主义之争,在于刑罚的对象,是行为对法益的侵害,还是行为人的危险性。若主张刑事责任之基础在于客观的、外在的行为人的行为,则为客观主义。这样,定罪中必然坚持客观判断先于主观判断、事实判断先于价值判断的逻辑思维,贯彻罪刑法定原则的犯罪阶层体系得以展开。"犯罪论体系通过阶段性的深入,即由形式判断进入实质判断,由对客观性要素的判断进入对主观性要素的判断,从而力图确保裁判官的判断的正确、适当。"[①]若主张刑事责任之基础在于行为人反社会性格(反社会之危险性),则为主观主义。由于在主观主义那里,客观的、形之于外的行为是行为人内在性格的征表,而犯罪阶层体系并未被放弃,只是构成要件趋于抽象化,因此,客观判断先于主观判断、事实判断先于价值判断的逻辑思维并未受到动摇,犯罪阶层体系依然得到了坚持。因此,在客观主义和主观主义之下,定罪中从主观到客观的逻辑才显得荒谬而被否弃。

与之相对,在我国传统的四要件的犯罪构成中,主客观相统一被奉为圭臬并裹足不前,这样,缺乏了主客观相统一基础上进一步的价值择一选择,定罪中即使主张"犯罪客体—犯罪客观方面—犯罪主体—犯罪主观方面"由客观到主观的通说顺序,依旧难以实现罪刑法定原则的人权保障机能,这在罪刑法定原则之积极侧面所突出的社会保护机能助推下,愈加如此。

传统四要件的犯罪构成诸要件之间,虽然一再被阐释为"有机统一"的关系,但仔细研究后不难发现,犯罪客观方面、犯罪主体、犯罪主观方面三者之间既缺乏"必要关系"的递进,又不具有严格的顺序,即使所谓的顺序,也不过是某些学者依据自身的认识附庸出一段理论的产物,主观臆断性极强,且三者都从不同侧面反映犯罪客体受到的侵害、威胁及其程度,揭示出犯罪的本质——严重的社会危害性,并具备刑事违法性。问题是,在主客观相统一框架下,缺乏阶层性的犯罪构成与社会危害性理论之间的关系,难以融洽。因为,在传统的四要件的犯罪构成中,严重的社会危害性是由主客观相统一揭示出来的,即客观与主观中的任何一方均无法完全揭示严重的社会危害性,那么,客观与主观的真实含义到底是什么,各自在这一过程中承担了怎样的

① 〔日〕西田典之:《日本刑法总论》,刘明祥、王昭武译,中国人民大学出版社,2007年版,第45页。

分量,并不明确,也无法明确。因此,四要件的犯罪构成中犯罪客体与其他要件之间的关系除存在位阶上的差异外,四要件之间实质上是无序的。

其实,即使审判实践中完全采纳了通说的逻辑顺序,也存在价值判断过于前置的问题。因为在传统的四要件的犯罪构成中,犯罪客体与犯罪构成的其他要件并非处于同一位阶。张明楷先生就曾指出,犯罪客体属于犯罪概念的内容,是被反映、被说明的现象,而犯罪客观要件、主体要件与主观要件,都从不同角度说明行为侵犯的是何种法益及侵犯程度。① 当犯罪客体被置于首要位置时,由于犯罪客体是我国刑法保护的而为犯罪行为所侵害或威胁的社会关系,因此,确认犯罪客体就是确认一定的社会关系是否为刑法所保护和该社会关系是否受到犯罪行为的侵害,即确认行为的社会危害性。这本身就是实质性的价值评价,且该评价一旦完成,行为就被定性,行为人难以为自己进行辩护,这过分强调了国家权力,难免有侵犯人权之虞。② 这使得传统的四要件的犯罪构成与罪刑法定原则的形式联系关系,更加松弛。

因此,犯罪构成在客观主义或主观主义基础上确立必要关系的递进,即实现犯罪构成的阶层化,才能有效贯彻罪刑法定原则,还正该原则所承载的人权保障机能,排除在主观与客观二者齐备下,主观先于客观而引发的侵犯人权的异态出现。毕竟,无论是客观主义还是主观主义,都必须坚持客观判断先于主观判断、事实判断先于价值判断的逻辑顺序,这在主观的要素与规范的要素被发现后,依然成立。

需要强调的是,在主客观相统一框架下对传统的四要件的犯罪构成进行的某种改造,即便强调与罪刑法定原则的联系,如前所述,这也是形式上的联系,由此产生的顺序或阶层,都是伪阶层。在主客观相统一框架下对我国传统的四要件的犯罪构成的改造,大体有三种类型:其一,对部分要件作增删。如有学者主张删除犯罪客体要件,将剩下的要件依犯罪主体要件、犯罪主观要件、犯罪客观要件的顺序排列③;有学者主张删除犯罪客体与犯罪主体要件,犯罪构成由作为主观要件的主观罪过和作为客观要件的客观行为构成,前者是定罪的内在依据,后者是定罪的外在依据④;有学者主张增加犯罪排除

---

① 参见张明楷:《刑法学》(第二版),法律出版社,2003年版,第134页。

② 参见周光权:《犯罪构成理论与价值评价的关系》,载《环球法律评论》2003年秋季号。

③ 参见肖中华:《犯罪构成及其关系论》,中国人民大学出版社,2003年版,第148页。

④ 参见杨兴培:《犯罪构成原论》,中国检察出版社,2004年版,第135页。

要件,犯罪构成由犯罪客观要件、犯罪主观要件、犯罪排除要件组成①。其二,对诸要件的顺序作调整。如有的学者主张犯罪主体、犯罪主观方面、犯罪客观方面、犯罪客体的排列顺序②;有的学者主张"犯罪主体—犯罪客体—犯罪客观方面—犯罪主观方面"的排列顺序③;其三,对部分要件的名称作置换。如有的学者主张犯罪构成由罪状、不法性、罪责性组成④;有的学者主张犯罪构成由事实要件、违法性评价、有责性评价组成⑤;还有学者主张犯罪构成由典型事实、违法判断、归责理由组成⑥。

承前分析,阶层是一种顺序,阶层与顺序之间存在种属关系,但阶层不仅仅是顺序关系,犯罪构成的阶层化与犯罪构成诸要件之间的排序有着本质的不同。较之阶层,顺序至少缺乏两大特征:一是,缺乏主客观相统一基础上的价值择一选择;二是,没有必要关系的递进。可见,混淆了阶层与顺序之间的差异,是在主客观相统一框架下对传统的四要件的犯罪构成进行"阶层"化改造的症结所在,其中以置换名称的伪阶层犯罪构成最具迷惑性。部分置换名称后的伪阶层犯罪构成之诸要件之间,具备了"必要关系"的递进(后者是对前者的限制),似乎已转化为犯罪阶层体系,其实不然。因为,在未还正"中国特色"的罪刑法定原则之人权保障机能(具体的途径可以是对相关条文的删除、省却,也可以是补正解释),从而建立起犯罪构成与罪刑法定原则之间的实质性联系,同时未在主客观相统一基础上作进一步价值择一的遴选,努力改造后的所谓犯罪"阶层"体系,都是无本之木,必然在主客观相统一的框架下,受社会保护机能的扭曲,而异化为保证国家刑罚权有效行使的基石。且由于定罪常常表现为推理的倒置,即往往先得出有罪或无罪结论,再寻找适用的刑法规范,并且使案件事实与刑法规范相对应,尽管这不是对罪刑法定原则的悖逆⑦,但这容易亲近行为人本位的从主观到客观的定罪逻辑认定,在社会保护机能压缩人权保障机能的我国罪刑法定原则下,难以避免地彰显

---

① 参见周光权:《犯罪论体系的改造》,中国法制出版社,2009年版,第281页。
② 参见赵秉志:《论犯罪构成要件的逻辑顺序》,载《政法论坛》2003年第6期。
③ 参见马荣春:《论四要件犯罪论体系的可取性与可改进性》,载《刑法论丛》2009年第4卷,第32页。
④ 参见李立众:《犯罪成立理论——一个域外方向的尝试》,法律出版社,2006年版,第189页。
⑤ 参见劳东燕:《刑法基础的理论展开》,北京大学出版社,2008年版,第214-216页。
⑥ 参见许道敏:《犯罪构成理论重构》,载《中国法学》2001年,第5期。
⑦ 参见张明楷:《罪刑法定与刑法解释》,北京大学出版社,2009年版,前言第3页。

出伪阶层犯罪构成的潜在弊害。

此外，缺乏阶层性的犯罪构成与正当化事由之间的关系，模糊不清。正当化事由是置于犯罪构成之内还是之外，在苏联时期的刑法学理论中就存在分歧。前者如 T. B. 采列捷里等人认为，虽然形式上符合刑法典所载的犯罪构成的各种特征，但由于特殊情况的存在而不再是危害社会的行为，那么符合犯罪构成的诸事实特征的总和，就成为一种不能作为刑事责任基础的空洞的形式①；后者如 B. H. 古梁斯基认为，正当防卫行为形式上具备犯罪的要素，但由于缺乏社会危害性特征，因此不符合犯罪构成②，但"在犯罪构成学说的范围内，没有必要而且也不可能对正当防卫和紧急避险这两个问题作详细的研究"③，最终成为苏联时期的有力学说。

这对我国刑法理论颇具影响，从犯罪论体系中"排除性犯罪行为"独立于犯罪构成理论即可见其端倪。尽管"事实上，司法机关在对犯罪构成的某一要件符合性进行判断时，总是会同时考虑排除犯罪的事由；而非待所有构成要件符合性判断结束后，再考虑排除犯罪的事由"④，但认为犯罪性阻却之行为在形式上具备了犯罪构成要件，可称为形式上构成了犯罪或外表是犯罪，其在形式上是违法的行为，但在实质上并不违法，而是有益于社会的，受法律保护或容忍的行为。⑤ 这对理论和实务有相当的影响。尽管部分学者竭力主张犯罪构成是犯罪成立的唯一标准，即既否认犯罪概念等是认定犯罪的具体标准，又否认正当防卫等正当化事由是宣告无罪的具体标准，但在犯罪论体系中，正当化事由同样被置于犯罪构成之外加以阐释的。⑥ 这种尴尬直到客观（违法）构成要件与主观（责任）构成要件两阶层之犯罪构成的提出，才得到了圆满解决。

与苏联和我国的有所不同，在德日犯罪论体系中，正当化事由是置于犯罪阶层中作为违法阻却事由或责任阻却事由而加以阐述的。"任何人侵害法

---

① 参见［苏联］T. B. 采列捷里、B. T. 马卡什维里：《犯罪构成是刑事责任的基础》，载《苏维埃刑法论文选译》（第一辑），中国人民大学出版社，1955 年版，第 68 页。

② 参见［苏联］B. H. 古梁斯基：《苏维埃刑法理论中关于犯罪构成学说的几个问题》，载《苏维埃刑法论文选译》（第一辑），中国人民大学出版社，1955 年版，第 43 - 44 页。

③ ［苏联］A. H. 特拉伊宁：《犯罪构成的一般学说》，薛秉忠等译，中国人民大学出版社，1958 年版，第 272 页。

④ 张明楷：《刑法学》（第三版），法律出版社，2007 年版，第 99 页。

⑤ 参见杨春洗主编：《刑法基础论》，北京大学出版社，1998 年版，第 243 - 244 页。

⑥ 参见张明楷：《刑法学》（第二版），法律出版社，2003 年版，第 258 - 271 页。

益系出于正当防卫（self-defense）或是出于心神丧失（insanity），这是完全不同评价层次的问题；共犯责任的不同法律效果也是取决于此种不同层次。"[1]

欲消除这种与正当化事由之间模糊不清的弊病，犯罪构成的阶层化不失为一剂良方，尤其是在客观主义或主观主义框架下对不法与罪责作出区分，数量庞大且来自不同法律领域的正当化事由，便会相应地被区分为违法阻却事由与责任阻却事由，而被纳入犯罪阶层体系中。同时，违法阻却事由与责任阻却事由的区分意义重大，因为二者的性质完全不同。例如，与之密切相关的是，对属于违法阻却事由的行为不能进行正当防卫，但对属于责任阻却事由的行为则可以进行正当防卫。受此影响，即使在英美法系的美国，其模范刑法典也将"抗辩"分为"正当化"与"免责"的，实质上采纳了德国的三阶层的体系理论。[2]

第三节　中国当前定罪立场的司法影响

一、刑法主观主义立场的现实体现

作为后发的挑战——应对型的民族国家，中国是在外界压力下由政府主导被迫走上现代化征程的。在这一征程中，法律始终扮演着"'建国'方略而不是'治国'技术"[3]的角色。所以，才有了清末修律→中华民国法律体系→中华人民共和国的社会主义法律体系这样的历史轨迹。但是立法者"可以把其需求按其意志付诸每一项法律内容，但法律上的效力只能在毫不脱离民众生活实际的情况下才能实现，否则民众生活就会拒绝服从它"[4]。所以为了使引进的法律能实际发挥效用，我们就会自然而然地亲近与我国传统相似的法律。故承前所述，因我国传统刑法文化与以社会本位为基调的主观主义之貌和，所以我国在清末、民国和新中国三时期所引进的法律都倾向主观主义，而我国传统刑法文化在与主观主义相磨合后作为主观主义的变体而继续在当

---

①　许玉秀、陈志辉合编：《不移不惑献身法与正义——许廼曼教授刑事法论文选辑》，台北新学林出版股份有限公司2006年版，第429页。
②　参见［日］松宫孝明：《犯罪论体系再考》，张小宁译，载《中外法学》2008年第4期。
③　劳东燕：《罪刑法定本土化的法治叙事》，北京大学出版社，2010年版，第180页。
④　［德］拉德布鲁赫：《法学导论》，米健、朱林译，中国大百科全书出版社，1997年版，第2页。

今呈现其威力。所以,在现今,被学界所称之为主观主义的东西其实是传统刑法文化与主观主义的合体,其中你中有我,我中有你,共同抗争客观主义在我国的确立。

(一)主观罪过的过于依赖

儒家化的法律传统,其要义就是探究并规制人的内心,被称为"'伦理的刑法'"……在这种刑法中,道德规范与法律规范浑然一体,道义责任与形式责任合二为一。① 所以"必然是重视行为人的内心因素、轻视客观内容"②。而主观主义的刑事责任基础是人身危险性即危险人格,其人格存在于行为人本身,与表现于外的行为相对比,可称之为"主观的",而且为了社会防卫,又特别重视主观的一面。③ 所以,两者交融其主观的因素就在刑法领域占据了重要的地位。所以,我国的刑法理论与司法实践虽然通常肯定客观因素的重要性,但事实上重视的却是主观内容。④

1. 不能犯一律处罚

所谓不能犯,就是不能发生结果或结果危险的未遂犯。如采客观主义,"行为既然无法实现结果,且其危险性与可能性皆不存在,盖刑法根本不须对根本无由发生法益侵害危险行为加以规范……即使此种行为在主观的意思上,仍旧具有法敌对的意思,但因其客观不适格,故仍非属刑法上所欲评价的对象,应排除在未遂规范外,是以不能未遂根本不是刑法的论理概念,仅是一种事实状态、一种思维"⑤。所以,日本刑法和中国台湾地区"刑法",对不能犯都是不罚的。德国立法上虽然采取主观客观混合的"印象理论",将不能未遂的处罚视为原则,但学界颇有人主张无须处罚不能犯,例如,罗克辛(Roxin)认为:"不能犯的行为,任何具有理知的人根本不会认真对待,这行为不会惊扰人心,所以没有充分的处罚的理由"⑥。但是我国通说却认为,只要行为人主观上所计划的行为是可能构成犯罪的行为,不管客观上所实施的行为能否侵犯法益,都认为是犯罪。像我们耳熟能详的案例:误将白糖当作砒霜给他人食用,成立杀人未遂;误将稻草人当真人而开枪的,也成立杀人未遂。犯罪

---

① 陈晓枫:《中国法律文化研究》,河南人民出版社,1993年版,第303页。
② 张明楷:《刑法的基本立场》,中国法制出版社,2002年版,第62页。
③ 参见韩忠谟:《刑法原理》,中国人民政法大学出版社,2002年版,第30页。
④ 张明楷:《刑法的基本立场》,中国法制出版社,2002年版,第88页。
⑤ 陈子平:《刑法总论》,中国人民大学出版社,2009年版,第273页。
⑥ 林东茂:《刑法综览(修订五版)》,中国人民大学出版社,2009年版,第153页。

的本质是法益侵害,而不能犯却没有侵害法益也没有侵害法益的危险,而却以犯罪相勾连,那考量的就是行为人有表露于外的对法律的敌对心态了,这无疑就是主观主义的呈现。虽张明楷教授极力主张对不能犯采客观说,但是司法实践对此仍是置若罔闻。例如在司法实践中有这样一个案子:

被告人张某筠、张某峰在胡某的唆使下,将内装尸体的两个纸箱误以为装有毒品并按照胡某的旨意,从浙江某地乘出租车驶抵江苏某地,并将两个纸箱寄存于火车站小件寄存处。后因尸体腐烂案发,经审理查明,胡某故意杀人后为毁灭证据,谎称尸体为毒品而唆使张某筠、张某峰将尸体运送至外地。法院以运输毒品罪判处张某筠有期徒刑 2 年,并处罚金人民币 2 000 元;以运输毒品罪对张某峰判处有期徒刑 1 年 6 个月,并处罚金人民币 1 000 元。①

根据国务院关于《麻醉药品管理办法》和《精神药品管理办法》等有关规定,麻醉药品和精神药品的生产、供应和运输,非经国家指定的单位或部门按照规定的程序上报审批后进行外,其他任何单位和个人均不得经营。而其中有的毒品,如海洛因、大麻等,国家本身就不生产、不供应、不运输,因而自然也就不存在合法经营的问题。所以运输毒品罪,正是违反毒品管理法规,破坏国家的毒品管制,那么运输毒品罪所侵害的法益就是国家的毒品管制。而在本案中,其客观方面是尸体从浙江某地被运到江苏某地,实质上只是尸体的空间位移,而根本就没有毒品存在,何谈侵害国家的毒品管制。那么法院判处张某筠、张某峰二人构成运输毒品罪,就只是根据二人有运输毒品的主观故意。只有运输毒品罪的主观故意,而没有与之相对应的客观行为,就认定二人过程运输毒品罪,这就是不能犯所呈现的主观主义在司法实践中的生动体现。

2. 不考虑行为与罪过的合致,只根据主观恶定罪②

刑法经过了主观归罪、客观归罪后,近现代要求主客观相合致,就是主观必须与客观行为相伴随且对客观行为有认识,并意欲实现。可在司法实践中,由于"伦理刑法"和主观主义的影响,往往不认真考虑实行行为是否存在,而只是把行为人罪过和行为人的身体动作进行对应,过于重视行为人的主观要素。例如如下案例:

---

① 赵秉志主编:《刑法教学案例》,法律出版社,2001 年版,第 99 页。

② 参见陈兴良、周光权:《刑法学的现代展开》,中国人民大学出版社,2006 年版,第 55 页。

被告人×拿着一包东西到某银行储蓄所,并把东西放在柜台上,递给储蓄员一张储蓄凭条,上写:"打劫,我手里是 1.5 公斤矿场高爆炸药,给我 10 万元现金。"在银行职员打电话报警时,×逃离现场。×于当天下午就到派出所自首,交代自己因生活无着,想进监狱,便用外衣把报纸包起来,做出炸药包的形状带到银行。法院以抢劫罪判处他有期徒刑 5 年 6 个月。

抢劫罪的主观方面除故意外,还有一主观超过要素——以非法占有为目的,两者同时具备,才认为主观构成要件齐全,否则则是罪过要素欠缺,不能定罪。在本案中,×并没有非法占有财物的目的,只是想进监狱维持生存,那么在抢劫罪的犯罪主观方面要素并不齐备的情况下实施的胁迫行为,客观上不可能和抢劫罪中为强行劫取财物而实施的胁迫相当,所以被告人并不符合抢劫罪的主客观要件。而法院仅仅根据行为人自己宣称"打劫,我手里是 1.5 公斤矿场高爆炸药,给我 10 万元现金",就认定其有抢劫罪的主观故意,对其定抢劫罪,这完全是站在刑法主观主义的立场看待问题。[①]

3. 不考虑是否有危害行为,只根据主观罪过定罪

虽然在不同的犯罪论体系中,行为的所处的位置不同,但是其含义就基本相同。例如:刑法上的危害行为,是指由行为人的心理活动所支配的危害社会的身体动静[②];刑法上的危害行为,是指基于人的意识实施的客观上侵犯法益的身体活动[③];刑法中的行为是指主体基于其主观上的自愿性而实施的具有法医侵害性的身体举止[④];刑法上有意义的行为指受意思支配而对相当程度法益构成侵害的人类举止[⑤]。根据这些学者的观点,行为有三个共同的要素:① 心素;② 体素;③ 一定程度的法益侵害性或社会危害性。所以,如果一行为不具备这三个要素,那么就不是刑法意义上的行为,就不具有可罚性。但司法实践中却存在不具有危害行为却被认定为犯罪的例子。

2001 年 4 月 29 日,为贩卖毒品牟利,被告人苏某找到特情许某,要求联系购买冰毒。许某向公安机关汇报后,经公安机关研究,决定由公安人员以"卖主"身份与苏某接触。随后,许某带上公安机关提供的少量冰毒作为样品

---

① 参见陈兴良、周光权:《刑法学的现代展开》,中国人民大学出版社,2006 年版,第 56 页
② 马克昌主编:《犯罪通论》,武汉大学出版社,1999 年第 3 版,第 156 页。
③ 张明楷:《刑法学》,法律出版社,2003 年第 2 版,第 149 页。
④ 陈兴良主编:《刑法总论精释》,人民法院出版社,2010 年版,第 157 页。
⑤ 郑逸哲:《刑法进阶(第二本刑法教科书)》,瑞兴图书股份有限公司,2006 年增修 3 版,第 34 页。

交给苏某验货。苏某看过样品后,决定以每公斤人民币2.35万元的价格购买35公斤,一次性支付"货"款,并约定于同年5月11日进行交易。5月11日,许某携带人民币81.84万元到晋江市帝豪酒店702室与"卖主"交易。公安机关将苏某当场抓获。一审认定被告人苏某犯贩卖毒品罪,判处无期徒刑,剥夺政治权利终身,并处没收个人全部财产;苏某不服,以其行为不构成贩卖毒品罪以及原判量刑过重等为由,分别提出上诉。二审法院经审理依法终审裁定:驳回上诉,维持原判。①

贩卖毒品罪侵害的法益和上例运输毒品一样,都是国家的毒品管制。可在这种"警察圈套"的案例中,毒品只是在"特情许某—被告人苏某—公安人员"之间流转,不可能流向社会,贩卖毒品行为的法益侵害或危险都不可能发生。"如果一切都在警察的掌控之下,毒品不至于流入市场,则法益并未被破坏。"②那么根据前述行为的要素要求,此案中不存在贩卖毒品的危害行为,所以根本就没有犯罪发生。而法院一审二审都判决苏某构成贩卖毒品罪,那其根据就是苏某贩卖毒品的故意了。不顾有无行为,而只根据主观故意定罪,又是主观主义的典型体现。

（二）人身危险性的过于关注

人身危险性是主观主义的专属概念,在内容上包含初犯可能性和再犯可能性。③而移植到我国以后,由于受"伦理刑法"的影响,出现了与主观恶性相混淆的局面。"主观恶性"本是伦理上的概念,是对人的道德评价,后在刑法领域也开辟了自己的市场,指的是实施犯罪时的心理事实在法律上的应受谴责性。但这只是学界对它的界定④,而在司法层面上大都仍在伦理意义上对其适用,根据其道德评判来对其定罪量刑。这样就导致了"人身危险性"作为"主观恶性"的变体也在伦理意义上进行使用。所以本书的"人身危险性"既包含西方意义的初犯和再犯可能,也包含"中国化"的伦理意义上的纯道德评价。

---

① 参见《苏某某、黄某某贩卖毒品案》,法律门网 http://www.falvm.com.cn/falvm/app/db/f_caseshow.jsp? TID=case200904091726350281383 24,2011年3月19日访问。

② 转引自林东茂:《刑法综览（修订五版）》,中国人民大学出版社,2009年版,第177页。

③ 张文、刘艳红等:《人格刑法导论》,法律出版社,2005年版,第41页。

④ 参见宋伟卫:《包含抑或并立——人身危险性与主观恶性之辨析》,《宁波大学学报》2007年第5期;马荣春:《人身危险性之界定及其与主观恶性、社会危害性的关系》,《华南师范大学学报》,2010年第5期;胡东平:《论定罪中的人格因素》,《人民检察》2007第23期。

1. 实定法层面上的人身危险性的关注

多次犯：例如我国刑法第 201 条规定："因偷税被税务机关给予二次行政处罚又偷税的，处三年以下有期徒刑……"；第 301 条规定："聚众进行淫乱活动，对多次参加的，处五年以下有期徒刑……"；还如，关于第 185 条的 2001 年的司法解释："虽未达到上述数额标准，但因虚报注册资本，受过行政处罚 2 次以上的，又虚报注册资本的。"最高人民法院 1998 年 3 月发布的《关于审理盗窃案件具体应用法律若干问题的解释》第 4 条也规定，对于一年内入户盗窃或者在公共场所扒窃三次以上的，应当认定为"多次盗窃"，以盗窃罪定罪处罚。而在 2011 年 2 月 25 日颁布的《中华人民共和国刑法修正案（八）》中，又规定了几处多次犯。例如：第 153 条第一款（一）修改为："一年内曾因走私被给予二次行政处罚后又走私的，处三年以下有期徒刑……"；第 274 条修改为："……或者多次敲诈勒索的，处三年以下有期徒刑……"；第 293 条修改为："……纠集他人多次实施前款行为，严重破坏社会秩序的，处五年以上十年以下有期徒刑……"；第 294 条修改为："……（三）以暴力、威胁或者其他手段，有组织地多次进行违法犯罪活动……"

2. 不作为犯罪处理的情况①

例如我国刑法第 449 条有关"特殊缓刑"的规定："在战时，对被判处三年以下有期徒刑没有现实危险宣告缓刑的犯罪军人，允许其戴罪立功，确有立功表现时，可以撤销原判刑罚，不以犯罪论处。"1984 年 4 月 26 日，最高人民法院、最高人民检察院、公安部《关于当前办理强奸案件中具体应用法律的若干问题的解答》规定："第一次性行为违背妇女的意志，但事后并未告发，后来女方又多次自愿与该男子发生性行为的，一般不宜以强奸罪论处"；1999 年 10 月 30 日最高人民法院、最高人民检察院《关于办理组织和利用邪教组织犯罪案件具体应用法律若干问题的解释》，以及 1999 年 11 月 5 日最高人民法院《关于贯彻全国人大常委会〈关于取缔邪教组织、防范和惩治邪教活动的决定〉和"两院"司法解释的通知规定》规定："对于受蒙蔽、胁迫参加邪教组织并已退出和不再参加邪教组织活动的人员，不作为犯罪处理"。2001 年 9 月 17 日，《最高人民法院对执行〈关于审理非法制造、买卖、运输枪支、弹药、爆炸物等刑事案件具体应用法律若干问题的解释〉有关问题的通知》中指出："对于

①　参见陈荣飞、肖敏：《关于犯罪人人格态度对定罪量刑的影响问题》，《理论探索》2009 年第 3 期。

《解释》施行前,行为人因生产、生活所需非法制造、买卖、运输枪支、弹药、爆炸物没有造成严重社会危害,经教育确有悔改表现的,可以依照刑法第 13 条的规定,不作为犯罪处理。"

上述的多次犯或不作为犯罪处理的情况,其考量的要素就是人身危险性或主观恶性,像多次犯,每次的行为都不构成犯罪,但是却多次实施,表现了行为人的犯罪倾向性、惯性,那么就可以预测在相应客观环境再次出现时,行为人还会实施类似的犯罪,基于犯罪预防的目的就有必要对其进行处罚。而不作为犯罪处理的情况,都是考量的主观恶性,其对法秩序的敌对态度不强或事后已经消失,基于犯罪预防的目的,就没有处罚的必要了。

3. 司法层面上的人身危险性的关注

经过法学家的多年努力,虽然在法学理论上刑法关注的是行为已成为共识,而司法工作者虽接受过法学家的教诲,但是当远离象牙塔回归现实时,由于历史的惯性以及文化的传承性,刑法——小人的思维模式又时时浮现,而至于那些没有受过任何西方法学理论熏陶的普遍民众而言,刑法——小人的思维模式一刻都不曾改变过。而且在这个层面,民意是定罪量刑必须被考量要素,因为一旦违背民意,民众被激怒,会汇成可怕的力量,摧毁一切现存的东西。那么,当秉持刑法——小人这样思维模式的民意成为司法的要素时,人身危险性就会在伦理意义上作为主观恶性被使用,而道德评价就必然被关注。下以两组案例说明之。

案例一:2002 年 9 月 4 日,年近六旬的平乐县八仙村村民莫贵知一怒之下,将作恶十多年的亲生儿子打死。全村 400 多名村民为此集体上书,替"为民除害"的莫贵知求情。2003 年 1 月 12 日,平乐县法院以莫贵知犯故意杀人罪,一审判决有期徒刑 8 年。莫贵知不服一审判决,向桂林市中级人民法院提起上诉。桂林市中级人民法院审理后认定:莫政章屡有劣迹,对引发案件有重大过错责任,莫贵知的杀人行为属情节较轻。于 4 月 3 日作出终审判决:撤销平乐县法院一审判决,判处莫贵知有期徒刑 5 年。[①]

案例二:张付策、张付生、张付峰与张付勇系同胞兄弟。张付勇经常毁人财物、骗人钱财、民愤极大。其胞兄张付策、张付生、张付峰三人多次对其进行劝说,张付勇却屡教不改。2004 年 3 月 27 日,张付策、张付生、张付峰三

---

① 参见《儿做恶爹除害 村民上书从轻发落 六旬汉坐牢 5 年》,新浪网 http://news. sina. com. cn/s/2003 - 04 - 11/1308991329. html,2011 年 3 月 19 日访问。

人用绳子将张付勇勒死。三人被捕后,同村近五百名村民联名上书,称张付策三兄弟大义灭亲,一致请求对三人无罪释放。濮阳县人民法院经审理认为,被告人张付策、张付生、张付峰故意非法剥夺他人生命,其行为已构成故意杀人罪,但出于义愤杀人,应从轻处理。2004 年 10 月 10 日,河南省濮阳县人民法院审结一起故意杀人案件,被告人张付策被判处有期徒刑四年,被告人张付生、张付峰被判处有期徒刑三年缓刑四年。①

案例三:张金柱原为郑州市某公安分局副局长。1997 年 8 月 24 日,张金柱因酒后驾车肇事,肇事后又因拖带被害人继续行驶致一人死亡,一人重伤。此事经媒体报道后在社会上引起强烈反响。1998 年 1 月 12 日,郑州市中级人民法院以交通肇事罪和故意伤害罪,一审判处张金柱死刑。张金柱不服判决,提起上诉。后河南省高级人民法院驳回其上诉,维持原判,并最终对其执行死刑。

案例四:辽宁沈阳"黑老大"刘涌因涉嫌组织、领导黑社会性质组织罪、故意伤害罪等罪名,一审被沈阳市中级人民法院判处死刑。2003 年 8 月 11 日,辽宁省高级人民法院以"不能从根本上排除公安机关在侦查过程中存在刑讯逼供"为由做出二审判决,判处刘涌死刑,缓期两年执行。消息一经媒体披露,在社会上引起公众强烈反应。公众几乎呈一边倒地认为,二审判决存在不公,甚至许多公众认为该判决结果系司法腐败所致。面对民众的强烈质疑,最高人民法院于同年 10 月 8 日依照审判监督程序提审该案。2003 年 12 月 18 日最高人民法院开庭提审该案,经审理,最高人民法院撤销了二审判决,最终判处刘涌死刑,并于宣判当日对刘涌执行了死刑。

这四个真实的案例中,案例一二都是"大义灭亲"型故意杀人,其判决的刑期都在 5 年以下,其判决理由:案例一认为"莫政章屡有劣迹,对引发案件有重大过错责任,莫贵知的杀人行为属情节较轻";案例二认为"出于义愤杀人,应从轻处理"。也就是案例一是基于"被害人过错"而轻判的,但是成立"被害人过错"要求被害人的行为与犯罪行为有直接的因果关系,但在本案中就只有间接因果关系②,如按此逻辑,那么希特勒的母亲对希特勒的行为也应承担重大过错责任,岂不荒谬。而案例二是基于"义愤"而轻判,但"义愤"是

---

① 参见《大义灭亲兄杀弟 依法判决从轻处》,中国法院网 http://www. chinacourt. org/public/detail. php? id=134684,2011 年 3 月 19 日访问。

② 详情参见《儿做恶爹除害 村民上书从轻发落 六旬汉坐牢 5 年》,新浪网 http://news. sina. com. cn/s/2003-04-11/1308991329. html,2011 年 3 月 19 日访问。

指"一种特殊的情境与际遇,任何人处此,皆不免血脉贲张,情绪失控,典型例子是捉奸在床"①。而在案例二中,三兄弟是基于张付勇屡教不改、民愤极大,为了为民除害而合谋把他杀死,何来"义愤"呢?这两个案子与春秋时石厚杀死自己的儿子石错同出一辙。② 这近三千年的时光流逝,竟然不能阻隔今人与古人的心灵相通,可见"伦理刑法"的巨大历史惯性。③ 而案例三张金柱交通肇事致人死亡,罪不至死,但却因"在社会上引起强烈反响"而最终判处死刑。案例四刘涌作为"黑社会"老大,作恶多端,不杀不足以平民愤,但是犯罪事实属于法律事实,要求证据呈现,如果证据因非法而不被采用,那在法律上就认为无此事实存在。但我们民众要求的是客观事实,在民众的呼声中,刘涌被执行了死刑。至此,我们也许有些疑惑,民众以及被民众绑架的司法人员为何在这两组案件中表现出截然相反的态度呢? 其实,在这四个案例中,都围绕着一个主题:坏人应受惩罚。只不过案例一二中"坏人"是被害人,而案例三四中"坏人"是被告人,所以,基于不同的角色定位,在案例一二中"坏人"成为了从轻的理由,而在案例三四中,"坏人"成为了从重的理由。总之,都是道德判断凌驾于法律判断之上,他们都是董仲舒所说的"斗筲之性"的小人,这也就是本书意义上的人身危险性的现实体现。

(三)犯罪特殊形态中的主观主义倾向

可以说,在犯罪既遂之前的处罚,都是具有"前置"性质的处罚,而且就是两个刑法原则——最后手段性与有效法益保护——的拉锯战。④ 基于不同的刑法立场,就会相应地侧重一方,而忽略另一方。因我国传统的"刑即是具"的理念的影响以及近代挑战——应对型由政府主导的后发国家的发展的需要,再加上纯正主观主义的社会防卫理论的熏陶,导致目前我国刑法仍然侧重于社会秩序的保护。为了社会秩序的稳定,在犯罪特殊形态上倾向于主观主义。

1. 原则上对所有的预备犯和未遂犯原则上都予以处罚

关于处罚预备犯和未遂犯的依据,有主观说、客观说和折中说。⑤ 主观说以主观主义为基础,重视犯罪行为所征表的行为人的主观恶性,只要行为人

---

① 林东茂:《刑法综览(修订五版)》,中国人民大学出版社,2009年版,第222页。
② 详见《左传·隐公四年》。
③ 参见陈兴良:《刑法行为论的体系性构造》,《中山大学法律评论》2010年第1期。
④ 林钰雄:《刑事法理论与实践》,中国人民大学出版社,2009年版,第277页。
⑤ 因德日原则上不处罚预备犯已成为共识,所以这三种学说是在未遂犯的意义上探讨的,不过本书为了检视我国犯罪特殊形态的主观主义倾向把这三种学说也扩展到预备犯。

表露出了与法秩序敌对的意志,就应该处罚;客观说以客观主义为基础,重视犯罪行为自身所引起的法益侵害性,只要行为有侵害法益的高危险性,就应该处罚;折中说,又称印象理论,其是主观说与客观说的混合理论,认为行为人表露了敌视法规范的意志,而这种意志足以撼动一般人对于法律的信赖,就应处罚。根据这三种学说,对比我国的刑法,可以得出结论:我国采取的是主观说。其理由是:第一,对于所有的预备犯原则上都处罚。其实除了极少数的犯罪预备会对法益造成危险外,绝大部分的预备犯都没有法益危险性。而对所有的预备犯处罚其根据就在于行为所征表的行为人的对法秩序的敌对性。第二,对所有的未遂犯原则上都处罚。从总体上说,未遂犯比预备犯对法益的危险有所增强,但是这种增强的范围也只是扩展到了一部分严重犯罪中,而没有覆盖全部。对于非严重犯罪的未遂也予以处罚,其根据也是行为人对法秩序的敌对性。第三,对所有不能犯一律处罚。其理由已见前述。总之,我国刑法对预备犯和未遂犯所秉持的理念就是"具有危险性格的人必然危害社会,故对于有危险性格的人必须处罚"[1]。对比域外刑法,许多西方国家的客观主义刑法都只是对严重犯罪的犯罪预备或犯罪未遂进行处罚,规定在分则的具体条文中。例如,日本刑法典第 44 条规定:"处罚未遂的情形,由各本条规定。"第 88 条:"预备或者阴谋犯第八十一条和第八十二条之罪的,处一年以上十年以下惩役。"在犯罪未遂问题上,意大利刑法典坚定地采用了客观说:只要明显与实施犯罪相称的未遂行为,才是应受刑罚处罚的行为。[2] 荷兰刑法典第 97 条第二款:"为准备实施第 1 款规定的重罪而积极采取行动的,处 10 年以下监禁,或处五级罚金。"甚至在荷兰刑法典中,还有在具体条文中明确规定未遂不处罚的,在第 154 条第五款:"企图参加决斗但未遂的,不罚。"第 300 条第五款:"人身伤害罪之未遂,不罚。"而像俄罗斯刑法,虽然在总则中规定了犯罪预备,但是对其适用范围进行了限制,其在第 30 条第 2 款规定:"只有对预备严重犯罪和特别严重的犯罪,才追究刑事责任。"而像我国刑法中惩罚预备犯成为通例,这就有些夸大了犯罪人的主观倾向和过分强调了防卫社会的刑法目标。[3] 例如这样的案例:

---

① [德]汉斯·海因里希·耶赛克、托马斯·魏根特:《德国刑法教科书》,徐久生译,中国法制出版社,2001 年版,第 612 页。

② [意]杜里奥·帕多瓦尼:《意大利刑法学原理》,陈忠林译,中国人民大学出版社,2004 年版,第 307 页。

③ 周光权:《法治视野中的刑法客观主义》,清华大学出版社,2002 年版,第 612 页。

罗某,25岁,2008年7月,他只身来南京打工,不久与偶遇的小玲建立了恋爱关系。然小玲家人因罗某家境贫寒而逼迫小玲与之分手。失恋后的罗某极度郁闷,为了得到小玲,决定以其人之道还治其人之身。于是,他先从地摊上买来西瓜刀,然后又发短信给小玲的父亲说:"如果不让我和你女儿在一起,我就杀了你全家!"小玲的父亲看到短信后,立即报了警。警方根据小玲父亲提供的线索,将拿着刀正准备出门的罗某当场抓获,经法院审理,罗某辩称自己只是想吓唬小玲的父亲,并没有想真的杀人。但最终法院还是以故意杀人罪判处他有期徒刑一年。[①]

本案如站在客观主义的立场,法院之所以认定为故意杀人罪,那就是罗某的行为对故意杀人罪侵害的法益即人的生命权造成了危险。"危险本身就是一个人或一群人对实害发生可能性的预估。"[②]而持法益侵害说判断危险的标准就是一般主张以科学法则或科学的一般人的认识为标准,所考虑的是行为客观上是否可能侵害法益。[③]也就是以对保护法益发生物理的、客观的危险为基准。[④]在本案中,罗某虽以语言形式表示要杀死"你全家",但此时还只是犯意的表示,而后罗某拿刀还没有出门就被抓获,以物理、客观的危险的标准来衡量,此时罗某的行为对小玲全家的生命权并没有构成任何现实的危险,而此时,就发动刑罚,刑法向危险领域的扩展就过于提前了。这就是为了防卫社会,处罚范围过于前置的主观主义的体现。

2. 对预备犯和未遂犯处罚未采取"必轻"原则

未遂犯虽已着手实施犯罪,但对法益没有造成实质损害,只是导致受到紧急的危险,所以,未遂犯的处罚应比照既遂犯为轻。因为根据刑法理论,未遂犯"由于欠缺结果不法,客观理论认为应当减轻处罚"[⑤]。"既遂犯现实的侵害法益,是犯罪的基本形态,刑法一般以处罚既遂犯为原则,对于未遂犯的处罚,是刑罚权扩张的表现,所以要坚持'必轻原则',这是刑法客观主义的一贯主张。刑法主观主义重视行为人危险性的征表,对行为定型性的意义不太强调,犯罪遂行状态以及危害结果是否发生都不是问题的关键,犯罪行为的本

---

① 参见《就为一句狠话付出坐牢代价》,劳动午报 http://www. ldwb. com. cn/template/ 23/file. jsp? aid＝88194,2011 年 4 月 4 日访问。

② 徐伟群:《论遗弃故意与遗弃罪的立法作用》,《中原财经法学》2007 年第 19 期。

③ 张明楷:《法益初论》,中国政法大学出版社,2003 年版,第 277 页。

④ 何鹏、李洁主编:《危险犯与危险概念》,吉林大学出版社,2006 年版,第 167 页。

⑤ 〔德〕汉斯·海因里希·耶赛克、托马斯·魏根特:《德国刑法教科书》,徐久生译,中国法制出版社,2001 年版,第 612 页。

质在实行行为充分的表明侵害意思之时已然存在,所以,对未遂与既遂在构成要件成立的意义上这一问题上同等重视,对既遂、未遂的处理坚持处罚'同等主义'立场。"①而相对于未遂犯,预备犯对法益的威胁程度更低,所以更应采取必轻主义。但我国刑法仍然采取的是任意从轻或可以免除处罚,相对于域外刑法,刑法典做这样严厉的倾向主观主义的规定是很少见的。一般都是采取必减主义,例如,荷兰刑法典第 45 条第 2 款:"未遂犯应受之主刑,为刑法对该重罪之法定最高刑减轻三分之一。"意大利刑法典第 56 条第 2 款:"对犯罪未遂者的处罚是:如果法定刑为无期徒刑,处以 12 年以上有期徒刑;在其他情况下,处以为有关犯罪规定的刑罚并减轻三分之一至二分之一。"就连俄罗斯刑法典也是采取的必轻原则,在它的第 66 条规定:"对预备犯罪所处的刑罚,不得高于本法典分则相应条款对既遂犯罪所规定的最重刑种最高刑期或数额的 1/2。对犯罪未遂所处的刑罚,不得高于本法典分则相应条款对既遂犯罪所规定的最重刑种最高刑期或数额的 3/4。"总之,我国对于犯罪预备和犯罪未遂的规定,原则上都予以处罚而且采取任意从轻主义,这都体现了主观主义的倾向。在司法实践中有这样的案例:

罗某因看到财政部"辟谣"说不会提高印花税,不会采取行政措施打压股市,所以于 2007 年 5 月初开立股票交易账户投入 20 万元进行证券投资。但同年 5 月 30 日凌晨 2 时,财政部突然宣布将印花税从 1‰提高到 3‰,因此,沪深两市许多股票连续跌停。罗某担心继续下跌,在 6 月 5 日清仓,损失 8 万元。罗某认为,自己的经济损失主要是财政部半夜出台政策造成的,因此,对财政部怀恨在心。7 日到北京,扬言要炸财政部,并通过朋友介绍购买了烈性炸药。次日,罗某携带炸药潜入财政部大门,因形迹可疑被门卫人员发现而被抓获。法院审理认为,被告人罗某因炒股失利,竟怀恨国家财政部,蓄意实施爆炸,为了实行爆炸行为购买了爆炸物,虽然未及实行即被发觉,未造成严重后果,但其情节严重,影响恶劣。最后,法院以爆炸罪判处罗某有期徒刑 10 年。②

爆炸罪是具体危险犯,成立本罪的既遂,要求有危害公共安全的具体危险状态出现。而在本案中,罗某刚携带炸药进入财政部大门就被抓获,根本就不存在对不特定或多数人生命或财产的现实危险。甚至笔者认为罗某都

---

① 周光权:《法治视野中的刑法客观主义》,清华大学出版社,2002 年版,第 206 页。

② 赵秉志主编:《刑法教学案例》,法律出版社,2007 年版,第 101 - 102 页。

还没有"着手"，因为"着手"要求实施符合构成要件并且对法益形成紧迫危险的行为时才构成。也就是只有当罗某进入财政部，找到合适的位置，把炸药放好，准备点燃时才是"着手"，所以，罗某应该属于爆炸罪的预备形态。如站在客观主义立场，对罗某应该从轻处罚。根据刑法114条的规定，既遂的，其法定刑是3年以上10年以下有期徒刑，那么就至少应该在5年以下处罚。可是，法院却判处了罗某10年有期徒刑，也就是按照既遂的最高刑判的。其主观主义立场清晰可见。

总之，在我国立法和司法层面都有主观主义的体现，因篇幅所限不能一一列举。其实除了上述的三方面外，还体现在像共同犯罪中倾向于采取共犯独立说，根据共犯人的人身危险性而不是对正犯行为的从属性进行处罚，例如处罚单纯的教唆行为。以及构成要件规定的过于简略：像简单罪状多而叙明罪状少、情节犯规定的过多等等，这其实就是主观主义重视行为人而冷淡行为构建的表现。而所有这些在立法和司法中弥漫的主观主义给我国刑事法治建设带来了巨大的危害。

二、刑法主观主义立场的具体危害

主观主义是基于对客观主义的批判而形成的，可它自身却蕴含着巨大的危害。"自19世纪末期以来所盛行的社会防卫思想，立意未始不善，所惜者为固守本位主义，甚易流于极端，第一次世界大战后竟为独裁主义国家所凭借，用以破坏罪刑法定原则，摧残人权，无所不至，可谓为矫枉过正之现象。"[①]而当它与中国传统的"伦理刑法"相融合后，其危害又以何种形式呈现呢？

（一）不利于刑事规则主义的生成

1. 主观主义对行为的漠视

主观主义对客观主义的致命一击就是对自由意志的解构，当自由意志被撕成碎片后，行为也就随风飘散了。因为"只有主观的道德意志的表现才是真正的行为"[②]。虽都漠视行为，但在主观主义内部对行为却有两种不同的态度，一种以龙勃罗梭和菲利为代表，完全把行为驱逐出去，让位于行为人。另一种以李斯特和牧野英一为代表，保留行为，但是却让其退居行为人之后。

龙勃罗梭是第一位否定自由意志，用决定论来解释犯罪的人。他把犯罪

---

① 转引自刘艳红：《刑法类型化概念与法治国原则之哲理》，《比较法研究》2003年第3期。
② 周光权：《刑法学知识传统中的人》，《金陵法律评论》2001年春季卷。

等同于妊娠、出生、疾病、死亡这些个人意志无法控制的现象,他认为意志自由只是哲学家的虚构,在现实生活中,一个人根本就没有自由意志可言,人的行为是受遗传、种族等先天因素制约的,对于这些人来说犯罪是必然的,是命中注定的。① 紧接着,菲利对自由意志进行了更加猛烈的评判。他指出,自由意志论假定:"人类自由意志在需要自愿作出某种决定时,在促使他做出或不做出这种决定的环境压力下,拥有最后决定取舍的力量;而且也意味着:按因果关系的规律,在对抉择有影响的内部和外部环境中,人类意志可以独立自由地做出或不做出某种抉择。"②但根据"生理学以及病理学研究证明,人的意思是完全受其个人的生理、心理状态的支配。统计学的研究揭示了能为社会人的意思活动是依自然的、社会环境的条件而存在的"③。所以,"我们不能承认自由意志,因为自由意志仅为我们内心存在的幻想,则并非人类心理存在的实际功能"④。因为承载行为的自由意志是虚无的,所以行为就没有任何的研究价值,而探讨行为人才是特别需要张扬的。菲利不仅在理论上如此倡导,而且还创制了一份没有行为类型的刑法典草案。但后因多方的反对,在1921年该草案未获通过。这就预示了在刑法领域中,行为是不可或缺的,犯罪是行为的命题是颠扑不破的真理。同时,主观主义也认识到,虽然自己的理论完美无缺自成体系,但是对于犯罪人的人身危险性无法通过科学技术进行测量,如果这一环无法克服,则整个体系就会崩溃。所以,万般无奈之下主观主义又把行为给"请"了回来,但只是赋予其"征表"行为人的作用,并没有坐上"第一把交椅"。所以,李斯特宣称,"应当受处罚的不是行为,而是行为人"。牧野英一也明确表示,"犯人的恶性,是依据犯人的行为检定的"。⑤ 所以,在以李斯特为代表的主观主义理论中,以行为为中心的一元论的犯罪论体系也是整个理论体系的基础构架。例如李斯特的犯罪论体系是:作为行为的犯罪、作为违法行为的犯罪、作为有责行为的犯罪。但"醉翁之意不在酒",他们只是把行为当作一中介,其最终关注的是通过行为征表出的犯罪人的人身危险性,行为只是行为者的行为。所以,牧野英一"视犯罪构成理论为繁琐教条,认为犯罪论中最主要的问题只有三个,即'未遂、共犯和法律错

---

① 陈兴良:《基因的奴隶——龙勃罗梭论》,《比较法研究》1994年第1期。
② [意]菲利:《实证派犯罪学》,郭建安译,中国政法大学出版社,1987年版,第16页。
③ [意]菲利:《实证派犯罪学》,郭建安译,中国政法大学出版社,1987年版,第27页。
④ [意]菲利:《实证派犯罪学》,郭建安译,中国政法大学出版社,1987年版,第14页。
⑤ 鲁兰:《牧野英一刑事法思想研究》,中国方正出版社,1999年版,第77页。

误',且花费 50 年的精力对上述问题进行研究"①。

上文已述,我国因深受主观主义的影响,对行为也是关注不够,看重的也是行为背后的行为人,这就造成了刑事规则主义的缺乏。

2. 刑事规则主义缺乏的危害:不利于刑法的行为规制机能的发挥

刑事规则主义是立法中心主义在刑法中的体现,也是客观主义的应有之义。其存在的根基就是行为及由行为组成的构成要件,而主观主义危险个体的存在对刑事规则主义的确立构成严重的威胁,刑事规则主义的缺乏有百害而无一利。

按照客观主义的观点,刑法是行为规范,它使得对行为的规范评价得以明确,表明犯罪行为在法律上是无价值的,同时命令人们作出不实施犯罪行为的意识决定。重视行为及其实害的刑法,必然明文禁止特定的行为及其实害,因而有利于规制人们的行为;重视行为人内心的刑法,能否有效地规制人们的内心还难以下结论,但由于不重视行为及其实害,因而不利于规制人们的行为。② 如前所述,只注重其征表作用,关注的是行为人的人身危险性,就不利于规制人们的行为。再加上我们这种"法即刑"的法律文化造就了民众视法为"不详之器",使民众从内心情感上就自发地排斥法律,这种心灵上的厌恶与排斥无法形成公众对规制的尊重。这种法律文化熏陶了整个中华民族并成为传统,在现今仍有相当的影响力。在这样的文化背景下,国民的行为规范意识很是淡漠。在现今,国民仍经常性的将刑法等同于"杀头",一般不愿意主动去认识行为规范。因为"只有培养了对法的理解之后,法才有能力获得普遍性"③,所以,信赖并遵守行为规范就更难以谈起。在实践中,行为规制机能无法发挥作用的例子比比皆是。

案例一:21 岁的冯某分别于 2009 年 11 月 26 日和 2010 年 4 月 19 日分两次向百度发布了《恐怖分子手册》电子文档,当中教授了各种炸药、炸弹等爆炸物的配方及制作方法。据统计,上传后的浏览量已分别达到了 1 727 次和 338 次,并被下载 116 次。公诉机关以传授犯罪方法罪对其进行指控。面对指控,冯某说:"叫《恐怖分子手册》是为了好玩。我不知道这些有社会危害性,更不知道按照配方是否真能做出炸药。"并表示如果做的事情是犯罪那就

---

① 鲁兰:《牧野英一刑事法思想研究》,中国方正出版社,1999 年版,第 5 页。
② 张明楷:《刑法的基本立场》,中国法制出版社,2002 年版,第 64 页。
③ [德]黑格尔:《法哲学原理》,范杨、张企泰译,商务印书馆 1961 年版,第 220 页。

认罪，"但我真不知道这就是犯罪"。①

案例二：原成都市新都区中医院院长张世宇在 1998 年至 2002 年 2 月担任新都区中医院院长期间，利用职务之便，在购买数家公司的药品及医疗器械时，共收受贿赂款共计 42.3 万元。面对检察机关受贿罪的指控，张世宇感到很冤枉，"在我们这里，吃回扣很正常，没有人说是犯罪。我也从来没有当成一回事。"据办案的法官介绍，同案的 13 个人中几乎没有一个人认为拿红包、吃回扣是犯罪的行为，反倒认为这是行业的"潜规则"。②

案例三：原郑州市公安局控申处民警、三级警督蔡某，2003 年 11 月被抽调到市公安局强制戒毒所，一个月时间，他先后 3 次帮助强制戒毒人员李某带进毒品，并把毒资带出戒毒所转交毒贩王某（已判刑）。在法庭上，蔡某对检察机关指控的事实供认不讳，但其一再辩称："其实我也是个受害者，我也知道我滥用了职权，但是我的行为还构不成渎职罪。"③

这三个案例都是刑法的行为规制机能没有得到很好发挥的案例，并且关涉了三个不同的群体。第一个案例冯某关涉的是普通的民众，作为一普通民众，由于上述原因的存在，冯某对于非自然犯传授犯罪方法罪全然不知，这体现了行为规制机能在民众中作用没有完全得到发挥；而第二个案例张某关涉的是有一定职权的阶层，在这个阶层，关于与自己职业和职权有关的法律法规应该了如指掌，尤其是关涉到自己前途命运的刑法中的有关规定更应该熟烂于心，但事实却与之相反，在此，我们可以推论行为规制机能在这个阶层也没有很好地发挥作用；至于第三个案例蔡某关涉的是专门的法律职业阶层，这个阶层对于法律的规定是最熟悉并且能专业的区分其细微的差别，但可惜的是，在蔡某身上我们没有看到应该看到的行为规制机能的作用。从这三个案例我们可以推论出刑法的行为规制机能在与之相关涉的三个群体没有有效地发挥作用，而这三个群体几乎可以涵盖全部的社会成员。④ 也就是可以说，在全社会刑法的行为规制机能并没有很好地发挥其应发挥的作用。刑法的行为规制机能没有发挥其应有的作用，进而刑法的一般预防功能也会大打

---

① 参见《宅男上传恐怖分子手册自认为不是在犯罪》，http://news.9ask.cn/xsbh/rdzt/201009/881476.shtm，2011 年 3 月 24 日访问。

② 参见《成都新都惊爆全国最大医腐窝案首次拿行贿人开刀》，http://news.xinhuanet.com/newscenter/2002-08/15/content_524999.htm，2011 年 3 月 24 日访问。

③ 参见《帮人买毒竟说不是犯罪　郑州开庭公审"三级警督"》，http://www.zynews.com/2005-12/08/content_324806.htm，2011 年 3 月 24 日访问。

④ 用个案进行推论很难证成，但由于搜索能力有限，只能以一代十，管中窥豹。

折扣。因为一般预防是建立在刑法行为规制的基础上的，当一般预防弱化之后，就会有大量的罪犯涌入特殊预防，而特殊预防发挥效用的根本前提是罪犯尽量地少，而矫正力量尽量地强。而在当今中国，矫正力量严重缺乏，在这样的情况下，一般预防的弱化也会意味着特殊预防的崩溃。在错误的时间错误的空间，主观主义在袭击客观主义的同时也毁灭了自己。

（二）冲淡客观行为的定型意义

1. 客观行为的定型意义

客观主义以行为作为核心，"无行为则无犯罪"，不论何种犯罪论体系都是以行为为基地的。而之所以如此看重行为，就是因为行为具有界定要素的机能，通过"行为"这道屏障，可以大致划定一个范围圈，圈内是刑罚权可能的对象，而圈外则是刑罚权绝不能染指的对象，这样刑罚权就受到了初次的限制。而后，行为进入犯罪论体系，"在构成要件中，不法行为的社会类型被当做法律概念加以规定，它是一种观念形象，是抽象的定型"①。此时，客观行为被定型化，并且包摄行为的构成要件是一种类型而不是概念，而"类型是建立在一般及特别间的中间高度，它是一种相对具体，一种在事物中的普遍性……类型在它与真实接近的以及可直观性、有对象性来看，是相对的不可以被定义，而只能被'描述'"②。"犯罪类型是刑法理念与生活事实的中间点，犯罪类型是那些已经存在于立法者与法律形成之前的事物。立法者的任务便是描述各种犯罪类型，刑法分则对罪状的规定，并不是对具体犯罪的定义，而是对犯罪类型的描述。"③所以这就要求对具体构成要件要尽量用记述性、描述性的语言，也就是在刑法分则中多用叙明罪状，这样就可以再次缩限刑罚权，从而最大化的保障人权。而主观主义"不重视犯罪之定型，倡导抽象、概括和简单的犯罪规定"④，关于此原因苏联刑法学者 A. H. 特拉伊宁曾精辟地指出："人类学们把犯罪人看成是任何时间和任何条件下都注定要犯罪的某种生物学上的个体。在这种理解下，犯罪行为就丧失了它的决定性的意义，就不再是犯罪的'核心'了。犯罪行为便只有次要的意义，即证明人生来

---

① ［日］小野清一郎：《犯罪构成要件理论》，王泰译，中国人民公安大学出版社，2004 年版，第 85 页。

② ［德］亚图·考夫曼：《法律哲学》，刘幸义等译，法律出版社，2004 年版，第 190 页。

③ 转引自吴情树：《我国刑法中"犯罪类型设置"的检讨》，《华侨大学学报》2009 年第 3 期。

④ 张文、刘艳红等：《人格刑法导论》，法律出版社，2005 年版，第 54 页。

有犯罪天性的外部征候的意义"①。而"代之而起者,即在行为构成要件之内采用无数之概括条款,赋予审判官斟酌认定犯罪事实之权利,不受犯罪规定太多之拘束"。"他方面,犯罪之规定亦无过去之苛细,即罪名大为减少,不复如同过去大部分之犯罪,以为加重或减轻处罚之依据。将各种不同之罪名,归纳于统一罪名之下,审判官不必斤斤计较于犯罪事实之细节,在实际应用上颇见方便,自不待言"。② 基于此,在主观主义这里,行为和构成要件对刑罚权的限制功能荡然无存,人权保障也就无从谈起了。

2. 冲淡客观行为的定型意义的危害

(1) 刑法分则中具体罪名定型化不够

前已述,如采客观主义立场,在构成要件设计上就应尽量详细,采叙明罪状,尤其是涉及重大法益的罪名,更是应该遵守这个原则,否则很容易导致法官在个案上的恣意。但是检阅我国刑法,许多罪名尤其是关涉重大法益的罪名定型化很不够,并没有采客观主义立场而是主观主义立场。以故意杀人罪为例,我国刑法第 232 条规定:"故意杀人的,处死刑、无期徒刑或者十年以上有期徒刑;情节较轻的,处三年以上十年以下有期徒刑。"这无非只是给予该类型一个统一的名称,而根本放弃了对类型特征与要素的具体描述,这样在关系到生命权保护的罪名上极具弹性的规定,给生命权的保护带来了极大的不安定性。而对比域外刑法,对故意杀人罪的规定很是详细。如荷兰刑法典第 287 条规定:"故意夺取他人生命的,犯有非预谋故意杀人罪,处十五年以下监禁,并处五级罚金。"第 289 条规定:"故意并有预谋的夺取他人生命的,犯有谋杀罪,处终身监禁,或处二十年以下监禁,或处五级罚金。"第 293 条规定:"应他人明确、郑重的请求而夺取该人生命的,处十二年以下监禁,或处五级罚金。"第 294 条规定:"故意鼓动他人自杀,协助他人自杀或替他人找到自杀方法,且该自杀行为随后发生了的,对犯罪人,处三年以下监禁,或处四级罚金。"意大利刑法典第 575 条规定:"造成一人死亡的,处以二十一年以上有期徒刑。"第 579 条规定:"经他人同意的,造成该人死亡的,处以六年至十五年有期徒刑。"第 580 条规定:"致使他人自杀的,鼓励他人的自杀意愿的,或者以任何方式为自杀的实施提供便利的,如果自杀发生,处以五年至十二年有期徒刑。如果自杀没有发生,只要因自杀未遂而导致严重的或者极为严重

① 转引自刘艳红、梁云宝:《犯罪行为与犯罪人格的关系:或联说之提倡》,《法学评论》2010 年第 6 期。

② 转引自张文、刘艳红等:《人格刑法导论》,法律出版社,2005 年版,第 39 - 40 页。

的人身伤害,处以一年至五年有期徒刑。"德国刑法典第211条规定:"谋杀者处终身自由刑。谋杀者是指出于杀人嗜好、性欲的满足、贪财或其他卑劣动机,以残忍、残暴或危害公共安全的方法,或意图实现或掩盖其他犯罪行为而杀人的人。"第212条规定:"非谋杀而故意杀人的,处五年以上自由刑。情节特别严重的,处终身自由刑。"第213条规定:"非行为人的责任,而是因为被害人对其个人或家属进行虐待或重大侮辱,致行为人当场义愤杀人,或具有其他减轻情节的,处一年以上十年以下自由刑。"第216条规定:"行为人受被害人明确且真诚之嘱托而将其杀死的,处六个月以上五年以下自由刑。犯本罪未遂的,亦应处罚。"笔者不厌其烦地列举域外国家的规定,就是想反证我国故意杀人罪规定得过于粗疏、抽象。除了故意杀人罪外,像故意伤害罪、抢劫罪、强奸罪等这些关涉重大法益的罪名规定的也是很简单、抽象的,这都是主观主义倾向在立法构成要件设计上的体现。

(2)法官"定型化"意识不强,易于定性不准

受主观主义的影响,不注重行为,立法上就表现为立法粗疏,而司法上就是定性随意,只要能达到防卫社会的目的就足够了,没必要细究是此罪还是彼罪。再加上"伦理刑法"的影响,此种倾向更是严重。例如下案:

被告人L在某火车站转车时,在候车大厅看到车站的举报电话,于是产生了弄点钱花的念头。当晚18时许,该犯用手机往郑州火车站打电话,威胁称:"有人要炸郑州火车站,让郑州火车站注意点。"随后两天,L继续用手机给郑州火车站打电话,扬言:"有人拿炸弹要在车站三站台中部爆炸,给500万元钱,我可以把事抹平。"并向车站指定了放款地点。法院经审理以编造恐怖信息罪判处被告人L有期徒刑3年。①

编造恐怖信息罪是2001年由刑法修正案(三)所增设,位于妨害社会管理秩序罪第291条之一,是一结果犯,不仅要求有编造爆炸威胁的恐怖信息的行为,还要求有严重扰乱社会秩序的结果。具体到本案,被告人L编造了要炸火车站的恐怖信息,但是他只是把这信息用手机传递给了郑州火车站,而并没有对外宣扬,一般民众的生活并没有因为此虚假的恐怖信息而受到影响,更没有产生社会秩序的混乱,所以,被告人L的行为不符合编造恐怖信息罪的构成要件。而法官并没有把案件事实和构成要件进行严格的比对,只是

---

① 转引自陈兴良、周光权:《刑法学的现代展开》,中国人民大学出版社,2006年版,第53页。

看到案件中有编造虚假恐怖信息就认定为编造恐怖信息罪,头脑中根本就没有把客观行为及法条的具体规定放在第一位。而更深层的潜意识认为:此人竟用这样恶劣的手段去敲诈火车站,其性恶也,对社会的危害严重,所以要动用刑法对其规制,而具体用哪一条规制就是次要的了。其实,本案中被告人 L 以非法占有为目的,采用编造虚假恐怖信息这样的手段威胁财产占有人以图索取数额较大的财产,完全符合敲诈勒索罪的构成要件,并因行为人意志以外的原因未得逞,属于未遂。

(3) 法官"定型化"意识不强,易于量刑不一

"定型化"不仅包括行为的定型,也包括法定刑的定型。对于法定刑幅度不能过大,否则就无法限制法官的自由裁量权。对于犯罪人来说,定性固然很重要,但与自身利益息息相关的确是刑种和刑期,相对于自身的自由乃至生命来说,罪名带给自己声誉的毁损是微不足道的。刑期的滥用,会带给犯罪人毁灭性的打击。而整个刑法对于这一点关注不足,导致司法实践中量刑随意。例如同样的受虐杀夫案,1999 年辽宁的龙晓琪被判处的是死刑立即执行;2004 年江苏丁晓琳被判处的是死缓;2001 年河北的李守瑞被判处的是无期徒刑;1999 年河北的李颖被判处的是有期徒刑 15 年;2006 年上海王长芸被判处的是有期徒刑 14 年;2004 年北京的刘二巧被判处的是有期徒刑 13 年;2006 年陕西的梁阿妮被判处的是有期徒刑 12 年;2004 年北京的王雪英被判处的是有期徒刑 11 年;2004 年江苏的丁晓林被判处的是有期徒刑 5 年;2005 年内蒙古的刘颖被判处的是有期徒刑 3 年,缓期 5 年执行;2006 年湖南的刘云被判处的是有期徒刑 3 年,缓期 4 年执行;2005 年北京的李某被判处的是有期徒刑 3 年,缓期 3 年执行。[①] 从这些真实个案中可以看到,在这 19 年期间,相同的犯罪行为——受虐杀夫却给予了不同的刑罚后果,高至死刑立即执行,低至有期徒刑 3 年缓刑 3 年执行,其间共有 12 种不同的判决结果,这都是法定刑幅度过大的后果。从这些同案不同判中,社会会对判决的公正性产生怀疑,进而动摇人们对法制权威的信仰和信心。这对于我国法治的创建是致命的打击,而且法官的自由裁量权过大,在我国权仍大于法的现状下,会出现行政权假借司法权之手行行政权之实,使司法权沦为行政权的奴隶,这不仅不能实现司法权独立,反而会彻底消解司法权应有的作用。

① 参见王博娟:《受虐杀夫案的刑法思考》,《刑事法判解》(第 10 卷),北京大学出版社,2009 年版,第 226 页。

（三）定罪量刑随意出入人罪

诚如上述，由于主观主义对行为的漠视，所以导致刑法作为行为规范和裁判规范都不能发挥其应有的行为规制技能和有效限制司法权的机能，使得国民不能很好地预测自己的行为，进而产生不安感，导致行为的萎缩，从而不利于人权保障。但除了这以外，与传统"伦理刑法"相融合的主观主义，由于关于"人"的理念以及刑法目的与客观主义的迥然相异，从而带来了对人权的更大的侵害，导致定罪量刑随意出入人罪。

1. 定罪量刑随意出入人罪的理念支撑

主观主义以一种全新的视角完全颠覆了客观主义对"人"的认识，在主观主义的眼中，"人"并不是"人"，这一结论的演进历程始于19世纪末叶的龙勃罗梭。他认为，犯罪人是一种自出生起就具有犯罪性的人，其犯罪是与生俱来的，是由他们的异常生物特征所决定的。这样，犯罪人就与野蛮人相勾连起来，他们是倒退到原始人或者低于人类的人。虽然龙勃罗梭在后期著作中，逐步修正了自己的观点，使得天生犯罪人的比例在犯罪人总数中的比例不断下降，从70%降到33%[①]，但是犯罪人是野蛮人、异常人的观念却影响深远，奠基了整个主观主义的"人"的基调。从此，在刑事领域，"人"步入了个体化、类型化、异常化的时代。虽然菲利把犯罪研究从人类学转向了社会学，认为罪犯犯罪除了具有人类学的原因外，还有自然因素，尤其是社会原因。但由于同样的实证主义的思维形式，所以，菲利的"人"的基调仍然是从自然意义上讲是一种野蛮人，从社会意义上讲是异常者。[②] 而承前所述，在中国传统法文化中，"人"最初是与野蛮的异族人相联系，而随着疆域的扩展，刑法中的"人"的范围也在不断扩大，包括未受教育的愚昧者、不守礼教者、心术不正者和与野蛮相关的下等人等等，但其核心却未曾改变，即"人"总是与道德低下的"小人"相勾连。因为，中国是一伦理国，道德处于至尊地位，所以成为人的关键是要有德，故人又被称为"道德的动物"。而犯罪是违背道德之事，所以犯罪人即是无道德的"小人"，所以中国法文化中的"小人"是从伦理的角度出发的。这样，中国法文化中的"小人"与主观主义的"野蛮人"两者虽然出发点不同，但在刑法领域中的功能却都是一样的，即他们都是社会中的异常者，都是社会的排泄物。而且主观主义以社会防卫为其目的，为了社会利益，个人

---

① 参见［意］切萨雷·龙勃罗梭：《犯罪人论》，黄风译，中国法制出版社，2005年版，第13页。

② 周光权：《刑法学知识传统中的人》，《金陵法律评论》2001年春季卷。

就有些微不足道；而传统中国历来把刑当作具，为了社会秩序，个人应该做出牺牲。那么，当"小人"遭遇"野蛮人"，两者因功能相同而融合后，为了国家和社会的安宁，个人就愈发被压缩的微乎其微，人权也就越发缺少保障了。

2. 定罪量刑随意出入人罪的现实体现

（1）应出罪而未出罪

由于主观主义的社会防卫和刑即是具的理念，所以对于那些虽然在刑法中没有明文规定，但是却具有现实的危害性的行为，为了国家和社会的秩序，也给予了定罪量刑。例如：

上海市××中级人民法院日前公开审理了肖永灵投寄虚假炭疽杆菌邮件，以危险方法危害公共安全案。被告人肖永灵（男，27岁），系上海市金山区东泾镇人，曾在1995年7月因犯盗窃罪判处有期徒刑1年6个月。2001年10月18日，肖永灵将两封装有虚假炭疽杆菌的邮件，分别投寄到上海市有关部门及新闻单位。法院审理认为，肖永灵故意制造恐怖气氛，危害社会稳定，已构成以危险方法危害公共安全罪，且系原犯盗窃罪在刑罚执行完毕后5年内再次犯罪，系累犯，依法应当从重处罚。为惩治和预防恐怖犯罪活动，保障国家安全、社会公共安全和人民人身财产安全，维护社会稳定，依照刑法第114条和第65条第1款规定，判决肖永灵犯有危险方法危害公共安全罪，判处有期徒刑4年。[①]

此案发生在美国9·11事件后的10月18日，当时全球都笼罩在恐怖主义的阴影下，而且当时美国又正在遭受炭疽杆菌的困扰，视线定格在中国，当时各国政要云集上海，参加APEC会议，在这样的国内外背景下，社会安宁是首要的大事。而不知趣的肖永灵却在急需稳定的时局下"恶作剧"地向上海有关部门和新闻单位投寄了两封装有虚假炭疽杆菌的邮件，此时，在具有浓郁的"刑既是具"的传统的我国再加上社会防卫的理念，刑法的社会保护功能就被发挥到了极致。在肖永灵的行为不符合以危险方法危害公共安全罪的情况下，却以此罪被判处有期徒刑四年，因为虚假的炭疽杆菌根本不具有与放火、投毒、决水相同或相当的危险性，没有危险方法，何以以"以危险方法危害公共安全罪"定罪！[②] 而且在本判决公布后10天，全国人大常委会颁布了刑法修正案（三），在其中第8条增设了"投放虚假危险物质罪"，从中可以推

---

① 参见周少华：《罪刑法定在刑事司法中的命运》，《法学研究》2003年第2期。

② 详细的学理分析请参见周少华：《罪刑法定在刑事司法中的命运》，《法学研究》2003年第2期。

定"刑法第114条的规定在事实上无法包含'投寄虚假病菌'这样的危害行为——如果第114条当然地能够规制投寄虚假病菌的行为,立法者就完全没有必要再作出'刑法修正案(三)'第8条的规定。可见,法院将肖永灵'投寄虚假的炭疽杆菌'的行为认定为'以危险方法危害公共安全罪',具有明显的类推适用的性质"①。

(2) 不应入罪而入罪

除了上述侵犯人权的案件类型外,还存在一种更为严重的侵犯人权的案件类型。在上述案件类型中,虽违背了罪刑法定,类推定罪,但毕竟存在实质的危害行为,而在这类案件中,行为根本就不存在,却被定罪量刑,甚至相当一部分被判处死刑,这是彻彻底底的对人权的摧残。

案例一:黄大旺原是建瓯市律师,市第七、八届政协委员。1995年5月,黄大旺接受当事人黄兴财委托,为其代理房产权纠纷诉讼案件。1996年8月21日晚,黄兴财到黄大旺处要求代书举报某法院副院长黄某某收礼2万元。黄大旺考虑到自己是其诉讼代理人,代书亦是律师业务工作范围,便为之起草了一份举报信。该举报信由黄兴财之妻交到市检察院举报中心。经检察机关立案初查,举报内容属不实之词。而黄大旺为当事人草拟举报信,便成了涉嫌诬告陷害他人的罪证。建瓯法院于1997年7月4日作出了[97]瓯刑初字第63号判决:被告人黄大旺犯诬告陷害罪,判处有期徒刑2年。②

案例二:1997年12月22日18时,哈尔滨铁路分局肇东车务段工人史延生,来到距离他家不足100米的肇东市黑天鹅第二录像厅,借了一盘《走上不归路》的录像带回到家中,与母亲殷凤兰、妻子王淑琴一同看完后,在20时由史延生去录像厅还了录像带。当天夜里,录像厅的值班员孙占武被杀。肇东市公安局根据这一线索,以了解情况为由,把史延生带到了公安局。与此同时,其母亲殷凤兰、妻子王淑琴、妹妹史艳红也被肇东市公安局收容审查。史延生由于不堪忍受刑讯逼供的折磨,屈打成招被迫承认杀害了孙占武,后绥化地区中级法院一审以抢劫罪判处史延生死刑,缓期2年执行,剥夺政治权利终身。以包庇罪判处殷凤兰有期徒刑3年;判处王淑琴有期徒刑1年,

---

① 周少华:《罪刑法定在刑事司法中的命运》,《法学研究》2003年第2期。

② 参见《20世纪末平反冤假错案案例纪实》,天涯法律网社区 http://www. hicourt. gov. cn/bbs/show_con. asp? id=2811&a_id=6,2011年3月28日访问。

缓刑 2 年；判处史艳红有期徒刑 1 年，缓刑 2 年。①

在这两个案例中，都不存在客观实在的行为，为了防卫社会，而制造了虚假的行为，并让其产生了客观的法律效果，而归责于承载鲜活灵魂的肉体。与此相类似的，还有近几年被广为传播的杜培武案、聂树斌案、佘祥林案、赵作海案等等，在这些案件中，若不是"死者"奇迹"生还"或真凶及时现身，这些人的命运可想而知。除此之外，还有一类最为悲惨的，那就是那些随着历史车轮的飞驰而永远被尘封于历史的人，这个数目有多少不得而知。诚然出现这些案件，固然有复杂的治理机制、经济利益、程序缺陷等方面的原因，但是其深层次的原因还在于"野蛮人"和"坏人"的观念存活于牵涉于其中的人们的头脑中，犯罪嫌疑人是社会的异己、人类的败类，为了保护人民，维护社会稳定，就必须把这些"小人""败类""敌人"消灭或隔离。虽然他们在法律上还未被定罪，但在司法人员的心中却早已成为罪人，这是社会防卫的必然。在这样的背景下，人权保障的实现还需要很长的路要走。

第四节　中国当前定罪立场的转型路径

罪刑法定原则是犯罪构成的灵魂，而有效限制国家刑罚权的罪刑法定原则肇始于近代西方刑法学，故在"本其事"基础上"原其志"的原心论罪，在以皇权为核心的中央集权体制下难以避免沦为国家刑罚权有效行使的保证，这在弱化、虚化了"本其事"的同时，置人权保障于极度脆弱的境地。即使在基本抛弃了法律虚无主义而开启了法治之路的背景下，因罪刑法定原则的缺失，定罪中高扬主客观相统一，同样由于类推制度的扭曲，难以避免地遭到了侵犯人权之虞的诟病。因此，在对犯罪构成的阶层化改造中，必须恪守罪刑法定原则。任何否定、游离该原则的观点与做法，都值得警惕。

但满足于当下的罪刑法定原则是远远不够的，必须还正该原则所承载的原初意义上的人权保障机能。毕竟，罪刑法定原则最古老的基础，是透过权力分立保障的理念，仅直接代表全体社会的立法者被赋予创设刑法规范的权限，而不及于法官。这种传统上的目的性基础，并未因现代法律理论及社会

①　参见《20 世纪末平反冤假错案案例纪实》，天涯法律网社区 http://www.hicourt.gov.cn/bbs/show_con.asp? id=2811&a_id=6，2011 年 3 月 28 日访问。

科学知识而丧失，只是被修正而已。① 同时，如前所述，四要件的犯罪构成与罪刑法定原则的联系更多地是形式上的，也难以建立起实质的联系，而倾向于主观主义的立场有将犯罪构成抽象化之虞，释法中心主义的立场会加剧这种风险。因此，在还正罪刑法定原则所承载的人权保障机能基础上，必须强化该原则与犯罪构成之间的实质性联系，实现犯罪构成的阶层化，才能真正转向客观主义。

一、省却罪刑法定原则的积极侧面

包含积极侧面的我国罪刑法定原则，突出的是出罪禁止的社会保护机能，甚至可以认为积极侧面无异于入罪原则。在某种程度上，这必然压缩了其本身所兼具的人权保障机能，亦远离了以天赋人权为逻辑起点、以限制国家刑罚权为内容、以维护个人自由权利为首要或主要目标的原初意义上的罪刑法定原则。其实，社会保护机能在西方法治国家并非完全或主要由罪刑法定原则承担，"罪刑法定主义在防杜罪刑擅断主义之流弊，肇始于十八世纪，至今尚为刑法之基本原则，惟近世文明日进，社会利益占重要地位，法律为保障共同利益，有时不得不限制个人利益，以资调和"②。带有鲜明苏联刑法痕迹的 1979 年刑法，在未规定罪刑法定原则下，社会保护机能更多地由刑法的任务、犯罪概念、犯罪构成等来承担。修订后的刑法叙明了包含积极侧面的罪刑法定原则，使兼具人权保障与社会保护两大机能的罪刑法定原则之社会保护机能得到了凸显。

如前所述，对积极侧面所作的限制司法机关之阐释，难以让人释疑。毕竟，限制司法机关，是否有必要通过备受诟病的积极侧面的罪刑法定原则为之，值得省思。因为，追溯罪刑法定原则的渊源，其原本即被赋予了限制国家刑罚权的本旨，再通过积极侧面强调"依法"，以明示对司法机关的限制及禁止法外制裁，这与消极侧面在立法技术上是实质性的重复；而积极侧面的内容与宪法的相关规定、现行刑法的目的、任务，在立法技术上是形式上的重复。现行宪法第 28 条规定："国家维护社会秩序，镇压叛国和其他危害国家安全的犯罪活动，制裁危害社会治安、破坏社会主义经济和其他犯罪的活动，惩办和改造犯罪分子。"所以，"法律明文规定为犯罪行为的，依照法律定罪处

① 参见许玉秀、陈志辉合编：《不移不惑献身法与正义——许廼曼教授刑事法论文选辑》，台北新学林出版股份有限公司 2006 年版，第 9 - 13 页。

② 韩忠谟：《刑法原理》，中国政法大学出版社，2002 年版，第 45 页。

罚"，在我国刑法规定的目的和任务下，不容置疑，附加积极侧面的重复式表述实无必要。即使实务中出现了司法权的恣意或法外制裁，也不应简单归责于单纯消极侧面的罪刑法定原则隐含的弊害，域外刑法对罪刑法定原则的表述仅采取了消极侧面而已，故所谓的司法权的恣意或法外制裁，大抵是相关的法律规定未得到切实的落实，出现了偏差或异化。但与作出限制司法机关之解释的立场相适应的是，罪刑法定原则的人权保障机能正逐步受到关注，并向还正该机能的方向推进，这应当给予肯定。

由立法技术视角观之，较之 1979 年刑法第 1 条，修订后的刑法省却了"刑法的指导思想"，但并不意味着我国刑法不以马克思列宁主义毛泽东思想为指针，而是由于这在现行宪法的序言中有明文规定，同时作为国家根本大法之宪法具有至上的权威，故"根据宪法"的刑法出于立法技术考虑，省却了同一法律体系内不必要的重复式表述。据此，立足于摆脱罪刑法定原则的人权保障机能对社会保护机能的依赖，笔者主张，对罪刑法定原则之积极侧面作省却处理，社会保护机能更多地交由刑法的目的、任务等承载，还正罪刑法定原则原初意义上的人权保障机能①；在此之前，权宜之计是采取"补正解释"的立场，作出有利于被告人的解释，即积极侧面的意旨为严禁司法权的恣意行使，防止不当入罪，以最大化地消解其负面影响。

二、走向犯罪论体系的阶层化构造

（一）三阶层抑或两阶层

就犯罪论体系而言，大陆法系刑法学史上先后出现了为数众多的犯罪阶层理论。台湾学者洪福增对犯罪论体系作概括时，以行为还是行为人为中心将犯罪论体系划分为一元的和二元的。在一元的犯罪论体系中以基础的不同为标准，分别列出了"构成要件适当性—违法性—责任"、"行为—违法性—责任—构成要件"、"行为—构成要件适当性及侵害性—违法性—责任"、"行为—不法—责任"和"评价之客体—客体之评价"五种以行为的因果性为基础的阶层理论，与 Welzel、H. Weber、Maurach 及木村龟二的四种以行为的目的性为基础的阶层理论；在二元的犯罪论体系下，列出了 Hermann Kantorow-

---

① 我国刑法学者刘艳红教授就曾指出：刑法的社会保护机能应由刑法目的与任务来体现，刑法人权保障机能应由罪刑法定原则赋予，而我国刑法目的、任务与原则都体现了相同的社会保护机能。参见刘艳红：《刑法的目的与犯罪论的实质化》，载《环球法律评论》2008 年第 1 期。

icz、Radbruch、Wolfgang Mittermaier 的三种犯罪阶层理论。[①] 在一元的犯罪论体系下，还存在新古典暨目的论综合体系、目的理性的（功能性的）体系[②]、Wolter 的实质的犯罪阶层体系、Schmindhäuser 的目的论体系、个别化理论的过失犯阶层体系[③]、"规范体系的机能主义的犯罪论体系"[④]等。其中，Wolter 的实质的犯罪阶层体系、"规范体系的机能主义的犯罪论体系"都以目的理性的体系为基础。

大陆法系国家刑法理论中二元的犯罪论体系，不是对犯罪阶层体系的排斥，相反，它在犯罪论体系中恪守了阶层性，但二元的犯罪论体系的影响力甚微。就一元的犯罪体系而言，自"构成要件的符合性—违法性—有责性"三阶层体系产生后，阶层体系其实只有一套，目的论体系对"构成要件的符合性—违法性—有责性"体系的变动较大，至于在阶层中作判断要素的补充而未造成阶层变动的目的理性的体系，"在学理上未被真正承认为一种新的体系"[⑤]。这样，以目的理性的体系为基础之实质的犯罪阶层体系及"规范体系的机能主义的犯罪论体系"，作为独立的犯罪论体系的发展阶段，支持者甚寡。

在被公认为独立的发展阶段的古典阶层体系、新古典阶层体系、目的论阶层体系，以及以此为基础进行某种修正后的阶层体系中，争论的核心为犯罪论体系到底是几阶层。围绕这一核心，大抵有两大焦点：其一，构成要件与违法性是应该分立还是合并；其二，行为能否成为犯罪阶层体系中的独立阶层。

Welzel 曾指出："将犯罪分解为构成要件符合性、违法性和罪责三个阶层，乃是在过去两三代人中间所取得的最为重要的教义学成果。"[⑥]尽管从来就不乏对该阶层理论的质疑与批判，但"构成要件的符合性—违法性—有责性"三阶层理论在德日的通说地位并不曾被撼动。因此，在构成要件与违法

---

① 参见洪福增：《刑法理论之基础》，刑事法杂志社 1977 年版，第 276 - 277 页。

② 参见[德]克劳斯·罗克辛：《德国刑法学 总论》（第 1 卷），王世洲译，法律出版社，2005 年版，第 123 - 126 页。

③ 参见许玉秀：《当代刑法思潮》，中国民主法制出版社，2005 年版，第 97 - 103 页。

④ 参见陈家林：《外国刑法通论》，中国人民大学出版社，2009 年版，第 129 - 130 页。

⑤ 转引自许玉秀：《当代刑法思潮》，中国民主法制出版社，2005 年版，第 109 - 110 页。此外，德国学者耶赛克、魏根特等人在阐述犯罪论的发展阶段时，也未将目的理性体系视为与古典的体系、新古典的体系与目的论的体系相并列的体系。参见[德]汉斯·海因里希·耶赛克、托马斯·魏根特：《德国刑法教科书》，徐久生译，中国法制出版社，2001 年版，第 247 - 285 页。

⑥ 转引自[德]克劳斯·罗克辛：《构建刑法体系的思考》，蔡桂生译，载《中外法学》2010 年第 1 期。

性的关系上,有力的学说认为构成要件该当性与违法性层次不同,功能有别。在"构成要件的符合性—违法性—有责性"三阶层理论中,"除了少数不法与罪责以外的特别犯罪成立要件(如客观处罚条件、个人阻却或排除刑罚事由等)之外,可以简化为如下的表达:犯罪=不法(=1.构成要件该当性+2.违法性)+3.罪责"①。但又因对构成要件该当性与违法性之间关系的不同认识,可分为两种立场,即主张二者之间为"原则与例外"关系的立场和"形式与实质"关系的立场。前者主张,除非存在违法阻却事由,否则构成要件符合性具有违法性推定机能(认识根据说)。这是日本和我国台湾地区的多数说②。后者主张,构成要件该当性与违法性之间为形式与实质的关系,如日本的曾根威彦就持该观点③,此时,行为符合构成要件的评价,仅止于事实上推定行为的违法性,违法阻却事由只是违法性的一部分,而非违法性本身或全部。

两阶层理论是在克服三阶层理论隐含的弊端之基础上,发展起来的。三阶层理论主要有两大弊端:其一,主张构成要件符合性与违法性之间为"原则与例外"的关系,会造成违法性空洞化、形骸化;其二,三阶层理论往往无法妥善处理容许性构成要件错误(阻却违法事由前提事实之误认,主要是假想防卫)与反面容许性构成要件错误(偶然防卫)问题。与之相应,为消除构成要件符合性与违法性之间"原则与例外"关系所产生的弊端,将构成要件与违法性融为一体,不失为可供选择的方法之一。德国学者 Samson 就认为:"三阶层理论所说的犯罪构成要件该当性和违法性的作用都是在确定犯罪的不法内涵,二者在性质上并无差异,不一样的仅仅是他们对于不法内涵的描述的形式,一个是从正面的方式去描述,一个是从反面的方式去描述而已。"④于是,因构成要件该当性与违法性合而为一个整体的评价阶层,三阶层理论便嬗变成两阶层理论。在德国,为解决容许性构成要件错误问题,刑法理论上发展出了消极的构成要件理论(又称负面或反面构成要件要素理论:Lehre von den negativen Tatbestandsmerkmalen)。少数学者则以消极的构成要件理论为基础,提出了"整体——不法构成要件"概念,试图将所有的确定不法成立和排除不法成立的特征都包揽其中。依据该理论,构成要件与正当化根

---

① 林钰雄:《新刑法总则》,中国人民大学出版社,2009 年版,第 101 页。
② 参见陈子平:《刑法总论》(2008 年增修版),中国人民大学出版社,2009 年版,第82 页。
③ 参见[日]曾根威彦:《刑法学基础》,黎宏译,法律出版社,2005 年版,第 185 页。
④ 转引自黄荣坚:《基础刑法学(上)》(第三版),中国人民大学出版社,2008 年版,第120 页。

据之间的关系,不再是一个为一般禁止(generelles Verbot)另一个为自立的许可规范(selbständige Erlaubnisnorm),更多地是排除不法的根据显得成了禁止规范(Verbotsnorm)的一个限制(Einschränkung)。从犯罪系统的角度看,行为的构成要件符合性与违法性被融合为一个一体的评判层面(eine einheitliche Wertungsstufe)(=二分犯罪构造:整体不法构成要件+责任)。①这样,犯罪阶层体系也由三阶层异化为两阶层。

支撑两阶层理论的理由,主要有三点:(1)违法性阶层与构成要件阶层既然都决定行为的不法,没有分割成两个阶层的道理;(2)一个犯罪构成要素是构成要件要素还是阻却不法的违法性要素,往往是法条上语法结构意外造成的,并非它们本质上有所不同,且有些违法要素不存在的效果是阻却构成要件,而非阻却违法;(3)在容许性构成要件错误的场合,两阶层体系的解决方案干净利落,因为属于不法构成要件错误而构成要件不合致,在偶然防卫的情形下,只有依两阶层理论才能成立未遂。这一点是近年来两阶层理论的最佳抗辩。②

质疑两阶层理论的理由,大体有:(1)两阶层理论只是"朝三暮四"的标签圈套而已。二阶虽然换个标签,但检验根本就是三阶,因为实际上还是要判断"到底构成要件是否该当""有无阻却违法事由"及"罪责(有责性)"三阶,把前两阶说成是一阶,有何特别的意义可言,备受质疑;(2)忽略构成要件该当性与违法性之间的差异,将二者混为一谈,使得"自始无侵害法益因而不该当构成要件之行为"与"已经侵害保护法益该当法定构成要件,但有阻却违法事由之行为"在评价上等量齐观,难以服众,且也漠视了违法阻却事由的本质;(3)将构成要件不该当与具备违法阻却事由都说成是容许的行为,会造成防卫权利判断标准的混淆;(4)构成要件该当性与违法性的区别,本来也是判断禁止类推界限的基准,两阶层理论将二者合二为一,无助于类推禁止界限之判断③;(5)构成要件和违法性的作用不只是在表现不法,而更有刑事政策上的功能;(6)构成要件所涉及的是犯罪类型,依据一定的类型作不法的判断,是抽象的、通例的判断,但阻却违法的判断却是在个案作有无社会危险性的具体判断,所做的是牺牲较低利益、保护较高利益的衡量,这种权衡性

①　参见[德]约翰内斯·韦塞尔斯:《德国刑法总论》,李昌珂译,法律出版社,2008年版,第72-73页。

②　参见许玉秀:《当代刑法思潮》,中国民主法制出版社,2005年版,第87页。

③　参见林钰雄:《新刑法总则》,中国人民大学出版社,2009年版,第103-104页。

的判断在构成要件合致判断中不会出现,但会影响量刑;(7) 构成要件阶层决定行为是否具有刑事不法,违法性阶层则解决法域的冲突,避免法秩序的矛盾①。

行为能否成为犯罪阶层体系中的独立阶层,也是大陆法系国家刑法理论上颇具争议的问题。如在"行为—违法性—责任—构成要件""行为—构成要件适当性及侵害性—违法性—责任""行为—不法—责任"等犯罪阶层理论中,行为都被确立为独立的阶层,并被设定为首要要件。但行为作为一个独立的阶层被驱逐出犯罪阶层理论,与罪刑法定原则在大陆法系国家的确立及向纵深发展密不可分。否定行为可以成为犯罪阶层体系中独立阶层的观点,在当下依旧是有力的学说。如日本的大塚仁先生指出:"在以罪刑法定主义为基本原则的今日刑法学上,犯罪必须是符合刑罚法规所规定的构成要件的东西,作为犯罪的构成要素,不应该把单纯的行为本身而应该以符合构成要件的行为作为问题对待。在犯罪论的基底上所思考的行为,如上所述,毕竟只不过是刑法判断的对象,不能成为关于犯罪成否的刑法判断的标准。"②然而,在日本,近年来出现了一种折中的观点,其重视作为犯罪论的存在基础的行为,在构成要件该当性之前单独论述行为的犯罪论体系③。

的确,罪刑法定原则作为近现代刑法的铁则,在刑事学派的对抗中,不时受到了责难,但大陆法系各国当下的刑法典中都叙明了该原则,其所承载的保护和保障公民权利、防止国家刑罚权被肆意运用或扩展的机能,从未被否定或虚化。"此外,罪刑法定原则被写入国际条约,得到国际上的承认。"④即使出于刑事政策的考量,罪刑法定原则作为刑事政策不可逾越的藩篱,也始终得到了遵守。犯罪行为必然侵害或威胁一定的法益,因此,将作为行为人主客观相统一的行为设定成犯罪阶层体系中的独立阶层,实无必要,构成要件符合性完全可以将与刑法规范意义无关的现象排除出去。同时,与罪刑法定原则之间存在实质性联系的阶层式犯罪构成,演进的方向从来就不是试图割裂或松弛与该原则的实质性联系,相反,而是如何在罪刑法定原则下更好

---

① 参见许玉秀:《当代刑法思潮》,中国民主法制出版社,2005 年版,第 88 页。

② [日]大塚仁:《刑法概说》(总论),冯军译,中国人民大学出版社,2003 年版,第 108 页。大谷实先生也持类似的观点,参见[日]大谷实:《刑法总论》,黎宏译,法律出版社,2003 年版,第 71-72 页。

③ 参见[日]野村稔:《刑法总论》,全理其、何力译,法律出版社,2000 年版,第 85 页。

④ [德]耶赛克、魏根特:《德国刑法教科书》,徐久生译,中国法制出版社,2001 年版,第 163-164 页。

地彰显人权保障机能,以确保刑罚制裁的合理、有效。

(二)三阶层之提倡

由与罪刑法定原则的实质性联系和主客观相统一基础上的择一价值选择的角度观之,我国的犯罪阶层理论业已拉开了帷幕,阶层性之间的分歧也已然出现。如陈兴良先生支持"构成要件的符合性—违法性—有责性"三阶层体系①,而张明楷先生则主张两阶层体系,即犯罪构成由客观(违法)构成要件与主观(责任)构成要件组成,违法阻却事由在客观(违法)构成要件中讨论,责任阻却事由在主观(责任)构成要件中讨论②。那么,在我国的主客观情势下,犯罪构成阶层化之后以几阶层为妥当? 笔者以为,结合我国的罪刑法定原则和主客观相统一基础上的价值择一的遴选来看,宜倾向于"构成要件的符合性—违法性—有责性"三阶层体系。

罪刑法定原则在大陆法系国家,已然根深蒂固,而在我国则根基尚浅,且双重表述使得包含的积极侧面突出了出罪禁止的社会保护机能,因此,必须要还正罪刑法定原则原初意义上的保护和保障公民权利、防止国家刑罚权被肆意运用或扩展的机能,并以犯罪构成为枢纽,进行实质性的展开。

尽管部分学者认为:"1979 年以及 1997 年两部刑法典都吸收了主观主义和客观主义的有益思想,很难讲,哪部刑法典就一定表现出什么样的立场倾向或者刑法经过 1997 年的修订,就由主观主义转向客观主义。"③这种观点明显误读了客观主义与主观主义对抗的历史。

细察历史不难发现,与我国的罪刑法定原则有着沿革上渊源的德意志、日本,都是专制集权主义极为浓厚的国度,因此,以理性等近现代法治理念对其改造的每一步无不举步维艰。在刑法领域,其鲜明地征表为,罪刑法定原则在刑法学派的交锋中,趋于完善。刑事实证学派在对罪刑法定原则否定不成功后,向改造该原则转型,故以主观主义为理论基础改造后的罪刑法定原则,贯穿了以社会为本位的思想。与之相适应,罪刑法定原则的经典表述异化为:行为时刑法无明文规定的不罚;行为非出于故意或过失的不罚。④ 即

---

① 参见陈兴良主编:《刑法学》,复旦大学出版社,2003 年版,第 50 页。陈兴良先生曾提出了"罪体—罪责—罪量"三位一体的犯罪构成体系,参见陈兴良:《规范刑法学》,中国人民大学出版 2008 年版,第 105 - 108 页。

② 参见张明楷:《刑法学》(第三版),法律出版社,2007 年版,第 98 页。

③ 郭泽强:《我国刑法中主观主义地位的界定》,《法学》2005 年第 5 期。

④ 参见宁汉林、魏克家:《大陆法系刑法学说的形成与发展》,中国政法大学出版社,2001 年版,第 53 页。

承认构成犯罪而不处罚的情形,这样在社会本位下,原本罪与罚相统一的格局被打破,罪与罚可以相分离,犯罪圈得以扩张。于是,罪刑法定原则保护和保障公民权利、防止国家刑罚权被肆意运用或扩展的机能被虚化。学派交锋式微后,作为自由保障基石的罪刑法定原则,最终为现代法治国(包括德日)所遵守,这深刻地影响了修订后的我国刑法,从而导致了在主客观相统一旗帜下的客观主义倾向。

因此,修订后的我国刑法并非双重地汲取了客观主义与主观主义的有益思想,既有的客观主义与主观主义表现,只是在主客观相统一旗帜下倾向于客观主义时,使得客观主义对主观主义驱逐不彻底而已。随着罪刑法定原则的人权保障机能的还正,以及单纯的主客观相统一因缺乏现实形态而难以为继,必然作进一步的价值遴选,向客观主义转型将是不可逆转的方向。

"当刑法学者还没有发现该区分现象或甚至尝试拒绝区分的时候,这些国家的刑法规定必须建立起不法与罪责的区分。"[①]这在我国同样适用。虽然无论是三阶层还是两阶层,都不否定不法与罪责的区分,但在区分构成要件的符合与违法性是否有必要上,三阶层与两阶层迥然有别,承前分析,两阶层理论是在批判三阶层理论的基础上发展起来的,因此,似乎可以认为两阶层理论是对犯罪阶层理论的完善,但即使在德日,也不宜认为两阶层理论是完善的。这从三阶层理论处于通说地位和对两阶层的有力质疑,即可见端倪。而张明楷先生的两阶层理论,至少在如下方面值得省思。

1. 主观主义的隐患

费尔巴哈是在刑法目的下将罪刑法定原则与犯罪构成联系起来的第一人,如前所述,但费氏的犯罪构成在贯彻罪刑法定原则的核心价值上并不彻底,贝林才是真正试图实现罪刑法定原则与犯罪构成的实质性结合之第一人。贝林的努力受到了怀疑,如日本的西原春夫指出:贝林的构成要件论志在实现人权保障、强调罪刑法定原则,但他的构成要件论并不能如其所期待的那样,实质性地发挥了人权保障机能。[②]毋庸置疑的是,其后的构成要件理论之完善,恰恰沿着贝林努力的方向演进,即不是试图撇清与罪刑法定原则的实质性联系,而是在二者的实质性联系基础上,寻求哪些是犯罪成立的要

---

① 许玉秀、陈志辉合编:《不移不惑献身法与正义——许廼曼教授刑事法论文选辑》,台北新学林出版股份有限公司 2006 年版,第 429 页。

② 参见[日]西原春夫:《犯罪实行行为论》,戴波、江溯译,北京大学出版社,2006 年版,第 32-34 页。

件及对作为要件的要素进行不同定位或充实。

张明楷先生明确否定罪刑法定原则包含着积极侧面,认为现行刑法第3条后半段才是对罪刑法定原则的规定,前半段则是为了限制司法机关的出罪权、控制司法上的非犯罪化所作的规定。① 这样罪刑法定原则的人权保障机能得到了还正,以违法与责任为支柱构建犯罪论体系,突破对犯罪的实体认识仅停留在客观与主观上,从而建立起罪刑法定原则与阶层式犯罪构成之间的实质性联系。② 可见,在对传统的四要件的犯罪构成的扬弃并与大陆法系国家犯罪论体系的衔接上,张明楷先生的两阶层体系有了实质性进展。

随之而来的问题是,由于犯罪是违法且有责的行为,而责任判断是对行为所作出的主观的、内部的判断,将认定有责性必须具备的条件归入主观构成要件,即故意、过失是类型化的主观构成要件,是表明非难可能性的两种责任形式,而主观构成要件为有责性奠定基础、提供根据。③ 但将主观要素与规范要素纳入构成要件中的见解,在德日一直备受削弱了罪刑法定原则之人权保障机能的诟病。如日本的泷川幸辰顺应德国构成要件理论的演进,认为构成要件理论应受罪刑法定原则约束,而后来更是主张将构成要件理解为"违法行为类型",只为防止刑法人权保障功能、大宪章功能的动摇,进而否定主观的违法(构成要件)要素,以避免主观的要素被引入构成要件内。④ 因此,在罪刑法定原则在我国根基尚浅,且在采取双面表述突出的社会保护机能的背景下,主观构成要件理论在扬弃传统的四要件的犯罪构成理论,以克服与罪刑法定原则之间缺乏实质性联系的弊端时,并不彻底,能否真正贯彻还正后的罪刑法定原则之人权保障机能,颇值得怀疑。

同时,为克服"认识根据说"中构成要件符合性与违法性之间"原则与例外"关系的弊端,倾向性地选择将构成要件与违法性一体化,赋予客观构成要件符合性是违法性的存在根据之属性,即客观构成要件不是纯粹的法律形式,其所描述的事实不是价值中立的事实,客观构成要件符合性的判断,既是事实判断又是价值判断,既是形式判断又是实质判断。⑤ 因此,两阶层理论在事实判断与价值判断、形式判断与实质判断上,是融合的,两阶层是融合基础

---

① 参见张明楷:《司法上的犯罪化与非犯罪化》,《法学家》2008年第4期。

② 参见张明楷:《以违法与责任为支柱构建犯罪论体系》,《现代法学》2009年第6期。

③ 参见张明楷:《刑法学》(第三版),法律出版社,2007年版,第208、210页。

④ 参见陈子平:《刑法总论》(2008年增修版),中国人民大学出版社,2009年版,第93页。

⑤ 参见张明楷:《刑法学》(第三版),法律出版社,2007年版,第123、124、126页。

上的阶层,这与大陆法系犯罪阶层理论试图分清事实判断与价值判断、形式判断与实质判断的努力(尽管事实上是交叉后再递进),似乎背道而驰。"构成要件该当性的判断仅仅是形式的、类型的判断,因此在进行判断时不应当掺入作为实质性的、非类型的违法性的判断。而且,为了在判断犯罪的构成与否方面尽可能避免法官的随意判断,在法官进行实质的判断之前,有必要在形式上将犯罪与非犯罪区别开,构成要件该当性的判断正是因应这种要求而进行的。"①而将构成要件符合性与违法性合二为一,较之三阶层理论检测次数有所减少,人权保障的信赖度势必降低。且对客观构成要件进行实质的解释,并将"某种事实'符合'客观构成要件",界定为"某种事实并不缺少客观构成要件所要求的内容"②,会削弱或虚化罪刑法定原则,至少该理论所支撑的罪刑法定原则实质上亲近于刑事实证学派意义上的罪刑法定原则,主观主义隐患不容忽视。其实,基于罪刑法定原则角度,德国刑法将"盐酸"解释为"武器"③,日本刑法将"电力"视为盗窃罪中的"财物"④,这在德日刑法理论上并非没有争议。张明楷先生将"国库券"解释为"有价票证",如出一辙。

2. 跨越式发展的隐患

如前所述,大陆法系国家的两阶层理论是在批判三阶层理论的基础上发展起来的,旨在克服三阶层理论某些方面的弊端。然而,张明楷先生的两阶层理论是在批判传统的四要件的犯罪构成缺乏阶层性,并借鉴德日犯罪阶层理论的积极成果基础上,建构起来的。受罪刑法定原则的约束,法治初期的犯罪阶层理论,无不滥觞于三阶层(德日皆如此),两阶层有弱化、虚化罪刑法定原则之虞,且即使在法治发达的当下,三阶层理论在德日依旧处于通说地位。因此,在我国罪刑法定原则根基未稳的情况下,犯罪构成向阶层化演进,"毕其功于一役"地跨越三阶层直接采纳两阶层,并不符合当前我国的客观情势,三阶层是我国犯罪构成阶层化过程中难以逾越的阶段。

尽管张明楷先生一再强调客观违法与主观责任之间,不是一种相加关系,而是一种限制关系——主观责任是对客观不法确立的评价范围的进一步限缩。这是对传统刑法理论客观危害与主观恶性之间缺乏递进关系的摒弃,

---

① [日]野村稔:《刑法总论》,全理其、何力译,法律出版社,2000年版,第85页。

② 参见张明楷:《刑法学》(第三版),法律出版社,2007年版,第125、126页。

③ 参见[德]汉斯·海因里希·耶赛克、托马斯·魏根特:《德国刑法教科书》,徐久生译,中国法制出版社,2001年版,第198页。

④ 参见[日]大谷实:《刑法各论》,黎宏译,法律出版社,2003年版,第132页。

也是对四要件的犯罪构成诸要件之间实质上简单相加关系(综合评价)的否定。这值得褒扬。但在阶层化过程中,将构成要件符合性与违法性一体化之后,在克服了"原则与例外"关系弊端的同时,衍生出了新的弊端。诚然,在大陆法系国家,"对犯罪行为违法性的积极的认定在司法实践中是不存在的"①,同样,责任的推定没有意义,责任的认定必须积极地判断。构成要件到底只不过是犯罪的大框架,对构成要件符合性的有无这个第一犯罪成立要件问题的回答,只有符合或不符合的答案,不能回答符合到什么程度的问题,但是,关于违法性,不仅要解决违法性的问题,在违法的问题解决之后,还要解决违法性的程度问题,故构成要件符合性的判断只是符合法律规定的类型的所谓类型性判断,而违法性判断则具有更实质意义的非类型性判断的性质。② 将构成要件符合性与违法性一体化并置于"不法"(客观违法)概念下,在阶层上还会受到前文列出的大陆法学者所提出的诸多质疑。

此外,两阶层有容易被平面化的危险。日本的大塚仁与美国的 George P. Fletcher,都有着类似的论述。大塚仁认为,区分犯罪的客观要素与主观要素的体系,在德国以前就很常见的,并对日本刑法学产生了重要影响,但将犯罪的构成要素仅仅平面地区分为客观的东西与主观的东西,不能正确地把握犯罪的实体。③ 甚至有学者认为,将犯罪的成立要件区分为客观与主观两个方面的历史,可以追溯至早期的启蒙思想家那里。"犯罪的主观归责与客观归责的区分在德切安诺(1590)、特窝多里古斯(1618)、普登多夫(1660)、沃尔夫(1738)、胡梅尔(1784)关于犯罪的理论中,已经得到了深入的展开。"④ George P. Fletcher 则指出,英美法系国家属于二元的犯罪论体系,该体系将犯罪划分为犯罪行为(犯罪行为的外部方面)与犯罪心态(犯罪行为的内部方面),认为犯罪必须是犯罪行为与犯罪心态的统一;四元的犯罪论体系是对二元体系的某种改进,主要是共产主义关于刑事责任的文献的创造物;二元体

---

① [德]汉斯·海因里希·耶赛克、托马斯·魏根特:《德国刑法教科书》,徐久生译,中国法制出版社,2001 年版,第 286 页。

② 参见[日]大塚仁:《犯罪论的基本问题》,冯军译,中国政法大学出版社,1993 年版,第38 - 39 页。

③ 参见[日]大塚仁:《刑法概说》(总论),冯军译,中国人民大学出版社,2003 年版,第104、107 页。

④ 李海东:《刑法原理入门:犯罪论基础》,法律出版社,1998 年版,第 18 - 19 页。

系与四元体系共同的主要缺陷为,本质上都是主观与客观相对抗的二元论。①虽然我国部分学者认为,英美法系二元的犯罪论体系是阶层化的,但域外的刑法学者通常认为其是平面的。因此,扬弃传统的四要件的犯罪构成后,跨越式地主张两阶层理论,如果不突出罪刑法定原则和客观主义的立场,极易滑入平面的犯罪论体系的误区和主观主义的泥潭。而且要避免这一风险,企图通过简单地强调从客观到主观的顺序,即只有在查明了客观事实的前提下,才能判断主观心理状态②,是远远不够的。因为,传统的四要件的犯罪构成的捍卫者,尤其是坚持通说顺序的学者,从未放弃强调从客观到主观判断的逻辑,但这并不能实质性地改变四要件的犯罪构成所具有的平面化的特征。

值得一提的是,与两阶层理论关系紧密的消极的构成要件理论。消极的构成要件理论受到广泛的关注始于德国的 Baumgarten,其指出,构成要件的概念始于故意相关的全体犯罪要素,既包括记载于刑法典分则中的犯罪要素,又包括分则中未规定的违法阻却要素,但不包括客观的处罚条件。理由是,立法者并不要求客观的处罚条件与故意之间有关系,而所有的(至少大部分)违法阻却事由,对犯罪而言很重要。③显然,消极的构成要件成了构成要件符合性与违法性的上位概念,构成要件符合性与违法性被融为一体,而构成要件符合性与违法性其中之一,必然丧失独立的机能。这并未得到当时刑法学界的广泛认同。然而,错误理论,尤其是对与违法阻却事由联系紧密的错误的研究,使得消极的构成要件理论获得了发展的契机。Lang-Hinrichsen 提出了"整体——不法构成要件"概念,并主张构成要件是违法性的实在根据,违法性与构成要件符合性之间是特殊与一般的关系。④这样,构成要件不仅包括类型的(刑法分则中的)要素,也包括非类型的(刑法总则中的)要素。由于这种理论存在否定了构成要件所具有的保障机能的一面,是对犯罪构成与罪刑法定原则实质性联系关系的一次松弛,因此,在德国遭到了诸多批判。

---

① 转引自周长军:《犯罪论体系的程序向度:研究误区与理论反思》,载《清华法学》2008年第 3 期。

② 参见张明楷:《刑法学》(第三版),法律出版社,2007 年版,第 210 页。

③ 参见[日]西原春夫:《犯罪实行行为论》,戴波、江溯译,北京大学出版社,2006 年版,第43 页。

④ 参见[日]西原春夫:《犯罪实行行为论》,戴波、江溯译,北京大学出版社,2006 年版,第45 页。

如耶赛克、鲍曼、伯克曼、希尔施、雅各布斯等学者就拒绝消极的构成要件理论。① 但暂时倾向于承认消极的构成要件理论,是德国刑法学大的趋势,其中不乏相当多的权威学者②,故消极的构成要件理论"正在退却、消亡",是立足于罪刑法定原则之人权保障机能的断言,而该理论"开始受到欢迎"的论断,更多地出于其在错误理论上的积极功效,可见,二者是基于不同角度得出的不同结论。张明楷先生未采纳消极的构成要件理论③,由罪刑法定原则的角度观之,具有合理性。

最后,两阶层体系,还存在一些细节性问题。如将无责任能力作为责任阻却事由加以论述④,导致了责任能力与主体本身(客观构成要件要素)相分离。日本的夏目文雄等人就曾指出:"将责任能力作为责任(主观方面)的问题加以论述,但将其与主体加以分离论述是不妥当的。"⑤当然,该问题并非为两阶层体系所独有,在通说的三阶层体系中同样存在。

可见,现存的犯罪论体系都不完美,其区别至多是弊端的多寡及程度的深浅。毕竟,完美仅存在于理想与追求中。"有缺点的东西而不同时克服其缺点,这个缺点对它说来就不是缺点。"⑥犯罪阶层理论中包含的缺点,是我国犯罪论体系阶层化不得不付出的代价,但这较之维系传统的四要件的犯罪构成所付出的代价,要小得多。犯罪构成阶层化之后,如何将这种缺点所产生的负面影响最小化,将是不容忽视的问题;而在这之前,在继续夯实罪刑法定原则的根基及增强该原则与犯罪构成之间的实质性联系引导下,趋向"构成要件的符合性—违法性—有责性"三阶层体系,循序渐进地推进犯罪构成理论的变革,才是顾盼于历史与现实间,在犯罪构成阶层化过程中应坚持的基本立场。

---

① 参见[德]汉斯·海因里希·耶赛克、托马斯·魏根特:《德国刑法教科书》,徐久生译,中国法制出版社,2001年版,第308页。

② 参见[日]西原春夫:《犯罪实行行为论》,戴波、江溯译,北京大学出版社,2006年版,第45页。

③ 参见张明楷:《刑法学》(第三版),法律出版社,2007年版,第124页。

④ 参见张明楷:《刑法学》(第三版),法律出版社,2007年版,第210页。

⑤ 转引自陈家林:《外国刑法通论》,中国人民大学出版社,2009年版,第122页。

⑥ [德]黑格尔:《法哲学原理》,范扬、张企泰译,商务印书馆1961年版,第20页。

第五章

中西刑法文化比较视野中的定罪标准

定罪是依照刑法的规定,对某一行为是否构成犯罪、构成什么犯罪以及重罪还是轻罪的一种确认与评价。[①] 它是刑法理论和司法实务的核心,也是归责、量刑的前提。定罪标准是衡量犯罪成立与否的尺度,由于各国犯罪论体系不同,定罪标准不尽相同,甚至差异迥然。追溯这种差异的渊源,中西刑法文化因素的影响当不容忽视。西方刑法的定罪标准基本上是犯罪阶层体系,即单一标准,其中影响广泛的是"构成要件该当性—违法性—有责性"三阶层的体系。而我国的定罪标准则是犯罪概念、犯罪构成的双重标准,这既有来自我国传统礼法刑法文化的纵向影响,又有源于大量移植西方刑法文化下孕育出的刑法理论的横向影响。因此,这种双重标准在获得发展的同时,不可避免地带上了至少存在于我国传统礼法文化和中西刑法文化冲突中的两重弊害,其在逻辑上的延伸与人权保障等法治国理念背道而驰。鉴于此,有必要深入剖析不同刑法文化下的定罪标准,并做出省思,使得我国的定罪标准扬长避短,趋于合理化。

第一节 刑法文化分界与定罪标准的差异

中西刑法文化的异同颇多,其中就其相异的方面而言,若认为我国传统

---

① 陈兴良:《本体刑法学》,商务印书馆 2001 年版,第 381 页。

的刑法文化以"德主刑辅"为精要,则西方的刑法文化是以"理性"为枢纽。由此展开的定罪标准,出现了单一标准与双重标准的分野。

一、西方刑法文化之单一标准

与我国传统法律文化中礼法相结合彰显出人治精神不同,西方的刑法文化连接着传统的法治精神①,这在柏拉图(Plato)晚年的《法律篇》中已初现端倪。基于"哲学王之治"理想的破灭和人性恶的省悟,柏拉图在统治模式上转向了次优方案的法治。这一思想在传承的谱系上虽屡遭挫折,但始终绵延未绝,即"人性恶→法治→分权→三权分立→人权",且在传承的过程中,法作为正义和理性的象征,逐步深入人心,并引导着民众为确保法律至上,为一项项权利进行着不懈的斗争,最终引导西方社会率先实现法治。与此相反的是,在我国传统法律文化中法只是陶冶"蛮民"的弥缝性技术,诚实的民众与法无关,他们远离法院,忽视法,遵循祖先传下来的道义、礼仪规范而生活。② 这种人治和法治的分野,"不在人和法这两个字上,而是在维持秩序时所用的力量,和所根据的规范的性质"③。在人治的基本格局下,"人就是一个生物服从另一个发出意志的生物罢了"④,大抵"都遵循一条根本规则:暴力最强者说了算"⑤。因此,法本身是一种理想还是弥补性手段的不同定位,在刑法尤其是定罪上表现出来的差异,可谓天渊之别。虽然法治框架下的法律也要依靠权力支撑和人来执行,从而难免混入人的因素,但在法治的理念下,"法律的基本作用之一乃是约束和限制权力,而不论这种权力是私人权力还是政府权力"⑥。这使得法律成为权力的界限,且更为重要的是法律是权力的来源和基础。在刑法领域内,罪刑法定原则将法治的旨趣继承并拓展开来,犯罪阶层体系渊源于罪刑法定原则,罪刑法定原则要求处罚犯罪以行为时法律有明文规定为限,故法律对犯罪的规定是否要件分明、是否严谨等,直接折射出罪刑

---

① 参见张中秋:《中西法律文化比较研究》(第四版),法律出版社,2009 年版,第 314 - 334 页。

② 参见[日]大木雅夫:《东西方的法观念比较》,华夏、战宪斌译,北京大学出版社,2004 年版,第 7 页。

③ 费孝通:《乡土中国 生育制度》,北京大学出版社,1998 年版,第 49 页。

④ [法]孟德斯鸠:《论法的精神》,张雁深译,商务印书馆 2007 年版,第 32 页。

⑤ 吴思:《血酬定律 潜规则》,中国工人出版社,2007 年版,第 98 页。

⑥ [美]E.博登海默:《法理学:法律哲学与法律方法》,邓正来译,中国政法大学出版社,2004 年版,第 371 页。

法定原则的概貌和法治的现状。因此,罪刑法定原则的理论演进和法律实践日趋形成了严谨而可靠的检验犯罪行为的体系,即犯罪阶层体系,这在定罪标准上逐步确立了合事实判断、价值判断为一体的一元模式。

(一)大陆法系国家的定罪标准

在西方哲学史和政治法律思想史上,理性长久以来都在神圣的外衣下被赋予了不同侧面的实质性内容。17、18 世纪的启蒙运动开启了一个"用头立地"的时代,理性不仅得到高扬、运用,更得到拓展。"宗教、自然观、社会、国家制度,一切都受到了最无情的批判;一切都必须在理性的法庭面前为自己的存在作辩护或者放弃存在的权利。"[①]启蒙运动孕育出的刑事古典学派,在刑法领域内开创性地以科学与理性的尺度来审视刑法,但理性主义与经验主义的对立在方法论上导致了事实与价值的分裂,贝林(Beling)和李斯特(Liszt)的古典犯罪论体系建基于宾丁(Bingding)的规范论上[②],这是实证主义对理性主义的一次优势,但客观的、记述的、无价值的构成要件[③],随着规范要素和主观要素的发现,必将受到理性的批判和修正。于是,构成要件最终转向了"在对行为客观特征进行描述的同时,也含有对行为人主观特征的描述;在表达了纯粹的构成要件的事实状况的同时,也含有对行为违法或合法的价值评价"[④]。事实判断与价值判断在构成要件中合二为一,事实判断在逻辑上先于价值判断。此后,这种兼具事实判断和价值判断的构成要件符合性、违法性、有责性之犯罪三阶层体系大体得以维持。"经过深入观察各种阶层体系,更发现其实阶层体系只有一套,就是古典阶层体系所提出来的构成要件合致性、违法性、罪责(有责性)三个判断的那一套。"[⑤]在大陆法系国家,构成要件符合性、违法性、有责性的体系是通说[⑥],即便是新古典暨目的论综合体系(包括二、三、四、五阶层体系)、目的理性阶层体系、实质的犯罪阶层体

---

① 《马克思恩格斯选集》(第三卷),人民出版社,1972 年版,第 404 页。

② 宾丁的规范理论认为,犯罪并非违反刑罚法规本身,而是违反了刑罚法规的前提规范,规范的客体为法益,因此,犯罪的本质是对规范的违反,表现为对法益的侵害。

③ 参见[德]恩施特·贝林:《构成要件理论》,王安异译,中国人民大学出版社,2006 年版,第 1-19 页。

④ 刘艳红:《实质刑法观》,中国人民大学出版社,2009 年版,第 161 页。

⑤ 许玉秀:《当代刑法思潮》,中国民主法制出版社,2005 年版,第 109 页。

⑥ 参见[日]大塚仁:《刑法概说(总论)》(第三版),冯军译,中国人民大学出版社,2003 年版,第 105 页;柯耀程:《变动中的刑法思想》,中国政法大学出版社,2003 年版,第 19-20 页;[意]杜里奥·帕多瓦尼:《意大利刑法学原理》(注评版),陈忠林译评,中国人民大学出版社,2004 年版,译者序第 10 页。

系、Schmidhäuser 的目的论体系、Maurach 的行为责任阶层体系等对构成要件符合性、违法性、有责性三阶层体系中各个要素作不同定位或充实检验,力图基于不同的方法论和价值哲学形成一套新的犯罪阶层体系,其也并未打算割裂同一体系下的事实判断和价值判断,即都维持了定罪的一元标准,这无疑是理性在定罪标准上的凝聚。以罗克辛(Roxin)的目的理性阶层体系为例,该体系在通说体系之阶层中作了判断要素的补充,但未造成阶层的变动,也未在学理上被真正承认为一种新的体系①,却颇有一定影响。目的理性阶层体系以新康德主义(和新黑格尔主义)的观点为基础,将新古典体系中未曾彻底发扬的新康德思想细致化,并增添新内涵,因为新康德主义的文化价值稍嫌模糊,必须代之以刑法体系化所特有的标准,即现代刑罚目的理论的刑事政策基础。② 目的理性阶层体系持续采用"不法"与"罪责"的结构,其特色有二:其一,客观构成要件的归咎理论;其二,扩大罪责概念到"负责性"。③因此,无论是刑事政策上的刑罚目的作为犯罪阶层体系的基础建构价值,还是该体系对于客观构成要件的实现、罪责等,都包含了充分的价值判断。这样事实判断与价值判断在构成要件中合二为一,且事实判断先于价值判断的定罪基本格局并没有改变。尽管犯罪阶层体系在演进中,遭到了来自刑事实证学派的诸多异议,甚至出现了否定或消解构成要件理论的观点,但调整的方向只是"在行为构成要件之内采用无数之概括条款,赋予审判官斟酌认定犯罪事实之权利,不受犯罪规定太多之拘束"④。可见,统一事实判断与价值判断的一元的定罪标准未受到根本性动摇。

(二) 英美法系国家的定罪标准

在英美法系国家双层次性的犯罪构成(Elements of Crime)中,犯罪本体要件(行为和心态)为第一层次,责任充足条件(抗辩事由)为第二层次。⑤ 这种递进的犯罪圈逐步收缩的犯罪构成,同样遵循了事实判断、价值判断合一,事实判断先于价值判断的模式。详言之,在美国,"正统刑法理论的基本要求中,犯罪行为要件,即表述为没有犯罪行为就不能追究责任的原则,最为根深

① 参见许玉秀:《当代刑法思潮》,中国民主法制出版社,2005 年版,第 109 - 110 页。
② 参见[德]克劳斯·罗克辛:《德国刑法学 总论》(第 1 卷),王世洲译,法律出版社,2005年版,第 124 页。
③ 参见林东茂:《一个知识论上的刑法学思考》,台湾五南图书出版有限公司 2001 年版,第 16 页。
④ 蔡墩铭:《现代刑法思潮与刑事立法》,台湾汉林出版社,1996 年版,第 35 页。
⑤ 参见储槐植:《刑事一体化》,法律出版社,2004 年版,第 138 - 139 页。

蒂固,不可动摇"①。犯罪构成中包含了事实判断毋庸置疑。美国的犯罪构成双层模式第一层侧重体现国家意志,发挥刑法维护秩序和保卫社会的功能,第二层侧重体现公民权利,发挥刑法保障人权的功能,制约国家权力。② 由于英美法系国家刑法学者的主流观点认为"辩护事由不存在"是犯罪的独立要素而非行为要素,审判实践中除非被告方提出辩护事由,否则控诉方大抵只需证明犯罪行为要素与心理要素成立,即可推定"辩护事由不存在"。③ 兼审判中严格恪守"实体的正当程序(Substantive Due Process)",因此,在自由主义浓厚的美国绝少出现国家权力对个人权利的不当干涉,而在第二层次中,以排除合法辩护的形式来充实刑事责任条件,美国模范刑法典更是将"抗辩"分为"正当化"与"免责"的,这实质上采纳了德国的三阶层的体系理论。④ 故犯罪构成是一个"定罪过程",而非静态的"犯罪规格",在犯罪构成中纳入了价值判断,坚持了定罪的一元标准。在英国,就犯罪成立要件而言,"根据我国法院在几个世纪以前就已经接受了的格言,犯罪有两个必需的条件,即物质条件和精神条件"⑤。即与美国的大体相当,犯罪构成的第一层包括行为、不作为等犯罪客观要素和故意、轻率、疏忽等犯罪主观要素,第二层为否定要素,包括正当性辩护事由之自我防卫、被害人同意、必然行为等和可宽恕辩护事由之麻醉、精神病、未成年、错误等。可见,在内容和功能上,双层次性的犯罪构成之第一层次与大陆法系犯罪阶层体系中的构成要件符合性大致相当,第二层次与违法性、有责性基本等同。而其他英美法系国家和地区的刑法,如墨西哥、加拿大、印度、我国香港等,基本以英美为蓝本,故事实判断与价值判断统一于犯罪构成中,且事实判断在位阶上先于价值判断,定罪的单一标准得以贯彻。

二、中国刑法文化之双重标准

我国传统法律文化中刑法文化之真谛,绝非一个"刑"字所能概括,因为

① [美]道格拉斯·N.胡萨克:《刑法哲学》,谢望原等译,中国人民公安大学出版社,2004年版,第118页。

② 参见储槐植:《美国刑法》(第三版),北京大学出版社,2005年版,第36页。

③ 参见赖早兴:《英美法系国家犯罪构成要件之辨正及其启示》,载《法商研究》2007年第4期。

④ 参见[日]松宫孝明:《犯罪体系论再考》,张小宁译,载《中外法学》2008年第4期。

⑤ [英]J.W.塞西尔·特纳:《肯尼刑法原理》,王国庆等译,华夏出版社,1989年版,第17页。

舍弃"礼"字,其精髓将黯然失色。一般认为,礼与法的相互渗透与结合,构成了中华法系最本质的特征和特有的中化法文化,且在我国古代"诸法合体,民刑不分"的法典编纂体例上,是以刑为主的,传统法律文化具有"刑治"的特质。① 梅因曾指出:"法典愈古老,它的刑事立法就愈完整、愈详细。"② 这种现象在我国古代征表得尤为明显,且刑法文化主导我国法律文化的基本格局,在清末西方法律文化入侵以前,并未有实质性的变更。尽管各种特定的法观念在各种法律秩序中并非占有排他性的支配地位,表面上居支配地位的法观念之外的各种观念都或多或少地同时且公开地发挥着作用。③ 但礼法交织下的刑法文化,在法是弥补性手段观念渗透下的"家族—乡土"社会,逐步形成了定罪上的双重标准。易言之,在我国传统礼法交融的刑法文化中,礼与法都是行为规范和裁判规范,定罪时既要依据形式的法,又要遵从实质的礼,前者为同一性的行为规范和裁判规范,后者为差别性的行为规范和裁判规范,④但二者的地位和作用并非等量齐观。由于礼作为我国古代社会(帝国)秩序的调节器和稳定器,带有强烈的实用理性色彩⑤,因此,其深刻地影响了法律的品格,引人注目的是法律的儒家化进程。以礼入法,法律儒家化后,礼最终塑造出了我国古代法律独特的定罪精神和风貌。法在定罪中居于基础性地位,主要是强制性或惩罚性手段作用的发挥,而礼则处于高于法的超然支配性地位,更多地侧重于维护贵贱、尊卑、长幼、亲疏、男女差序(等级)格局和进行道德修复。当个案中发生礼与法冲突、法无规定或规定得不明确时,礼往往担当定罪的最终标准,且这种现象在各更迭的王朝中均存在,并都是一种

---

① 参见张晋藩主编:《中国法制史》,中国政法大学出版社,1999年版,绪论第5-6页;梁漱溟:《中国文化要义》,学林出版社,1987年版,第83页;《乔伟文集》编辑委员会编:《乔伟文集》(第4卷),山东大学出版社,2000年版,第76-81页;许发民:《刑法文化与刑法现代化研究》,中国方正出版社,2001年版,第128-129页;徐忠明、任强:《中国法律精神》,广东省出版集团、广东人民出版社,2007年版,第113-153页;张中秋:《中西法律文化比较研究》(第四版),法律出版社,2009年版,第80-94页。

② [英]亨利·萨姆奈·梅因:《古代法》,高敏、瞿慧虹译,九州出版社,2007年版,第459页。

③ 参见[日]大木雅夫:《东西方的法观念比较》,华夏、战宪斌译,北京大学出版社,2004年版,第5页。

④ 瞿同祖先生在《中国法律之儒家化》中,提出法律儒家化实为以礼入法,怎样将礼的精神和内容窜入法家所拟定的法律里的问题。参见瞿同祖:《中国法律与中国社会》,中华书局,2003年版,第355-374页。

⑤ 关于实用理性的论述,可参见李泽厚:《李泽厚哲学文存》(下编),安徽文艺出版社,1999年版,第731-737页。

常态，而绝非为某一个王朝所独有。瞿同祖先生曾指出："儒者为官既有司法的责任，于是他常于法律条文之外，更取决于儒家的思想。中国法律原无律无正文不得为罪的规定，取自由裁定主义，伸缩性极大。这样，儒家思想在法律上一跃而为最高的原则，与法理无异。"①可谓一语切中肯綮。如《后汉书·循吏列传》载："（仇）览初到亭，人有陈元者，独与母居，而母诣览告元不孝。览惊曰：'吾近日过舍，庐落整顿，耕耘以时。此非恶人，当是教化未及至耳。母守寡养孤，苦身投老，奈何肆忿于一朝，欲致子以不义乎？'母闻感悔，涕泣而去。览乃亲到元家，与其母子饮，因为陈人伦孝行，劈以祸福之言。元卒成孝子。"②而《全唐书·良吏列传》载："（韦景骏）开元中，为贵乡令。县人有母子相讼者，景骏谓之曰：'吾少孤，每见人养亲，自恨终天无分，汝幸在温情之地，何得如此？锡类不行，令之罪也。'因垂泣呜咽，仍取《孝经》付令习读之，于是母子感悟，各请改悔，遂称慈孝。"③尽管上述案例相距数百年，但以礼破法的定罪标准却一脉相承。

这种定罪上的双重标准，在清末西方法律文化大举入侵后，虽屡遭冲击，但并没有实质性的变更。随后的民国时期，尽管西方法律文化影响日盛，但较之《大清新刑律》，北洋政府颁行的《中华民国暂行新刑律》除删去了"侵犯皇室罪"一章和有关特别保护皇权的条款、删改了带有帝制色彩的文字，其实质内容并无任何变化。"北洋政府在刑事立法上，最显著的特点是隆礼与重刑。"④南京国民政府在刑事立法上，吸纳西方新的刑法理论和刑法原则，进一步革除礼教内容，但没有完全清除礼教对刑法的影响⑤，而颁行的对自身传统顾及甚少的刑法典，因原有的社会结构和思想观念变革相对滞后，常常陷入了被弱化或虚化的窘境，毕竟，"当一种文化或亚文化区域的规范移入另一区

---

① 瞿同祖：《中国法律与中国社会》，中华书局，2003 年版，第 349－350 页。

② ［宋］范晔撰：《后汉书》，中华书局，1965 年版，第 2480 页。在汉代父母告子不孝，处弃市之刑罚，且其应收之妻子子女不得以爵位和金钱赎罪，更不得免除刑罚。参见苑媛：《汉朝"不孝"罪的历史考察》，载曾宪义主编：《法律文化研究》（第二辑），中国人民大学出版社，2006 年版，第 533－539 页。

③ ［后晋］刘昫等撰：《全唐书》，中华书局，1975 年版，第 4797 页。需指出的是，根据《唐律·名例》的规定，子犯有"不孝"重罪属于"十恶"，罪不可恕，处徒刑；同时，若子告母，也属于"不孝"列入"十恶"重罪，处绞刑。但韦景骏并未依法断案，而是以礼破法，采取了道德说教的方法，感悟母子，了结此案。

④ 张晋藩主编：《中国法制史》，中国政法大学出版社，1999 年版，第 470 页。

⑤ 参见张晋藩主编：《中国法制史》，中国政法大学出版社，1999 年版，第 498－499 页。

域与另一种文化区域的规范相接触时，文化冲突在所难免"①。因此，在中西刑法文化的冲突、融合中，定罪的双重标准较为明显，并常常置审判实践于礼与法的两难境地。② 立法者"可以把其需求按其意志付诸每一项法律内容——但法律上的效力只能在毫不脱离民众生活实际的情况下才能实现，否则民众生活就会拒绝服从它；一项法律只有在其实际运用于大多数情况下时都能指望切实可行时，才会'产生效力'。因为对法权而言，法律实质上不仅是欲然和应然，而且还是人民生活中的一种实际有效的力量"③。即使在新中国彻底废除《六法全书》，断绝与传统刑法文化联系，进行刑法制度、刑法典的重新构建后，定罪双重标准也始终如幽灵般隐现。这种状况在 1997 年刑法修订后和对域外刑法理论、刑法制度的大量介绍下，依然存在，并在可见的未来仍将持续下去。不过，其表现形式已然不是简单地以礼破法或道德准则对法律规则的粗暴凌驾，而是审判实践中法官有意或无意地将社会危害性作为定罪的实质标准进行价值判断，将耦合式的犯罪构成更多地作为定罪的形式标准进行事实判断，因此，若法官认为某行为具有严重的社会危害性，则会寻找形式的法律根据。

由刑法文化角度观之，"家族—乡土"社会下的我国传统刑法文化，因礼的深度渗透和人治模式的贯穿，刑法带上了召之即来挥之即去的忠实包衣色彩，这在西方刑法文化所凸显出的正义、平等、人权等法治理念冲击下，伴随着家族特色的消解和乡土社会向城乡二元结构转型，更加显出直不起腰来的奴才形象，故其原有的大量有悖于正义、平等、人权等现代法治理念的实质性内容，难免沦为历史的遗迹。然而，我国传统刑法文化绝非一无是处，的确，儒家法家（包括道家等）的许多思想在当下已然不合时宜，但深刻左右我国刑

---

① ［英］布罗尼斯拉夫·马林诺夫斯基、［美］索尔斯坦·塞林：《犯罪：社会与文化》，许章润、么志龙译，广西师范大学出版社，2003 年版，第 133 页。

② 费孝通先生列举的民国时期的案例：有个人因妻子偷了汉子打伤了奸夫。在乡间这是理直气壮的，但是和奸没有罪，何况没有证据，殴伤却有罪，故裁判陷入两难处境。并认为，现行的司法制度在乡间发生了很特殊的副作用，它破坏了原有的礼治秩序，但未能有效地建立起法治秩序。这是对民国时期礼法冲突及定罪标准两难的精准表达。参见费孝通：《乡土中国　生育制度》，北京大学出版社，1998 年版，第 58 页。

③ ［德］拉德布鲁赫：《法学导论》，米健、朱林译，中国大百科全书出版社，1997 年版，第 2 页。

法文化生成和刑法走向的儒家法家等,无不奉维持社会秩序为圭臬。① 这在我国社会结构业已呈现农村城市二元结构、传统刑法文化与西方刑法文化冲突融合并初现刑法文化时代内涵端倪的当下,并不能断言其已经过时,相反,随着我国经济社会的进一步发展,城市化进程的深入推进,尤其是在我国业已成为全球第二大经济实体并急剧缩小着与第一大经济实体美国之间的差距下,虽然社会仍然存在诸多有待解决的矛盾,甚至有些矛盾尚尖锐,但国家整体上稳定有序,进入了华夏三千年未有之盛世(李傲语),因此,传统的礼治秩序让位于法治秩序已是不争的事实,尽管当下至少二元的混合秩序(如习俗、宗规、礼仪)离法治秩序尚远②,但中央集权一元体制下的中国高扬法治旗帜是也更将是坚定不移的方向,并在法治之路上会越来越自信,且正在开辟一条有别于西方却可能与西方并驾齐驱的法治之路。这在刑法文化上的表征为:西方刑法文化与传统刑法文化冲突融合中,契合我国客观情势,初现端倪的刑法文化时代内涵,是一种本于我国近现代以来,尤其是上世纪 70 年代末以来法律实践的原生态的内涵,其既不是在传统刑法文化上,对西方刑法文化的移植或嫁接,也不是在完全不顾及或刻意回避传统刑法文化下,对西方刑法文化批判地吸收,而是在对秩序价值的倚重下,批判地吸收人权等现代法治内容,这在修订后刑法的目的、任务中表现得尤为明显③,而秩序价值既有对传统刑法文化下秩序内容的容纳,又有对西方刑法文化下秩序内容的涵摄,但其既非传统的,也非西式的,而是工具理性与价值理性交融的产物,秩序价值确立了刑法文化时代内涵应对犯罪的基本立场和基本框架,即效率前提下的合理,支撑这种秩序的实质性内核是现代民主的而非专制的理

---

① 瞿同祖先生认为儒家法家都以维护社会秩序为目的,区别仅在于它们对于社会秩序的看法和达到这种理想的方法。儒家以礼为维护社会秩序之行为规范,法家以法律为维护社会秩序之行为规范,儒家以德教为维持礼之力量,法家以法律制裁为推行法律之力量。儒法对抗的时代为战国及秦,西汉后儒法之争渐趋消失。参见瞿同祖:《中国法律与中国社会》,中华书局,2003 年版,第 292、329 页。

② 刘作翔先生认为,当代中国法律文化呈现"二元结构",即并存着以适应现代化社会潮流的较为先进的制度性法律文化和以传统社会为根基的较为落后的观念性法律文化。参见刘作翔:《法律文化理论》,商务印书馆 1999 年版,第 262 - 274 页。

③ 我国刑法关于刑法的目的、任务之规定,承苏俄刑法而来,苏维埃刑法的任务以各个时期国家的任务为转移,苏联的重要刑事法规都明确了刑法的目的和任务,这在法国、德国等资产阶级刑法典中是没有的。参见王立民主编:《中国法律与社会》,北京大学出版社,2006 年版,第 449 - 451 页。

念。毋庸置疑,清末以来我国先后颁布了七部较为重要的刑法典①,除《大清现行刑律》外,对西方刑法理念和制度等纳入力度愈来愈大,对传统的刑法文化顾及愈来愈少,但不宜由此得出刑法文化时代内涵是在西方刑法文化框架内批判地吸收我国传统刑法文化内容的结论。因为,这种刑法文化时代内涵区别于传统刑法文化最为明显的是,它承认、尊重、维护个人利益,否定义务本位,背离贵贱、尊卑、长幼、亲疏、男女差序格局下的秩序,即不是"从自己推出去的和自己发生社会关系的那一群人里所发生的一轮轮波纹的差序"②,道德对社会关系的实质性调整,已分崩离析,偶尔的残留也只是寄身在法律的许可(包括默许)下或因法治精神的重塑其实质内容已隶属法律的而非道德的范畴;其区别于西方刑法文化最明显的特征在于对秩序价值的倚重,即是在秩序价值下最大化地追求正义、平等、人权等价值,当二者之间冲突时秩序价值居于优先地位,其主要是个人利益对集体、社会、国家利益的让位。相应地反映在定罪标准上,既不可能是对西方,尤其是大陆法系国家刑法中定罪标准的简单移植,也不会是对脱胎于苏俄的既有定罪标准的固守。

第二节　中国特色文化与双重标准的困境

批判,只有联姻建构时,才能彰显出价值。民主、法治、人权是人类历史发展中逐步形成的价值观,是人类共同的价值追求,差别仅在于具体时空下的不同情势决定了实现途径、模式等不尽一致而已。在我国,人治已向法治转轨,"以法治国"走向"依法治国""依法执政",以人为本理念下权力运行、制约机制逐步进入法律轨道,这使得我国的刑事法治不仅重视形式的刑事法治国,也追求实质的刑事法治国,即包容性刑事法治国。其中,形式的刑事法治国是前提,实质的刑事法治国是补充,补充的途径是通过刑法解释追求实质正义,发展形式的刑法规范。③

罪刑法定原则作为近现代刑法机能的承担者,已由原初的人权保障机能发展到兼顾社会保护机能,即"不仅必须提供适当的方法和手段来预防犯罪,

---

①　这七部刑法典分别为:清末 1910 年的《大清现行刑律》和《大清新刑律》;北洋时期 1912 年的《中华民国暂行新刑律》;国民党时期 1928 年和 1935 年的《中华民国刑法》;中华人民共和国 1979 年和 1997 年的《中华人民共和国刑法》。

②　费孝通:《乡土中国　生育制度》,北京大学出版社,1998 年版,第 27 页。

③　参见刘艳红:《实质刑法观》,中国人民大学出版社,2009 年版,第 115 页。

而且必须限制刑罚力的干涉,从而不会使公民毫无保护地受到'荒蛮国家'的任意或者过分对待"①。而如何妥善处理两种机能之间的关系,是各国刑法都面临的难题。即使在德日,该问题的处理也常常在二者之间迟疑,如德国刑法将"盐酸"解释为"武器"②,日本刑法将"电力"视为盗窃罪中的"财物"③,这并非没有争议。我国现行刑法第 3 条规定:"法律明文规定为犯罪行为的,依照法律定罪处罚;法律没有明文规定为犯罪行为的,不得定罪处罚。"罪刑法定原则带上了浓厚的"中国特色",其中,前半段被称为罪刑法定原则的积极侧面,后半段被称为消极侧面,且积极侧面毁誉参半。立足于刑法文化的角度,尽管在我国古代就有关于严格按照成文法定罪的思想④,但事实上,它与发端于自然法理论、权力分立思想、心理强制说的罪刑法定原则并无关联。清末以来,1910 年《大清新刑律》第 14 条规定:"凡律例无正条者,不论何种行为不得为罪。"这是罪刑法定原则在我国刑法中首次出现。其后,《中华民国暂行新刑律》第 10 条规定:"法律无正条者,不问何种行为,不为罪。"1928 年、1935 年《中华民国刑法》第 1 条规定:"行为时之法律,无明文科以刑罚者,其行为不为罪。"由于文化差异及时局动荡等,罪刑法定原则基本被悬置。1979 年《中华人民共和国刑法》未规定罪刑法定原则,刑法修订后重新确立了罪刑法定原则,但增加了积极侧面。

包含积极侧面的罪刑法定原则对定罪标准有何影响,值得省思。尽管罪刑法定原则应否包含社会保护机能,理论上存在激烈争辩,但毋庸置疑,彻底否定罪刑法定原则蕴含的社会保障机能是不现实的。罪刑法定原则的格言表述为:"法无明文规定不为罪,不处罚(Nullum crimen, nulla poena sine lege.)。"⑤在罪刑法定原则与一般预防的关系上,分歧较大。肯定罪刑法定原则对一般预防的作用,如"法定原则,无论对社会防卫,还是对个人自由,均是

---

① 〔德〕克劳斯·罗克辛:《德国刑法学 总论》(第 1 卷),王世洲译,法律出版社,2005 年版,第 77 页。

② 参见〔德〕汉斯·海因里希·耶赛克、托马斯·魏根特:《德国刑法教科书》,徐久生译,中国法制出版社,2001 年版,第 198 页。

③ 参见〔日〕大谷实:《刑法各论》,黎宏译,法律出版社,2003 年版,第 132 页。

④ 参见宁汉林、魏克家:《大陆法系刑法学说的形成与发展》,中国政法大学出版社,2001 年版,第 27 - 28 页。

⑤ 参见〔德〕冈特·施特拉腾韦特、洛塔尔·库伦:《刑法总论 I——犯罪论》,杨萌译,法律出版社,2006 年版,第 42 - 45 页。

不可或缺少的"①,通常赞成罪刑法定原则的社会保护机能。我国刑法学者在罪刑法定原则是否蕴含社会保护价值上,同样存在分歧。"社会保护机能是通过对犯罪的惩治来实现的,因而属于罪刑法定的积极机能或曰扩张机能……罪刑法定的保障机能和保护机能并非势不两立,而是可以在共同的基础上统一起来并协调发展。"②"罪刑法定主义在犯罪预防目的上亦有重要的作用。"③可列入肯定说。否定说中具有代表性的观点认为,无论是绝对的罪刑法定原则,还是相对的罪刑法定原则,其精神实质都在于保障人权,社会保护机能是刑法的机能而非罪刑法定原则的机能。④ 现代刑法基于"个人—社会"本位承担了社会保护与人权保障等机能,但不宜由此认为罪刑法定原则在当下仅具有人权保障机能,这在规定了包含积极侧面的罪刑法定原则之我国,尤其如此。否定说在逻辑上无法周延。认为刑罚、刑法规范、罪刑法定原则都是刑法的构成要素,社会保护机能主要通过刑罚及包含刑罚的刑法规范产生,人权保障机能则主要通过罪刑法定原则产生⑤,这混淆了概念、要素间的关系。尽管从一项准则的形式上看,它是一条规则还是一项原则,常常不是很清楚的,但原则具有规则所没有的深度——分量和重要性的深度,且二者的区别是逻辑上的。⑥ 刑法法条固然由刑罚、刑法规范、罪刑法定原则等组成,但刑罚在位阶上低于刑法规范、罪刑法定原则,刑罚在现代各国刑法中都是刑法规范与罪刑法定原则的选择性要素,而刑罚集一般预防、特殊预防于一身的双重目的⑦,使通过刑罚及包含刑罚的刑法规范来主要承担社会保护机能的观点之合理性,值得商榷。即便否定一般预防是罪刑法定原则理论基

---

① ［法］卡斯特·斯特法尼等:《法国刑法总论精义》,罗结珍译,中国政法大学出版社,1998年版,第145页。

② 陈兴良主编:《刑事法总论》,群众出版社,2000年版,第167页。

③ 黄荣坚:《基础刑法学(上)》(第三版),中国人民大学出版社,2008年版,第74页。

④ 参见周少华:《罪刑法定与刑法机能之关系》,载《法学研究》2005年第3期。

⑤ 参见周少华:《罪刑法定与刑法机能之关系》,载《法学研究》2005年第3期。

⑥ 参见［美］罗纳德·德沃金:《认真对待权利》,信春鹰、吴玉章译,中国大百科全书出版社,1998年版,第40-48页。

⑦ 参见［德］克劳斯·罗克辛:《德国刑法学 总论》(第1卷),王世洲译,法律出版社,2005年版,第36-51页;［德］汉斯·海因里希·耶赛克、托马斯·魏根特:《德国刑法教科书》,徐久生译,中国法制出版社,2001年版,第83-100页;［日］大谷实:《刑法各论》,黎宏译,法律出版社,2003年版,第31-37页;马克昌:《比较刑法原理》,武汉大学出版社,2002年版,第755-757页;张明楷:《刑法的基本立场》,中国法制出版社,2002年版,第332-357页;陈兴良:《刑法哲学》,中国政法大学出版社,2000年版,第421-444页。

础的 Schünemann 和罗克辛等人,也不反对刑罚及罪刑法定原则能产生一般预防的效果。① 刑罚、包含刑罚的刑法规范、罪刑法定原则之社会保护机能是一种交叉关系,但承担人权保障机能兼顾社会保护机能的罪刑法定原则,其侧重点更应倾向于人权保障机能。"中国特色"的罪刑法定原则之积极侧面的立法本旨被阐释为:"只有法律将某一种行为明文规定为犯罪的,才能对这种行为定罪判刑,而且必须依照法律的规定定罪判刑。"②即其突出的是"依法",是对司法机关的限制。部分学者也将其解读为:不宜将法律有明文规定的必须定罪处刑理解为罪刑法定原则的应有之义。③ 但从罪刑法定原则在现行刑法中的确立过程上看,不无疑问④;若将视域扩大至同时代的宪法规定,则上述阐释愈加缺乏说服力。

立法者"不是在创造法律,不是在发明法律,而仅仅是在表述法律,他用有意识的实在法把精神关系的内在规律表现出来"⑤。刑法文化时代内涵框架下确立的罪刑法定原则,必然带上刑法文化时代内涵的浓重色彩,即"中国特色"。如前所述,法治不是我国的优良传统,法律在现实"挑战—应对"模式下带有强烈的实用理性色彩,尽管罪刑法定原则在新中国前的法典中已然出现,但其人权保障机能因传统文化包含的负面因素等影响而被虚化、消解,故罪刑法定原则大体被悬置,法律的价值在"文革"结束后得到了凸显,"那个时候亟须制定一部刑法,结束无法无天的日子","我们刚刚进行刑事立法的时候,更强调的是社会的保障……怕就怕遗漏犯罪"。⑥ 对秩序价值极度渴求下颁行的 1979 年刑法,不可避免地烙上了时代的印迹。其实,罪刑法定原则缺位的同时类推制度法典化,与其说是苏联刑法模式影响与意识形态因素使然,毋宁说是主观主义刑法理论与我国传统刑法文化中滥觞于"礼"的实质合理性在秩序价值上合一的征表。这种影响在修订后的刑法中同样存在,在当下仍未消除殆尽。因此,即使现行刑法中的罪刑法定原则只采取了消极侧面

---

① 参见[德]克劳斯·罗克辛:《德国刑法学 总论》(第1卷),王世洲译,法律出版社,2005年版,第83页。

② 胡康生、李福成主编:《中华人民共和国刑法释义》,法律出版社,1997年版,第5页。

③ 参见陈兴良:《入罪与出罪:罪刑法定司法化的双重考察》,《法学》2002年第12期。

④ 关于罪刑法定原则在我国的提出及表述的出台,可参见张军、姜伟、郎胜、陈兴良:《刑法纵横谈(总则部分)》,北京大学出版社,2008年版,第1-20页。

⑤ 《马克思恩格斯全集》(第一卷),人民出版社,1995年版,第347页。

⑥ 张军、姜伟、郎胜、陈兴良:《刑法纵横谈(总则部分)》,北京大学出版社,2008年版,第6、7页。

的表述,其人权保障机能在秩序价值下也难免受到某种程度的弱化,甚至虚化。作为法治国精华浓缩的罪刑法定原则,在带上了"中国特色"之后,其社会保护机能无论在形式上还是实质上都取得了超越人权保障机能的地位,故罪刑法定原则之积极侧面即使是出于"限制司法机关"的本意,秩序价值也会迫使其额外地承担起社会保护机能。犯罪概念、犯罪构成作为对罪刑法定原则的展开,在承担了部分实质合理性(主要是社会危害性)的类推制度被废止后,实质合理性更多地寄身在犯罪概念与犯罪构成中,这在定罪标准上导致了事实评价与价值评价的含混。

一、犯罪概念对犯罪构成的干涉

1997 年修订的刑法之犯罪概念承 1979 年刑法而来,实质性变动不大,罪刑法定原则的"中国特色"与我国兼采社会危害性、刑事违法性标准的混合犯罪概念衔接紧凑,与我国的犯罪构成关系融洽。[①] 就前者而言,罪刑法定原则之"中国特色"承担的社会保护机能连接着先于人权等价值的秩序价值,因此,无法容纳社会危害性的纯粹形式的犯罪概念难以为我国刑法所接受,这在废除类推制度,犯罪的刑事违法性特征得到强化后,实质合理性寻求"安身立命"之所下的犯罪概念,尤其如此。而纯粹的实质的犯罪概念,因缺乏形式正义之法治国的基本特征,易陷入罪刑擅断侵犯人权,大抵沦为了西方法治进程中的历史遗迹,西方刑事法律文化的强势介入,使得它也难以成为我国权威的既定法律规范。此外,批判资产阶级刑法中形式的犯罪概念未能揭露犯罪的阶级实质[②],以及与之相应的实质犯罪概念的立法例,使得与此渊源颇深的我国刑法之犯罪概念,必然融入相关的实质内涵。需强调,我国的犯罪概念在采纳社会危害性标准贯穿社会保护机能的同时,在秩序价值下对人权价值予以了重视,集中反映在同样作为社会危害性载体的"但书"部分,即"但是情节显著轻微危害不大的,不认为是犯罪"。如果说罪刑法定原则积极侧面在犯罪概念上的征表为突出社会保护机能之社会危害性标准的入罪机制,

---

① 承袭苏俄犯罪构成理论的我国耦合式的犯罪构成,通说认为是刑法规定的、决定某一行为成立犯罪所必需的一切主客观要件的有机统一体。参见马克昌主编:《犯罪通论》,武汉大学出版社,1999 年版,第 70 页;高铭暄、马克昌主编:《刑法学》(上编),中国法制出版社,1999 年版,第 86 页。

② 参见[苏联]A. A. 皮昂特科夫斯基等主编:《苏联刑法科学史》,曹子丹等译,法律出版社,1984 年版,第 19 - 20 页。

那么其消极侧面在犯罪概念上的征表至少为彰显人权保障机能之"但书"的出罪机制。尽管该出罪机制受到了诟病,"不仅从立法上来说,犯罪概念的但书规定存在重大弊端,而且在司法上适用率低,并会造成标准失衡"①。但考虑到我国耦合式的犯罪构成存在的缺陷和我国犯罪概念与犯罪构成之间既存的包容(抽象与具体)关系②,从发挥罪刑法定原则人权保障机能的角度出发,"但书"利胜于弊。

我国耦合式的犯罪构成诸要件相互支撑,彼此印证,形成了一个完整的证明体系,共同维持着犯罪事实的整体性。③ 通常情况下,依据耦合式的犯罪构成对犯罪事实进行判断时,其是唯一的,也是最终的标准。因为,犯罪概念所揭示的犯罪的基本特征由犯罪构成具体地展开,"犯罪构成及其理论,正是在犯罪概念所揭示的犯罪的基本特征的基础上,来进一步阐明具有这种基本特征的犯罪行为的内部结构及其成立要件"④。所以,社会危害性与刑事违法性使得犯罪构成融实质与形式为一体,也使得社会保护机能与人权保障机能的层次关系内化在耦合式的犯罪构成中,这契合了我国的刑事法律文化。但我国的定罪标准并非单一地由犯罪构成充当,犯罪概念对犯罪事实的评价发挥着重要作用,即我国的犯罪概念也具有区分罪与非罪的功能,在废除了类推制度之后,这突出表现在"但书"的出罪机制上,但并非以此为限。例如,我国刑法第 383 条规定:"个人贪污数额在 5 000 元以上不满 50 000 元的,处一年以上七年以下有期徒刑;情节严重的,处七年以上十年以下有期徒刑。"但司法实践中基于各种因素往往根据犯罪概念中"但书"征表的社会危害性,对贪污 5 000~50 000 元,甚至 50 000 元以上的,在罪与非罪间做了灵活处理,社会危害性标准获得了质的超越性,更倾向于价值判断,犯罪构成的标准服从了犯罪概念的标准。因此,在定罪标准上呈现出犯罪概念与犯罪构成双重标准,且犯罪概念标准高于犯罪构成标准,但其实质基本为社会危害性标准。换言之,我国耦合式的犯罪构成绝非纯粹形式的,它蕴含了类似于大陆法系犯罪三阶层体系有责性的价值判断,同时通过对行为是否符合犯罪构成诸要

---

① 陈兴良:《社会危害性理论:进一步的批判性清理》,载梁根林主编:《犯罪论体系》,北京大学出版社,2007 年版,第 42 页。

② 参见马克昌主编:《犯罪通论》,武汉大学出版社,1999 年版,第 75 - 76 页;姜伟:《犯罪构成比较研究》,载《法学研究》1989 年第 3 期。

③ 参见周光权:《刑法诸问题的新表述》,中国法制出版社,1999 年版,第 333 页。

④ 马克昌主编:《犯罪通论》,武汉大学出版社,1999 年版,第 75 页。

件的判断最终得出是否违法的结论，从整体上说明行为的社会危害性是否达到了应追究刑事责任的程度，在此意义上，尽管事实判断与价值判断之间先后顺序不甚明了，但基本上是一元的定罪标准。类推制度业已被废止，其所具有的通过社会危害性凌驾于刑事违法性而扩张犯罪圈的入罪功能，也分崩离析。如前所述，支撑类推制度的实质合理性并未消亡，而是更多地寄身在犯罪概念与犯罪构成中，于是，借助社会保护功能、扩张解释等现代刑法所允许的方式，社会危害性屡屡突破罪刑法定原则所恪守的规范标准（刑事违法性标准），这在罪刑法定原则包含了"中国特色"的社会保护机能后，司法实践中依据实质危害性标准寻求犯罪构成的形式法律依据，实现入罪化，并非危言耸听。故当犯罪概念所承载的社会危害性标准对符合犯罪构成的行为进行价值评价，并成为犯罪成立与否的最终标准时，一元的定罪标准即嬗变为双重的定罪标准。这一现象与我国传统刑事法律文化中"礼"往往担当定罪的最终标准渊源甚深，因此，虽然我国的犯罪构成理论衍生于苏俄，但能彻底贯穿社会危害性以犯罪概念为核心的犯罪构成体系，并在我国焕发出强大的生命力，便不足为奇。

二、犯罪构成诸要件之间的冲突

我国耦合式的犯罪构成是实质与形式的统一，诸要件之间是一种"一有俱有，一无俱无"的共存关系，这形成了有别于大陆法系国家立体重合犯罪论体系的横向重合犯罪论体系，也使得对行为事实的判断在形式和内容上事实判断与价值判断同时进行。[①] 承前分析，在定罪标准上，无论是大陆法系还是英美法系，均为融事实判断与价值判断为一体、事实判断先于价值判断的一元模式。因此，尽管"主客观一致的定罪理论是各国刑事立法和刑法理论共通的"[②]，但在犯罪论体系的逻辑结构上，认为二者存在差异并不为过。我国的犯罪构成较之大陆法系国家的而言，其事实判断与价值判断没有比较明确的先后顺序。虽然从行为人实施犯罪的逻辑过程（行为人本位）看，顺序应是犯罪主体、犯罪主观方面、犯罪客观方面、犯罪客体，与此相对应，部分学者主张这种顺序[③]，但从认定犯罪的逻辑过程（行为本位）看，顺序则为犯罪客体、犯罪客观方面、犯罪主体、犯罪主观方面，这是刑法理论的通说。可见，立足

①　参见刘艳红：《我国与大陆法系犯罪论体系之比较研究》，《中外法学》2004 年第 5 期。
②　姜伟：《犯罪构成比较研究》，《法学研究》1989 年第 3 期。
③　参见赵秉志：《论犯罪构成要件的逻辑顺序》，《政法论坛》2003 年第 6 期。

的角度不同,犯罪构成诸要件间的顺序不一。① 即使审判实践中完全采纳了通说的逻辑顺序②,价值判断也存在过于前置的问题。当犯罪客体成为犯罪成立的首要条件时,由于犯罪客体是我国刑法保护的而为犯罪行为所侵害或威胁的社会关系,因此,确认犯罪客体就是确认一定的社会关系是否为刑法所保护和该社会关系是否受到犯罪行为的侵害,即确认行为的社会危害性。这本身就是实质性的价值评价,且该评价一旦完成,行为就被定性,行为人难以为自己进行辩护,这过分强调了国家权力,难免有侵犯人权之虞。③ 至于主张我国的犯罪构成体系与德日阶层的犯罪论体系形式上迥异而实质上基本一致,并进一步认为德日刑法中的违法性,就是我国犯罪构成体系中犯罪客体的内容,有责性内容为我国犯罪构成体系中主观方面和犯罪客观方面的内容所囊括,构成要件符合性的内容多半集中在犯罪客观方面。④ 由层级性方面观之,构成要件符合性在违法性和有责性之前,即相当于犯罪客体被置于构成要件的符合性之后,亦即价值判断被置于事实判断之后,故我国通说所主张的排列顺序存在价值判断过于前置的弊端。此外,犯罪主体作为犯罪构成之要件,在耦合式的犯罪构成中会引发逻辑上的悖谬。⑤ 若犯罪主体作为犯罪构成之要件独立于其他要件而存在,则已确定的犯罪主体,无需凭借其后的犯罪行为给予再评定;若符合犯罪构成的犯罪行为是确定犯罪主体成立的前提和基础,则行为已符合犯罪构成而被确认为犯罪,无需犯罪主体要件进行评价。因而,犯罪主体是作为犯罪构成之要件先于犯罪行为独立存在,还是符合犯罪构成的犯罪行为先于犯罪主体被评价,值得认真审视。

的确,犯罪构成诸要件的排列不只是一个形式与逻辑顺序问题,而且是关系到人权保障的问题,坚持从客观到主观认定犯罪,是人类经过多少世代

---

① 还有的学者主张犯罪构成诸要件的顺序为:犯罪主体、犯罪客体、犯罪主观方面、犯罪客观方面。参见何秉松主编:《刑法教科书》(上卷),中国法制出版社,2000 年版,第 208 页。陈兴良先生在《论犯罪构成要件的位阶关系》一文中更是指出,定罪过程是一个寻找犯罪构成要件的过程。如果犯罪构成四个要件都找到了,犯罪就足以成立。如果犯罪构成要件不齐备,除非犯罪的未完成形态,否则不构成犯罪,定罪过程即告终止。至于这些犯罪构成要件之间的先后顺序在定罪过程中是不予考虑的。参见陈兴良:《论犯罪构成要件的位阶关系》,《法学》2005 年第 5 期。

② 虽然我国一些学者如张文、张明楷先生等主张犯罪客体不是犯罪构成的要件,但"四要件"说的犯罪构成是刑法理论上的优势学说,更是审判实践中的主流观点。

③ 参见周光权:《犯罪构成理论与价值评价的关系》,《环球法律评论》2003 年秋季号。

④ 参见黎宏:《我国犯罪构成体系不必重构》,《法学研究》2006 年第 1 期。

⑤ 参见杨兴培:《犯罪主体的重新评价》,《法学研究》1997 年第 4 期。

才形成的进步成果和科学经验。① 渊源于罪刑法定原则的犯罪构成,必然在逻辑上延伸了该原则所浸淫的人权保障理念,故差异的只是不同犯罪构成所保障的人权力度大小而已。就出罪功能而言,大陆法系、英美法系国家的犯罪构成都包含了消极要件(违法性、有责性与抗辩事由),这是犯罪成立前的过滤机制,是保障人权的防线。递进式逻辑结构的大陆法系国家之犯罪构成,在定罪上用的是减法(排除法),而耦合式逻辑结构的我国犯罪构成,则是加法(整合法)。② 尽管有学者对此提出异议,认为这种出罪功能实际上不具有普适性价值,并进一步主张我国犯罪构成中的每个要件均具有独立的出罪功能,即一有待定(未入罪),一无皆无(出罪)③,但分辨后可知,论者的观点不甚妥当。其实,关于犯罪阶层理论效用之争,大陆法系国家的主流学说早已明了。如 Welzel、Küper、Schünemann 主张犯罪阶层的法律体系远优于无此种区分的法律体系,罗克辛在归纳了犯罪阶层体系的利弊后,并未放弃犯罪阶层体系,而是在阶层中作判断要素的补充,以克服弊害。④ 因此,对大陆法系国家犯罪阶层体系之优劣未详加考察、分析,并在中国语境下妄下只言片语的论断,实不可取,也空洞无力。至于耦合式犯罪构成中每个要件所具有的独立的出罪功能,则更是在未透彻分析我国犯罪构成诸要件间的逻辑关系上得出的似是而非的结论。如前所述,犯罪客体作为犯罪成立的首要条件存在价值判断过于前置的弊端,这实际上赋予了犯罪客体直接揭示社会危害性之犯罪本质的功效,在位阶上高于其他犯罪构成要件⑤,兼我国犯罪构成细化了犯罪概念及"中国特色"罪刑法定原则之社会保护机能与人权保障机能的层次性,这无疑加剧了突出社会保护机能的犯罪客体与行为人的"行为本体"(一定心态支配下的行为人的行为)的对立,而我国刑法中规定的正当防卫、紧急避险等并非隶属于犯罪构成体系。"在犯罪构成学说的范围内,没有必要而且也不可能对正当防卫和紧急避险这两个问题作详细的研究。"⑥此种影响在当下的我国刑法理论上仍然存在,这从犯罪论体系中"排除性犯罪行为"

---

① 参见张明楷:《犯罪论体系的思考》,《政法论坛》2003 年第 6 期。
② 参见陈兴良:《刑法哲学》,中国政法大学出版社,2000 年版,第 694 - 695 页。
③ 参见冯亚东:《中德(日)犯罪成立体系比较分析》,《法学家》2009 年第 2 期。
④ 参见许玉秀:《当代刑法思潮》,中国民主法制出版社,2005 年版,第 56 - 59 页。
⑤ 我国有的刑法学者指出,犯罪客体作为犯罪构成要件存在实质化的问题。参见夏勇:《定罪与犯罪构成》,中国人民公安大学出版社,2009 年版,第 111 - 112 页。
⑥ [苏联]A. H. 特拉伊宁:《犯罪构成的一般学说》,薛秉忠等译,中国人民大学出版社,1958 年版,第 272 页。

独立于犯罪构成理论即可见端倪。故承担社会保护机能层次下人权保障机能的我国犯罪构成,隐含着不当入罪与出罪不力的风险,每个要件所具有的独立的出罪功能更多地是论者自我陶醉的美好愿景。"犯罪阶层理论提供的犯罪判断阶层构造,从分析和定位构成要件要素,可以提供一个精确判断犯罪成立与否以及处罚与否的步骤,借以确保刑罚制裁制度的合理和有效。"①

第三节　文化融合与定罪标准的修正

"法令者治之具,而非制治清浊之源也。"②工具主义法律观在我国早已备受诟病和反思,在当下法律的价值理性得到高扬,"与法律永远相伴随的基本价值,便是社会秩序"③,刑法作为标注社会秩序最后的界碑,必然反映一国的客观情势。"今日,法律秩序成为了一种最重要、最有效的社会控制形式。其他所有的社会控制方式,都从属于法律方式,并在后者的审察之下运作。"④刑法文化时代内涵在对秩序价值的倚重下批判地吸收人权等现代法治内容,使得我国刑法在定罪标准上的探索,既不可能剔除西方刑法文化因素,也不会游离传统的刑法文化因素,但在"西学东渐"的潮流下,对西方尤其是大陆法系国家刑法中定罪标准的简单移植,或是对脱胎于苏俄的既有定罪标准的固守,不宜认为是中国语境下的最优选择。法国的杜米耶曾断言:"法学的过去属于西洋,法律的将来或许属于中华。"⑤因此,与我国客观情势相适应的刑事法治在定罪标准的演进上,必然顾盼融合于西方两大法系的和我国现行的之间,往返在规范与事实之间,并在社会保护机能层次下逐步确立突出人权保障机能的基本立场。

一、固守之不可行

在我国,犯罪论体系的争讼非始于当下,却勃兴于当下,归纳起来大抵有维持说、修正说与重构说。其中,维持说主张基本维持现有的耦合式的犯罪

---

① 许玉秀:《当代刑法思潮》,中国民主法制出版社,2005年版,第59页。

② [西汉]司马迁:《史记》卷一百二十二,酷吏列传第六十二。

③ [英]彼得·斯坦、约翰·香德:《西方社会的法律价值》,王献平译,中国人民公安大学出版社,1990年版,第38页。

④ [美]罗斯科·庞德:《法律与道德》,陈林林译,中国政法大学出版社,2003年版,第37页。

⑤ 转引自冯象:《木腿正义》,北京大学出版社,2007年版,第131页。

构成,理论上偶有的技术性瑕疵不会在整体上消解其合理性,实践中其也基本获得了肯定的评价。① 该说曾在相当长的时期内居于主流地位,但近年来受到了诸多质疑和有力挑战,绝对优势之影响力正在逐步丧失。修正说主张现有的耦合式的犯罪构成确实存在弊害,但其弊害并非实质性、根本性的,是可以通过修正加以克服的,而不必重构。② 修正说一直以来都是有力的学说。重构说主张现有的耦合式的犯罪构成存在的弊害是实质性、根本性的,难以通过修正得到克服,有必要进行重新构建。③ 该说在当下的影响日盛。

　　需强调,即使是维持说的持有者,也并不讳言现行的犯罪构成存在某些问题,并采取正视的态度去研究、完善,在改革中坚持和发展,因此,尽管就如何改革"细枝末节"的问题争论频仍,但已无论者单纯地主张现行的犯罪构成理论应当"故步自封",即维持论维持的是现行犯罪构成的基本结构或框架,在此意义上,维持说与修正说的区别主要在于修改的内容、力度等方面,二者存在共同的基础和可调和的发展方向。在固守犯罪构成的基本结构或框架的前提下,大体存在犯罪客体是否必要和诸要件如何排列的争论。就前者而言,"犯罪客体不要说"主张犯罪客体不是犯罪构成的要件④;就后者而言,如前所述,即便是反映了认定犯罪从客观到主观的犯罪客体、犯罪客观方面、犯罪主体、犯罪主观方面之排列顺序,审判实践中也并非得到了严格的恪守,且犯罪构成的部分要件甚至被弱化或虚化,这在"中国特色"的罪刑法定原则与犯罪概念之社会保护机能的助推下,犯罪构成的人权保障机能有被削弱的巨大风险,而这是否仅仅通过对现有犯罪构成"细枝末节"的完善即可消除,令

---

　　① 参见高铭暄:《论四要件犯罪构成理论的合理性暨对中国刑法学体系的坚持》,《中国法学》2009 年第 2 期。

　　② 参见黎宏:《我国犯罪构成体系不必重构》,载《法学研究》2006 年第 1 期。

　　③ 陈兴良先生在对社会危害性理论进行批判性清理的同时,在其主编的《刑法学》教材中直接采纳了德、日"构成要件该当性—违法性—有责性"三阶层的犯罪论体系。参见陈兴良主编:《刑法学》,复旦大学出版社,2003 年版,第 50 页。李海东先生也持类似的观点,参见李海东:《刑法原理入门(犯罪论基础)》,法律出版社,1998 年版,第 12 页。

　　④ 代表性的观点有:张文:《关于犯罪构成理论的几个问题探索》,载《法学论文集》(续集),光明日报出版社,1985 年版;杨兴培:《犯罪构成的反思与重构》,《政法论坛》1999 年第 1、2 期;张明楷:《法益初论》,中国政法大学出版社,2000 年版,第 249 - 268 页。但杨兴培先生认为犯罪构成要件仅仅包括主观罪过的主观要件和客观行为的客观要件,前者是定罪的内在根据,后者是定罪的外在根据;而张明楷先生业已扬弃了耦合式犯罪构成的基本结构,转而主张犯罪构成由客观(违法)构成要件与主观(责任)构成要件两阶层组成。参见张明楷:《刑法学》(第三版),法律出版社,2007 年版,第 98 - 100 页。

人不无疑虑。刑罚权的制约取决于犯罪构成的结构,而不是犯罪构成要件①,我国的犯罪构成在结构上与西方的存在差异,这种差异使得我国的犯罪构成更多地突出了定罪结论而不是定罪过程,不当入罪与出罪不力的风险加剧,这也是维持说与修正说的重要分野之一。对此二者能否调和以突出人权保障价值,前景似乎不甚乐观。此外,批判维持说,认为理论上缺乏对德日犯罪论体系细致的关注,特别是缺乏对于相应的对照文本与评价文本之间的细致而全面的比较研究,以及实践上缺乏对真实案例在现有的犯罪构成理论中的结论妥当性与否进行的追问,特别是缺乏对同样的或类似的案例在不同的犯罪成立理论体系中的不同结论的足够关注。② 其包含的合理性成分,值得认真对待。

二、移植之不可行

诚然,"不同法系国家的犯罪构成法律结构在内容上大体相同或相似"③。但源于各自的文化特色而孕育出的差异,是难以否定的事实。笔者以为,在未顾及甚至无视我国传统刑法文化,特别是刑法文化时代内涵的潜在影响,对我国犯罪论体系所作的以西方定罪标准为蓝本的"激变"式变更,不过是扬汤止沸之法,且在必要性和可行性上将备受质疑。

我国耦合式的犯罪构成是特定历史时期的产物,"是在'垂直'维度的政策指导下建立的,是在政治革命的大背景下发生的"④,更多地非出于智慧的选择,而是强烈意识形态的指引。在当下企图凭借政策力量断然除旧布新,激变式地引进西方的定罪标准,未免过于武断,也有脱离实际之嫌。清末至民国期间,对大陆法系国家刑法理念、制度激变式的引进,在我国传统刑法文化的消解下其常常进退维谷,且类似的影响在翻版苏联模式的定罪标准后亦存在,故不能不成为我国犯罪论体系变动中应警醒的。在德国,犯罪论发展的每一种体系,都必须从其精神史根源和前一阶段人们通过学术体系的重建而加以改造和克服的计划的联系中去解释。⑤ 因此,我国犯罪论体系的演进,

---

① 参见宗建文:《论犯罪构成的结构与功能》,《环球法律评论》2003年秋季号。
② 参见付立庆:《犯罪构成理论体系改造研究的现场叙事》,《法律科学》2009年第2期。
③ 储槐植:《美国刑法》(第三版),北京大学出版社,2005年版,第99页。
④ 蔡道通:《犯罪构成理论是如何形成的:一种"政策"的分析视角》,《江苏社会科学》2008年第1期。
⑤ 参见[德]耶赛克、魏根特:《德国刑法教科书》,徐久生译,中国法制出版社,2001年版,第247页。

更多地依赖中西方之间、理论实务之间、不同观点学者之间的博弈,在利弊权衡中逐步确立基本方向。然而,备述现有的定罪标准尤其是耦合式的犯罪构成明显劣于西方的或不合时宜的论调,无论在理论上还是实务中,均未达成共识。在理论上,"这些所谓新的犯罪论体系基本上就是在拷贝大陆法系的犯罪论体系的前提之下,对我国的犯罪论体系的换汤不换药式的改造。我们看不出上述体系的任何新的元素,看到的只是将我国现有的犯罪构成要件进行的重新排列组合;看不到根植于我国社会文化背景之下对我国刑法理论的客观态度,看到的只是盲目的不负责任的对大陆法系犯罪论体系的照搬"①。该批判精辟地指出了相关症结所在,且令人遗憾的是此种问题尚未有实质性改观。尤其值得注意的是,大陆法系犯罪论体系的阶层之间,随着构成要件理论的演进,严密的逻辑性已然不再清晰,层层递进业已演变成"层层交叉之后又再递进"。忽略具体案件中的正义性,减少解决问题的可能性,不能在刑事政策上确认为合法的体系性引导及对抽象概念的使用,是犯罪阶层体系中清晰可辨的弊端。② 受德国刑法学绝对影响的日本犯罪论体系,具有强烈的唯体系论倾向,且该体系无论在二战前还是二战后,都难以自上而下地对刑罚权的任意发动现象进行批判,并为这种批判提供合理根据。③ 主张以英美法系国家的定罪标准为模板对我国的作激变式变更,则因文化迥异及我国一直深受大陆法系影响,而支持者甚寡。在实务中,现行的定罪标准仍旧试图最大化地承载现有的理论成果,并积极应对现实中不断涌现的新问题,而激变前"必须在国内已做好了充分的知识上的准备和智识上的训练,这一点目前也难以说已经具备"④。否则西方定罪标准上现存的弊害不但被全面继受,而且本于我国客观情势而产生的新问题将大量涌现,故在整体上否定现行定罪标准的存在合理性,值得深思。当然,在刑法文化时代内涵的格局下,西方两大法系国家在定罪标准上理论与实践的探索成果,是人类理性的结晶,成为完善我国定罪标准可资借鉴的素材,是不应否定或抛弃的基本立场,由此,我国犯罪论体系的演进,更应是一条日趋彰显人权的"渐变"之路。

---

① 刘艳红:《晚近我国刑法犯罪构成理论研究中的五大误区》,《法学》2001年第10期。

② 参见[德]克劳斯·罗克辛:《德国刑法学 总论》(第1卷),王世洲译,法律出版社,2005年版,第128-131页。

③ 转引自黎宏:《我国犯罪构成体系不必重构》,《法学研究》2006年第1期。

④ 高铭暄:《论四要件犯罪构成理论的合理性暨对中国刑法学体系的坚持》,《中国法学》2009年第2期。

三、修正之可行性：基于现代刑法文化框架

承前分析，维持说与修正说存在共同的基础和可调和的发展方向，激变式移植西方定罪标准，并非当前中国语境下的最优选择，我国定罪标准的完善，是一条在秩序价值之下逐步突出人权价值的"渐变"之路，必然萌生出契合中国客观情势的原创性。基于我国定罪标准蕴含着不当入罪与出罪不力等悖逆人权保障理念的风险，不管如何变动，聚讼纷纭，甚至同一学者在不同时期的观点不尽一致，但现有的定罪标准应作调整完善，争议并不大。笔者以为，我国定罪的双重标准之变动，除了前文所述的重新理解中国特色罪刑法定原则、省却罪刑法定原则的积极侧面以外，还应作如下渐变之修正。

（一）对犯罪概念作出入罪的话语转换

所谓犯罪概念之出入罪的话语转换，指针对包含危害性标准的我国犯罪概念具有入罪和出罪两大功能，且在理论与实务中都具有话语权，应强化犯罪概念的出罪功能，虚化其所具有的入罪功能，实现犯罪概念的出入罪两大功能向单一出罪功能转换。现行刑法第 13 条采取的是混合的犯罪概念，其中其包含的社会危害性标准所具有的刑法解释机能，在秩序价值下能够借助现代刑法所允许的扩张解释等形式不当入罪，故蕴含着侵犯人权的风险。关于犯罪概念"但书"之出罪功能，争议的焦点在于对此如何理解。一种观点认为，"但书对现有的形式主义的罪刑法定原则也存在突破，即行为在具有刑事违法性的前提下还有可能不构成犯罪"[1]。即犯罪概念之社会危害性价值（实质）判断标准高于犯罪构成包含的社会危害性价值判断标准。另一种观点认为，"但书"之出罪功能表现在其指导法官实质地理解与适用犯罪构成之解释机能上，即犯罪构成是认定犯罪的唯一标准，社会危害性不是直接认定犯罪的标准，司法者仅以社会危害性为指导实质地解释了犯罪构成要件。[2] 可见，二者的分歧在于如何理解犯罪概念与犯罪构成的关系。

我国犯罪概念与犯罪构成之间到底是何种关系，理论上争论不一，审判实践中也不甚明晰，结合正当防卫、紧急避险等排除犯罪性事由来看，愈是显得含混。"大陆法系的犯罪构成理论，实际上都是对形式主义的犯罪概念逻

---

① 储槐植：《刑事一体化》，法律出版社，2004 年版，第 485 页。

② 参见张明楷：《刑法学》（第三版），法律出版社，2007 年版，第 83－84 页。

辑分析的结果。"①且随着犯罪论体系的演进,犯罪概念也获得了发展。虽然"并列式"(混合)的犯罪概念甚至形式的犯罪概念未在部分大陆法系国家刑法中规定,但这并不影响二者在逻辑上的周延,形成"同化关系",从而奉行一元的定罪标准。我国传统刑事法律文化中长期存在礼与法定罪的双重标准,且具有礼可超越法以追求道德实质性修复的惯例,这在清末以来西方法律文化盛行的司法实践中频频显现,在当下依旧时时隐现,受此影响,故审判实践中社会危害性的轮廓愈加模糊,定罪的双重标准在秩序价值下表现出对人权保障的疲敝,这与我国宪法列明的"国家尊重和保障人权"有脱节之嫌。"我国刑法理论承认犯罪概念也具有划分罪与非罪的功能,这便在认定犯罪时确立了两套标准,容易导致混乱。如果犯罪构成的标准服从于犯罪概念的标准,势必抹煞具体犯罪的个性;如果犯罪概念的标准服从于犯罪构成的标准,又会丧失犯罪概念的指导意义。"②似乎并非无稽之谈,在明确了包含积极侧面的罪刑法定原则后,该弊端是否得到了妥善解决,不无疑问。笔者以为,从我国犯罪概念与犯罪构成之传承、演进的谱系上看,耦合式犯罪构成的基本结构与犯罪概念中"但书"的出罪机制、正当防卫、紧急避险等,较之德日一元的犯罪阶层体系,其在定罪中发挥的作用具有相对独立性。因为,主张在犯罪构成内无必要且也不可能对正当防卫、紧急避险等问题作详细研究,是苏联时期有力的学说。受其影响,"不构成犯罪的情形(正当防卫、紧急避险等)作为犯罪构成的例外,不应在犯罪构成体系中考虑,而应当在犯罪构成体系之外,作为正当化事由专门加以研究"③。在我国的刑法理论与审判实践中具有相当的话语权。所以,认为直接依据犯罪概念"但书"宣告无罪会从根本上否定罪刑法定原则的论调,结合罪刑法定原则的积极侧面和定罪标准非一元化等来看,似有可商榷之处。毕竟,在坚持耦合式犯罪构成的基本结构前提下,以"释法中心主义"的立场实现定罪标准由双重向一元的转换时,正当防卫、紧急避险等排除犯罪性事由会使这种阐释在逻辑上遭遇尴尬,故调整的方向是:要么扬弃耦合式犯罪构成的基本结构,在犯罪构成内作实质性调整以纳入正当防卫、紧急避险等,坚持彻底的定罪之犯罪构成一元标准,要么坚持耦合式犯罪构成的基本结构,高扬人权保障理念,在犯罪构成与犯罪概念

---

① 〔意〕杜里奥·帕多瓦尼:《意大利刑法学原理》(注评版),陈忠林译评,中国人民大学出版社,2004 年版,译者序,第 9 页。
② 姜伟:《犯罪构成比较研究》,《法学研究》1989 年第 3 期。
③ 陈兴良:《本体刑法学》,商务印书馆 2001 年版,第 220 页。

中"但书"的出罪机制、正当防卫、紧急避险等之间进行协调,以图并行不悖。

犯罪构成由客观(违法)构成要件与主观(责任)构成要件两阶层组成之见解的提出,定罪之犯罪构成一元标准在逻辑上逐步趋于周延,实质上这种两阶层体系的违法有责类型之犯罪构成,大抵是在我国客观情势下对耦合式犯罪构成与德日三阶层体系进行扬弃的有益尝试,其必将受到理论和实务的双重审视、考验。但对我国犯罪构成修正的努力,在理论和实务中绝非"毕其功于一役"即可实现,而是一个长期的博弈过程。据此,为切合实际、提高功效,落实人权保障理念,作为权宜之计,笔者主张在犯罪概念上作出入罪的话语转换,即虚化犯罪概念的入罪功能,这要求基于"释法中心主义"立场,抑制刑罚权的恣意行使,强化"但书"的出罪功能,以高扬人权保障之法治理念,因"但书"在审判实践中的适用率较低,而"事实上,司法机关在对犯罪构成的某一要件符合性进行判断时,总是会同时考虑排除犯罪的事由;而非待所有构成要件符合性判断结束后,再考虑排除犯罪的事由"①。故在定罪标准上基本走向实质的一元的犯罪构成标准。待我国的犯罪构成理论更趋成熟、实务中相关积累更加丰富时,再适时作出进一步调整。

(二)在犯罪构成上作事实判断先于价值判断的逻辑性坚守

如前所述,我国耦合式的犯罪构成存在不当入罪与出罪不力的潜在风险,且以犯罪客体为犯罪成立的首要条件时,价值判断过于前置。而以大陆法系犯罪阶层理论为主流的重构说与坚持客观优先的阶层递进结构渐成优势的修正说,并非没有可调和的方向。因为,就修正说而言,"犯罪构成的平面、闭合式结构不变,讨论增加一个要件还是减少一个要件的问题,都是不得要领的"②。该批判并非完全没有道理。重构说与修正说至少在犯罪构成上都主张由客观到主观、事实判断应先于价值判断,而这连接着人权保障理念,且也与我国刑法理论中通说所主张的犯罪构成诸要件排列顺序相吻合。

其实,无论在理论上提出犯罪构成应由客观(违法)构成要件与主观(责任)构成要件两阶层组成,还是"犯罪客观要件、主观要件、排除要件"三阶层组成③,甚至是应由罪体(犯罪构成的客观要件)与罪责(犯罪构成的主观要件)组成④,抑或由构成要件该当性、违法性、有责性组成,无不是在犯罪构成

---

① 张明楷:《刑法学》(第三版),法律出版社,2007年版,第99页。
② 周光权:《犯罪构成理论:关系混淆及其克服》,载《政法论坛》2003年第6期。
③ 参见周光权:《犯罪论体系的改造》,中国法制出版社,2009年版,第280-293页。
④ 参见陈兴良:《本体刑法学》,商务印书馆2001年版,第220-221页。

中对递进式阶层结构、客观先于主观的追求与妥协,其核心价值取向至少包含了对人权的尊重和保障。因此,笔者认为在刑法文化时代内涵框架下,强化犯罪构成的人权保障机能确有必要,而在犯罪构成中坚持由客观到主观、事实判断到价值判断的递进式逻辑结构,不失为保障人权可取的有效之路,且定罪中在逻辑上坚持事实判断先于价值判断,亦可使我国犯罪构成仅反映定罪结论(犯罪规格)而非定罪过程的诟病成为历史的遗迹。当然,至于犯罪构成的内容、犯罪概念与犯罪构成的关系、犯罪构成与正当防卫的关系等,还应进行深入探讨,以求进一步科学化、合理化,但在犯罪构成中坚持客观先于主观、事实判断先于价值判断,应当是刑法理论与审判实践努力的方向,且这种逻辑结构在实务中贯彻不力等违背人权保障理念的弊害,也需防范、克服。

第四节　修正的定罪标准之检验:以正当防卫为例

定罪的首要前提是行为的不法性即不正当,对行为不法的评价标准受到各国一贯的定罪立场、方法、程序的影响。我国的定罪标准深受传统礼法刑法文化之工具主义、主观主义的影响,主客观相统一原则与社会危害性成为定罪过程中的两大关键词,并且这种影响根深蒂固。因此,面对"西学东渐",基于现代刑法文化框架对传统定罪标准进行修正的可能性和合理性特别需要例证。无论在刑法理论上还是凭借朴素的正义观,不法侵害应当是正当防卫成立条件,但不法的性质如何理解,理论上分歧较大,如何在修正我国传统定罪标准中清晰地理清这一问题,合理适用正当防卫的法理与法条,成为检讨定罪标准的一个重要视角。鉴于此,正当防卫之不法性质,实有深入分析的必要。

一、德日立场中正当防卫的前提:不法性质之聚讼

法律的生命不在于逻辑,而在于经验(霍姆斯语)。国内外审判实践印证的立法例在正当防卫之"不法侵害"的范围确立上,大抵相当,但刑法理论上差异迥然。若认为在德日正当防卫之"不法"在性质上呈主观违法性论、客观违法性论二分的格局,则在我国其为主客观相统一的不法观独占之势。

在正当防卫之"不法"上,德日违法性理论大抵有主观违法性论与客观违法性论的对立。其中,主观的违法性论以命令说的立场将"法"理解为命令规范,认为法规范的对象限于能理解命令之责任能力人,从而违法性仅能以具

有责任能力之行为作为课题。① 其特点为违法性存在与否关系作为主观要素的责任能力之有无。与此相适应,正当防卫之"不法"性质在"不法侵害"上划定的范围相对狭隘,排除了对自然现象、动物及无责任能力之孩童、精神病患者等的侵害实施正当防卫的可能。客观的违法性论主张,刑法规范是超越事实上不理解、不想理解或不能理解规范之人而客观存在的。② 但在如何区分违法性与有责性上,又有传统的客观违法性论与新客观违法性论(修正的客观违法性论)之分歧。③ 传统的客观违法性论以评价规范和决定规范的区分为基础,坚持行为人违反客观性的评价规范时,成立违法,违反主观性的决定规范时,承担责任。于是,行为的违法性与行为人的主观故意、过失、责任能力等无关,自然现象、动物侵害可以成立违法,能够成为正当防卫的对象。修正的客观违法性论,以法规范仅以"人的行为"为对象,主张法的评价规范与决定规范同时于违法性与有责性阶段发生作用。即客观的违法性之"客观性",是违法性"判断基准之客观性",亦即违法性判断以"一般人"为基准,有责性判断以"行为人"为基准。④ 这样,在修正的客观违法性论看来,自然现象、动物侵害不是法规范的对象,不具有违法性,与正当防卫无关,违法性的问题仅限于人的行为,包括无责任能力人的侵害。

德日刑法在违法性理论上利弊之争的主流学说,早已明了。"为了严密、正确地认定犯罪,犯罪概念,应当尽可能多地分解为相互独立的要素,在违法和责任的关系上,也应当将以外部的、客观的事实为对象的违法性判断,从以内部的、主观的事实为对象的责任判断之中独立出来,而且,还要先于责任进行判断。"⑤ "主观的违法性论忽视了违法性的观念与责任的观念的质的不同,混同了两者,在这一点上是失当的。"⑥ 即在同一层次上把握违法性与责任的主观违法性论,难免造成违法性与责任的混合,否认"无责任之不法"观念,这

---

① 参见陈子平:《刑法总论》(2008 年增修版),中国人民大学出版社,2009 年版,第163 页。

② 参见陈子平:《刑法总论》(2008 年增修版),中国人民大学出版社,2009 年版,第163 页。

③ 参见[日]大谷实:《刑法总论》,黎宏译,法律出版社,2003 年版,第178-179 页。

④ 参见陈子平:《刑法总论》(2008 年增修版),中国人民大学出版社,2009 年版,第164 页。

⑤ [日]曾根威彦:《刑法学基础》,黎宏译,法律出版社,2005 年版,第97 页。

⑥ [日]大塚仁:《刑法概说(总论)》(第三版),冯军译,中国人民大学出版社,2002 年版,第305 页。

与大陆法系国家"违法是客观的,责任是主观的"之传统标语相背离,也与其通说的三阶层犯罪论体系难以调和,有违反罪刑法定原则之虞。在日本,宫本英修是主观的违法性论的唯一的主张者。[①] 基于这种未区分违法与责任的主观的违法性论,有违刑法规范的理论结构和业已确立的构成要件、违法、责任的犯罪论体系,故已完全被摒弃。[②] 在刑法理论和审判实践中,客观的违法性论均处于通说地位。在正当防卫的对象上,修正的客观的违法性论对传统的客观违法性论作了一次限缩,但仍较主观的违法性论宽泛,即承认对来自无责任能力人的侵害可以进行正当防卫,而不限于对有责任能力人故意或过失实施的侵害,才允许进行正当防卫。

可见,德日违法性理论在正当防卫之"不法"上的对立,其争论核心在于:其一,"对物防卫"问题,即对有主的动物的侵害能否进行正当防卫[③];其二,对无责任能力人的侵害能否进行正当防卫问题。

(1)就"对物防卫"而言,有主的动物的侵害,基于起因的不同,可分为因人的故意或过失的动物的侵害和动物的自发侵害。对于前者,通说认为,在动物的侵害源于人的故意或过失行为时,如饲主唆使狗咬了行人或忘了拴狗而咬了邮递员等时,狗的袭击可以认为是饲主的故意行为或过失行为的延长,无非是"不正"的侵害,可以进行正当防卫。[④] 在我国,刑法理论上的主流观点与此并无二致[⑤],但其背后的理论支撑却迥然有别。对于后者,理论上分歧较大。在德国,"对动物的独立的'攻击'(不是由于人的唆使所引发),根据现行法律不能进行正当防卫,而是可实施紧急避险"[⑥]。尽管在如今的德国,施彭德尔(Spendel)等人主张对动物也可以进行正当防卫,但与李斯特的观点一脉相承并获得广泛支持的是,正当防卫之法保护原则,在面对动物时就没有了空间,在面对自然人的攻击中,那种毫无限制的防卫权力所具有的不

①　参见[日]泷川幸辰:《犯罪论序说》,王泰译,法律出版社,2005 年版,第 51 页。

②　参见[日]西田典之:《日本刑法总论》,刘明祥、王昭武译,中国人民大学出版 2007 年版,第 97 页。

③　在德日,无主的动物的侵害,由于非出于人为的故意或过失,因此,属于纯粹的自然现象,不在违法性判断的范围之内,这种意义上的"对物防卫"原则上不被承认。

④　参见[日]大塚仁:《犯罪论的基本问题》,冯军译,中国政法大学出版社,1993 年版,第 139 - 140 页。

⑤　参见马克昌主编:《犯罪通论》,武汉大学出版社,1999 年版,第 740 页。

⑥　[德]李斯特:《德国刑法教科书》(修订译本),徐久生译,法律出版社,2006 年版,第 221 - 222 页。

公正性,只能在认定的法保护利益中,通过限制正当防卫,而不是通过把正当防卫的规定扩展到动物的攻击,来加以排除。① 同样,在日本,对于有主的动物的自发侵害,通说不承认此种场合下的正当防卫,只允许紧急避险。由于紧急避险发生的是"正对正"的关系问题,即行为人通常侵害了与危险的原因无任何关系的第三者的法益,这样紧急避险的适用条件更为严格,因此,通说并非没有异议。如"大谷实主张,对物的侵害,应准用正当防卫;川端博主张,根据正当防权是自然权与紧急权的观点,应承认对物防卫能够成为正当防卫"②。

(2) 就对无责任能力人的侵害能否进行正当防卫而言,在德国,"侵害"(Angriff)在法律上既不需要以蓄意(Absicht),也不需要以间接故意的形式造成,一个过失的甚至是完全无责的且客观上没有违法性的行为,只要它对法律所保护的利益形成正在发生的侵害状况,便可认定是该意义上的"侵害",但侵害人的态度,至少应当具有行为的性质,且正当防卫在原则上并非不允许对精神病人、孩童以及有过错的人实施。③ 在日本,作为正当防卫"不正之侵害",坚持客观违法性论的学者,一般认为其包括精神病人、孩童等无责任能力人的行为,如前所述,这是通说。即"大陆法系国家采取客观违法性理论,所以,只要行为客观上侵害或威胁了法益,便属于不法行为。由于刑法规定对不法行为可以进行正当防卫,故对于没有达到法定年龄、不具有辨认控制能力的人的客观侵害行为,完全可以进行正当防卫"④。我国刑法理论在该问题上的分歧更大。

二、传统耦合式犯罪构成与不法侵害的实质性分野

我国现行刑法第 20 条规定:"为了使国家、公共利益、本人或者他人的人身、财产和其他权利免受正在进行的不法侵害,而采取的制止不法侵害的行为,对不法侵害人造成损害的,属于正当防卫,不负刑事责任。"贯穿着主客观相统一理论的我国犯罪概念与犯罪构成之定罪标准,使得我国的刑法理论在

---

① 参见[德]克劳斯·罗克辛:《德国刑法学 总论》(第 1 卷),王世洲译,法律出版社,2005 年版,第 426 - 427 页。

② 马克昌:《比较刑法原理》,武汉大学出版社,2002 年版,第 312 页。

③ 参见[德]耶赛克、魏根特:《德国刑法教科书》,徐久生译,中国法制出版社,2001 年版,第 404 页。

④ 张明楷:《刑法学》(第二版),法律出版社,2003 年版,第 259 页。

违法性与正当防卫上迥然有别于德日。

就违法性而言,在"构成要件符合性—违法性—有责性"大陆法系通行的三阶层犯罪论体系中,违法性是构成要件符合性之后犯罪成立的一个要件。因此,违法是行为实现了不法构成要件,却无正当化事由为之庇护,正当防卫行为虽然依然还是"构成要件符合性"的,但不包含对法律义务的侵害。[①] 而在我国,渊源于苏俄的、处于通说地位的耦合式犯罪构成,与兼采社会危害性标准和刑事违法性标准的混合的犯罪概念间,到底是何种关系? 通说认为,刑事违法性是犯罪的基本特征之一,并征表着犯罪的本质特征——严重的社会危害性,犯罪概念揭示了犯罪的基本特征,犯罪概念与犯罪构成是一种抽象与具体的关系,二者相辅相成,互为补充。"犯罪构成及其理论,正是在犯罪概念所揭示的犯罪的基本特征的基础上,来进一步阐明具有这种基本特征的犯罪行为的内部结构及其成立要件。"[②]即违法性并非我国犯罪构成的一个要件,它通常被置于犯罪概念中得到阐释,是犯罪的特征之一,由犯罪概念和犯罪构成征表出来,是耦合式犯罪构成诸要件,即犯罪客体、犯罪客观方面、犯罪主体、犯罪主观方面的一个上位概念,且在我国现行的犯罪论体系下,违法性判断在理论上存在分歧,而该分歧与犯罪概念、犯罪构成、正当化事由等出入罪标准联系紧密。

就正当防卫而言,在德日,正当防卫的效果刑法上都规定为不处罚,即正当防卫是作为违法性阻却事由,存在于一元的犯罪论体系中。在我国,从犯罪概念与犯罪构成之传承、演进的谱系上看,较之德日一元的定罪三阶层犯罪论体系,我国的正当防卫在定罪中发挥的作用似乎具有相对独立性。因为,"在犯罪构成学说的范围内,没有必要而且也不可能对正当防卫和紧急避险这两个问题作详细的研究"[③]。这是苏联时期有力的学说。此种影响在当下的我国刑法理论上仍然存在,这从犯罪论体系中"排除性犯罪行为"独立于犯罪构成理论即可见端倪。因此,尽管"事实上,司法机关在对犯罪构成的某一要件符合性进行判断时,总是会同时考虑排除犯罪的事由;而非待所有构

---

① 参见[德]约翰内斯·韦塞尔斯:《德国刑法总论》,李昌珂译,法律出版社,2008 年版,第 155 - 156 页。

② 马克昌主编:《犯罪通论》,武汉大学出版社,1999 年版,第 75 页。

③ [苏联]A. H. 特拉伊宁:《犯罪构成的一般学说》,薛秉忠等译,中国人民大学出版社,1958 年版,第 272 页。

成要件符合性判断结束后,再考虑排除犯罪的事由"①。但渊源于苏俄的、长期占据通说地位的耦合式犯罪构成理论,并非在犯罪构成内容入正当防卫、紧急避险等正当化事由,即在定罪标准上并非为严格的一元体系。受其影响,"不构成犯罪的情形(正当防卫、紧急避险等)作为犯罪构成的例外,不应在犯罪构成体系中考虑,而应当在犯罪构成体系之外,作为正当化事由专门加以研究"②。甚至认为,犯罪性阻却之行为(包括正当防卫)在形式上具备了犯罪构成要件,可称为形式上构成了犯罪或外表是犯罪,其在形式上是违法的行为,但在实质上并不违法,而是有益于社会的,受法律保护或容忍的行为。③ 这对理论和实务有相当的影响。其实,正当防卫等正当化事由是否符合犯罪构成,即定罪标准是否是一元的,在苏俄就曾出现过彼此对立的观点④,类似的情形在我国同样存在。尽管部分学者竭力主张犯罪构成是犯罪成立的唯一标准,即既否认犯罪概念等是认定犯罪的具体标准,又否认正当防卫等正当化事由是宣告无罪的具体标准,"司法机关只能根据刑法规定的犯罪构成认定行为是否成立犯罪,而不是直接以社会危害性的大小认定犯罪。如果行为符合犯罪构成,当然成立犯罪;如果行为不符合犯罪构成,自然不成立犯罪"⑤。但在犯罪论体系中,包括正当防卫在内的排除犯罪的事由,同样被置于犯罪构成之外加以阐释的。⑥ 其根源在于,我国耦合式的犯罪构成所作出的事实判断与价值评价,是同时进行的,这造成了违法性阻却事由与犯罪构成之间的紧张关系。这种格局直到犯罪构成由客观(违法)构成要件与主观(责任)构成要件两阶层组成之见解的提出,情况才得到了实质性改观,定罪之犯罪构成一元标准在逻辑上才逐步趋于周延,即作为"完全不符合

---

① 张明楷:《刑法学》(第三版),法律出版社,2007 年版,第 99 页。

② 陈兴良:《本体刑法学》,商务印书馆 2001 年版,第 220 页。陈兴良先生在其后的《违法性理论:一个反思性检讨》一文中指出:"我个人主张将正当防卫、紧急避险等正当化事由作为一个违法性判断的问题,纳入犯罪论体系中考虑,这样做的直接后果是直接采纳大陆法系中构成要件该当性、违法性、有责性的递进式结构,摈弃苏俄及我国刑法学中犯罪客体—犯罪客观方面—犯罪主体—犯罪主观方面的耦合式结构。"陈兴良:《违法性理论:一个反思性检讨》,载贾宇主编:《刑事违法性理论研究》,北京大学出版社,2008 年版,第 59 页。

③ 参见杨春洗主编:《刑法基础论》,北京大学出版社,1998 年版,第 243 - 244 页。

④ 参见陈兴良:《违法性理论:一个反思性检讨》,载贾宇主编:《刑事违法性理论研究》,北京大学出版社,2008 年版,第 56 页。

⑤ 张明楷:《刑法学》(第三版),法律出版社,2007 年版,第 83 页。相同的表述,参见张明楷:《刑法学》(第二版),法律出版社,2003 年版,第 106 页。

⑥ 参见张明楷:《刑法学》(第二版),法律出版社,2003 年版,第 258 - 271 页。

犯罪构成"的正当防卫,在犯罪论体系中是作为客观(违法)构成要件之违法性阻却事由加以阐述的。[①] 这样,正当防卫在犯罪论体系中的地位与德日刑法中的大体相当。

　　与违法性和正当防卫在犯罪论体系中的地位紧密相连的是,对正当防卫中"不法"性质作何理解。如前所述,在德日,正当防卫中"不法"在性质上大抵坚持客观违法性论。在我国,"虽然新刑法只是明文规定了罪刑法定、适用刑法平等与罪刑相适应原则,但许多具体规定体现了主客观相统一的原则,故目前仍应肯定主客观相统一是我国刑法的基本原则"[②]。受主客观相统一原则的拘囿,违法性是法律对达到一定程度的危害社会行为所作的主观和客观的评价[③],即认定行为之不法必须从主客观两个方面加以评判,因此,无罪过或无责任的行为欠缺刑法上的不法,故"不负刑事责任"。这样,在贯穿主客观相统一理论的我国犯罪概念与犯罪构成之定罪标准框架下,采纳主客观相统一的违法性论,大抵就成为当然的结论。"如果说过去'违法性是客观的'、'责任是主观的'这种观念居于支配地位时,还能认可客观的违法性论的成立;那么,现在在承认构成要件包括主观的要素的情况下,客观的违法性论就不宜予以肯定。比较起来,似不如主观的违法性论可取。"[④]与此相适应,"无责任之不法"被否定不言而喻。详言之:

　　(1)就对物防卫而言,基于刑法的评价对象应设定在人的行为上,非人的行为应被排除在刑法的评价对象之外,洪水、火灾等自然现象引起的侵害,只能进行紧急避险,对物防卫无法成立。承前分析,当动物的侵害源于人的故意或过失行为时,在主客观相统一原理的框架下,允许进行正当防卫;当动物(不论是有主的还是无主的)自发侵害时,主客观相统一原理使其被排除出作为正方防卫前提的"不法"侵害范围,因此,此种场合下的正当防卫不能成立,只允许紧急避险。但考虑到紧急避险通常是对第三者合法权益的侵害,其适用条件更为严格,故理论上并非无异议。如"在非出于人的故意或过失动物侵害他人的法益时,通说主张实行紧急避险,确有如大谷实等指出的对人对物不平衡的情况,对此采用大谷实的准用正当防卫的见解,不失为解决

　　① 参见张明楷:《刑法学》(第三版),法律出版社,2007年版,第174-188页。
　　② 张明楷:《"客观的超过要素"概念之提倡》,《法学研究》1999年第3期。
　　③ 参见高铭暄主编《刑事法原理》(第2卷),中国政法大学出版社,1993年版,第206页。
　　④ 马克昌:《比较刑法原理》,武汉大学出版社,2002年版,第284页。

问题的办法"①。令人遗憾的是,这种在德日"构成要件符合性—违法性—有责性"框架下的见解,在我国主客观相统一的原则下,无法实现正当防卫之"不法"在性质上的逻辑周延,即准用正当防卫以解决紧急避险在上述问题上的不平衡,以寻求实质合理性,必然形成正当防卫之"不法"在性质上对主客观相统一违法性论的例外,亦即此时作为正当防卫前提的"不法侵害"之"不法",是剥离主观要素的,是"无责任之不法"意义上的,大体可归属于客观的违法性论范畴。

(2)就无责任能力人的侵害而言,能否作为正当防卫之不法侵害的来源,在我国刑法理论上存在肯定说、否定说与折中说的争论。其中,刑法典修订前,否定说主张无责任能力人之侵害,因不属于犯罪行为的范畴而不可实行正当防卫。② 随着对不法侵害范围的认识,其不仅包括犯罪行为也包括一部分违法行为,渐成共识,否定说的理由代之以"成立犯罪的'不法'与正当防卫不法侵害中的'不法'至多是量上的差异,若在质上予以区分,将有损犯罪论体系的完整性与连贯性,因此,为保持主客观相统一的违法性论(主观的违法性论)的严谨与一贯,反击无责任能力人之侵害的行为应被定性为紧急避险"③。折中说主张,对无责任能力人的侵害,应根据不同情况区别对待:若知道侵害者是无责任能力人,则不能实施正当防卫,但可以进行紧急避险;若不知道,则允许正当防卫。④ 笔者认为,为维持理论的严谨和一贯,让渡出对无责任能力人侵害实施正当防卫的权利,而紧急避险的适用条件较正当防卫的严格,这不当地缩小了对被害人合法权益的保护,有削足适履之嫌,且超越

---

① 马克昌:《比较刑法原理》,武汉大学出版社,2002年版,第313页。

② 转引自马克昌、杨春洗、吕继贵主编:《刑法学全书》,上海科学技术文献出版社,1993年版,第116页。

③ 参见陈璇:《紧急避险:对无责任能力人的侵害予以反击之行为的重新界定》,《武汉大学学报(哲学社会科学版)》2007年第3期;齐文远主编:《刑法学》,法律出版社,1999年版,第146页。

④ 转引自马克昌、杨春洗、吕继贵主编:《刑法学全书》,上海科学技术文献出版社,1993年版,第116页。赵秉志等人也采取折中说,即对无责任能力人的侵害行为实行正当防卫,需要加以一定的限制:在遇到无责任能力人的侵害时,若明知侵害者是无责任能力人并有条件用逃跑等其他方法避免侵害时,则不得实行正当防卫;若不知道侵害者是无责任能力人,或不能用逃跑等其他方法避免侵害时,才可以实行正当防卫。参见赵秉志主编:《新刑法教程》,中国人民大学出版社,1997年版,第256页。我国台湾地区的余振华等人对无责任能力人的侵害,主张(1)若不法侵害可以回避,防卫者必须先选择回避;(2)若不法侵害不能回避而实行防御性防卫为已足时,只可实行防御性正当防卫;(3)若(1)(2)之情况皆不具备时,防卫者始可实行全面的正当防卫。参见余振华:《刑法违法性理论》,台湾元照出版股份有限公司2001年版,第149页。

人权保障的是对理论严谨和一贯的追求,在价值取向上不免荒谬。即使认为无责任能力人不能成为违法与犯罪的主体,故其实施的侵害不具有违法性,但同等条件下,无责任能力人对法益的侵害或威胁并不比完全责任能力人甚至某些自然现象小,是不争的事实。为此,有学者将无责任能力人的侵害,在性质上解释为"一种客观存在的危险",如同自然灾害引起的危险,不属于"不法侵害"的范畴,对其反击,成立紧急避险。① 即"逆击性紧急避险",亦即紧急避险所损害的对象,在个别情况下可以是危险来源者本身。② 但该问题并未得到圆满解决。

"逆击性紧急避险"在德国被称为"防卫(御)性紧急状态(避难)"。德国刑法规定的紧急避难包括阻却违法之紧急避难(第 34 条)和宽恕之紧急避难(第 35 条)。过去的理论认为,"由物引起之危险所造成之防御性紧急避难"适用民法第 228 条(防御性紧急避难)之规定,而人之攻击行为通常适用刑法第 32 条正当防卫之规定,很难想象尚有"由人引起之危险所造成之防御性紧急避难"情形之存在。但现在紧急避难被区分为攻击性及防御性,为一般学者所接受,因此,"由人引起之危险所造成之防御性紧急避难",是适应刑法第 34 条规定,还是类推适用民法第 228 条规定之衡量标准,或应承认其为"新的超法规阻却违法事由",争议较大。通说承认刑法第 34 条为紧急避难之一般性规定,其他阻却违法事由是将其利益衡量具体化之特别规定,故主张刑法第 34 条完全可适用于防御性紧急避难的见解,属于扩张解释,且其有严格的限定条件。③ 即避难者为维护有价值之物,可以轻伤害第三人(危险来源者),但因身体及健康之价值远超越物,在保全物之防御性紧急避难时,防御行为的最大极限仅至轻伤侵害者,重伤则不得阻却违法;当生命法益之间或重大身体、健康法益冲突时,只有在利益衡量时对引起危难者之利益给予极负面之评价,才能认为避难者生命或身体健康利益为"重大优越之利益",重伤害甚至杀害危难引起者之避难行为才能阻却违法,因为避难者无忍受重伤或死亡之义务。德国新近的司法判决,原则上承认了面对无罪责攻击者(包括无

　　① 参见郭守权等:《正当防卫与紧急避险》,群众出版社,1987 年版,第 195 页。
　　② 参见刘明祥:《紧急避险研究》,中国政法大学出版社,1998 年版,第 5、119 页。
　　③ 参见彭美英:《阻却违法之防御性紧急避难——以德国法为重心》,《玄奘法律学报》2005 年第 3 期。

责任能力人)防卫时应当加以注意的限制。① 可见,在德国,对无责任能力人侵害的"逆击性紧急避险",既非理论上的优势学说,又得不到审判实践的支持,故否定说值得商榷。

相比较而言,折中说似乎更趋合理,但在主客观相统一违法性论的框架下,该说也难以自圆其说,突出表现在:成立紧急避险时,除与否定说陷入了相同的窘困外,尚存在行为人知道加害人为无责任能力人,对其侵害采取"以正对正"的紧急避险不足以避免时,否定可以实施正当防卫,容忍的只能是受害人合法权益的丧失。这样,较之穷尽逃跑等其他方法避免和防御性正当防卫作为全面的正当防卫之前提的见解,后者似乎更合理。诚然,无责任能力人因责任能力的欠缺,理应得到法律适当的特别保护,但据此否认对其可以实施正当防卫既非域外刑法理论的通说,亦非各国普遍的立法例,更非审判实践的通行做法。而主张反击行为的性质依受害人主观认识而异,至少在下列场合将遭遇窘境:无责任能力人甲在精神病发病期间,手持利器对明知甲为无责任能力人的乙穷追不舍,乙奋力逃跑并高呼"救命"以避免受到侵害,但仍避之不及,被迫进行反击,而对甲不知情的路人丙见状对其实施反击。此时,若反击行为的性质依受害人主观认识而异,则甲的侵害对乙(紧急避险)而言是"危险",对丙(正当防卫)而言是"不法侵害",难免荒谬;且同样的反击行为,一为紧急避险,一为正当防卫,导致正当防卫与紧急避险的区别有主观化之嫌。且与德国的正当防卫、紧急避险制度相比较,我国刑法的规定粗放得多,细察条文后不难发现,折中说要求受害人忍受合法权益被侵害、威胁或穷尽逃跑等其他方法避免和防御性正当防卫作为全面的正当防卫之前提,并无法律上的依据。"因为,刑法并未规定正当防卫只有在不得已时才能实施。相反,即使有其他免受不法侵害的方法,法律仍然鼓励公民实行正当防卫,积极同不法侵害作斗争。实际上,只有紧急避险才要求避险行为只能在'不得已'的情况下实施。"②因此,笔者赞同无责任能力人的侵害是正当防卫之"不法侵害"的来源,对无责任能力人的侵害可以实施正当防卫的结论。

三、主客观相统一原则下修正的客观不法说之提倡

承上分析,在正当防卫之"不法"上,主观的违法性论之窘困主要为:顾

---

① 参见[德]克劳斯·罗克辛:《德国刑法学 总论》(第1卷),王世洲译,法律出版社,2005年版,第444-445页。

② 刘明祥:《紧急避险研究》,中国政法大学出版社,1998年版,第131—132页。

及主客观相统一原则,对动物的自发侵害和无责任能力人的侵害只允许紧急避险,不当地缩小了对被害人合法权益的保护,且与人权保障背离的价值取向,难免备受诟病,而为维持紧急避险的结论,对传统紧急避险理论的改造,仍无法妥善解决问题;在主客观相统一的违法性论框架下,即使立足于"释法中心主义"的立场,将我国现行的定罪标准解释为一元的,即正当防卫不符合耦合式的犯罪构成,不具有违法性,对"不法"的厘定,依旧摆不脱困境。客观的违法性论之窘困主要为:在主客观相统一原则格局下,德日之客观违法性论在我国几乎无生存空间,故对正当防卫之"不法"作客观说意义上的理解,寻求"不法"在外延上的合理性,难免形成对主客观两方面评判的例外,导致在体系上出现逻辑不周延。"造成这种局面与犯罪论体系有关"[1],可谓一语切中肯綮。因此,刑法的基本立场如何确立,值得省思。

(一)肯定说之演进

肯定无责任能力人的侵害为"不法侵害",对其可以实施正当防卫,如前所述,主客观相统一的违法性论将会使"不法"在性质上遭遇尴尬,笔者以为,其根源在于我国现行耦合式的犯罪构成将无责任能力人及其行为置于一次性犯罪成立判断过程之外,形成了相对独立的判断,因此,违法性判断并非如大陆法系犯罪构成那样一次性地完成。"无刑事责任能力之人实施的危害行为不是在犯罪构成之内进行研究的,而是被排除在犯罪构成之外。"[2]这可追溯至苏联时期的刑法学理论,"关于无刑事责任能力的问题,可以在解决是否杀人、盗窃、侮辱等任何一个犯罪构成的问题之前解决。责任能力通常在犯罪构成的前面讲,它总是被置于犯罪构成的范围之外"[3]。我国一些刑法学者已然意识到该问题,如张明楷先生指出:"平面的体系,使犯罪构成符合性与违法性几乎等同起来,即凡是符合犯罪构成的行为,就具有刑事违法性;反之,则不具有刑事违法性。由于犯罪构成是主客观统一的,所以,刑事违法性也是主客观统一的。于是,13 岁的人杀人也并不违反刑法。就具体问题而言,面对 13 岁的人或精神病人的杀人、抢劫等行为能否进行正当防卫时,无

---

① 张明楷:《刑法学》(第三版),法律出版社,2007 年版,第 176 页。

② 肖吕宝:《论我国刑事违法观的本质》,载《铁道警官高等专科学校学报》,2009 年第 1 期。

③ [苏联]A. H. 特拉伊宁:《犯罪构成的一般学说》,薛秉忠等译,中国人民大学出版社,1958 年版,第 61 页。

论如何都难以得出自圆其说的结论"①。且作为相应的解决之道,其主张"在现行犯罪论体系之下,作为权宜之计,可以将没有达到法定年龄、不具有辨认控制能力的人的侵害行为视为不法侵害,原则上应当允许对其侵害行为进行正当防卫;即对于成立犯罪与违法行为所要求的'不法'与作为正当防卫对象的'不法'作出不同理解"②。不难发现,这大体是对主客观相统一的违法性论做了某种修正,实现了"违法"与"不法"的分离,"不法"实质上是对作为原则之"违法"的例外而存在的。如前所述,该主张最终为张先生所扬弃,转而在客观(违法)构成要件与主观(责任)构成要件两阶层之犯罪构成中,阐述"完全不符合犯罪构成"的正当防卫是作为客观(违法)构成要件之违法性阻却事由的,无刑事责任能力人及其行为被纳入犯罪成立的判断过程,即基于客观的违法性论立场,主张无责任能力人的法益侵害行为属于不法侵害,应当允许对其侵害行为进行正当防卫,同时,在回避无责任能力人的不法侵害并不存在特别负担的情况下,不宜进行正当防卫,亦即面对无责任能力人的不法侵害时,对防卫的必要性应当予以限制,虽不要求只能在不得已的情况才进行防卫,但应尽量限制在必要的场合。③ 其与前述的折中说的区别在于,此时正当防卫针对的"不法侵害",在性质上属于客观的违法性论范畴,肯定对其可以进行正当防卫,在两阶层犯罪构成中不存在体系上的不周延,而折中说之正当防卫针对的"不法侵害",在性质上属于主客观相统一的违法性论范畴,肯定对其可以进行正当防卫,不是当然解释,而是例外解释,在逻辑上难以回避不周延的尴尬。此外,如前所述,陈兴良先生也主张将正当防卫等正当化事由作为一个违法性判断问题,纳入犯罪论体系中考虑,这必然导致耦合式犯罪构成的放弃和大陆法系中构成要件该当性、违法性、有责性递进式结构的采纳,其逻辑上的推论大抵与张明楷先生的上述观点相当。

(二)修正的客观不法说之提倡

我国刑法的正当防卫制度渊源于苏俄,然而 1996 年《俄罗斯联邦刑法典》关于正当防卫的规定,发生了实质性变更,即"在正当防卫情况下所防卫的受法律保护的利益不是像以前的刑法典那样从国家利益开始,而是从个人

---

① 张明楷:《犯罪构成理论的课题》,载《环球法律评论》2003 年秋季号。
② 张明楷:《刑法学》(第二版),法律出版社,2003 年版,第 260 页。
③ 参见张明楷:《刑法学》(第三版),法律出版社,2007 年版,第 176 页。

利益开始"①。在当下,因客观情势的拘囿,秩序下的人权价值成为我国理论和实践贯穿的实然的价值取向,但随着耦合式犯罪构成弊端的日益凸显,反映定罪过程、彰显人权价值的阶层式的犯罪构成渐获认同,并逐步成为我国刑法学界一种有力的学说。而固守主客观相统一的违法性论,在耦合式的犯罪构成与犯罪概念下,以"释法中心主义"的立场解释正当防卫之"不法",只是权宜之计,无法承受来自人权价值取向与体系完备性的双重拷问,因此,扬弃将无责任能力人之行为排除在耦合式犯罪构成之外,抛弃在正当防卫"不法"上原则与例外的理论与实践,在既有的基础上实现犯罪论体系的演进,并寻求无责任能力人之侵害行为纳入阶层式犯罪构成中的根本解决之道,似乎是基本方向。据此,笔者以为,刑法在正当防卫之"不法"性质上,宜提倡的基本立场为修正的客观不法说,即在阶层式犯罪构成中,为顾及主客观相统一原则,应以客观违法性论为基础,实现"不法"与"违法"的分离,允许对物反击时准用正当防卫制度。

1. 主客观相统一原则下"不法"与"违法"的分离

如前所述,我国耦合式的犯罪构成所作出的事实判断与价值评价,是同时进行的,这在违法性阻却事由与犯罪构成之间,造成二者关系的紧张。因此,扬弃或改良耦合式的犯罪构成,实现犯罪构成的阶层化,以使得事实判断先于价值判断,无疑是解决该问题的根本出路。但无论是德日三阶层的犯罪构成还是张明楷先生两阶层的犯罪构成,都不是对主客观相统一原则的背离。毕竟,主观违法性论,不等于主观归罪,其并非忽略或无视客观面;同样,客观违法性论,并非客观归罪,其也看重主观面。这在贯穿犯罪概念、犯罪构成始终的主客观相统一原则长期以来占据通说地位的我国,不应也难以或无法改变。但犯罪构成贯穿主客观相统一原则,并不意味着事实判断与价值判断只能同时进行或主、客观只能并列式的同时存在,其应当允许二者之间存在顺序或阶层性,结合人权保障价值,客观先于主观、事实判断先于价值判断只要置于同一阶层式的犯罪构成中,即为对主客观相统一原则的坚守。同时,这避免了主观的违法性论忽视了违法性观念与责任观念的质的不同之缺陷,而大陆法系的刑法理论和审判实践证实了,违法性与责任的分离是人权保障的忠诚卫士。此外,这也能够实现"不法"与"违法"的分离,即"不法"是

① [俄]Н. Ф. 库兹涅佐娃、И. М. 佳日科娃主编:《俄罗斯刑法教程(总论)》(上卷·犯罪论),黄道秀译,中国法制出版社,2001年版,第446页。

客观的,是与客观的违法性相结合的,是违反法秩序的客观事实特征,其并不由犯罪构成积极地征表出来,"违法"则是主客观相统一的,是犯罪构成征表出来的,是犯罪的特征。尽管主张"不法"与"违法"的分离,在我国并不具有原创性,但在耦合式的犯罪构成下,其无法维持犯罪论体系逻辑的严密,只有在贯穿主客观相统一原则的阶层式犯罪构成下,才能使正当防卫作为阻却违法性事由之一,并不脱离主客观相统一原则,而作为其前提的不法侵害之"不法",才能克服传统的"原则与例外"关系在性质上造成的体系上的逻辑不周延。

2. 修正之所在

德日的违法性理论认为,修正的客观违法性论(客观的行为无价值论)不同于传统的客观违法性论之处为违法性判断基准的客观性,而非违法性判断对象的客观性。"从在把握违法性的实质的时候,不仅要考虑法益侵害的方面,而且还要考虑违法社会伦理规范的方面的立场来看,法是为了保护法益而将所有的社会成员作为对象加以命令和禁止的,因此,对于一般国民而言,将什么样的行为作为违法而加以禁止和命令,尤为重要。在将客观上违反该种对一般人的规范即作为一般规范的行为规范的时候,就是违法的一点上,新客观违法性论是妥当的。"①随着大陆法系国家犯罪论体系的演进,尤其是规范的要素和主观的要素被发现后,构成要件的严密逻辑性已然不再清晰,层层递进业已演变成,"层层交叉之后又再递进"②,但这并未给修正的客观违法性论造成致命的冲击,因为故意、过失虽是主观的违法要素,但对犯罪事实有无认识或违反客观的注意义务,大抵可以与行为人的人格分离开来,从而具有客观上把握的可能性。因此,在德日,不仅结果无价值论,即使客观的行为无价值论,也承认客观违法性论。③

在我国,刑法理论的通说认为,刑法是调整人的行为的规范,与人的意志无涉的动物侵害、自然现象等不存在违法与合法的问题。由于传统的客观违法性论将与人意志无涉的动物侵害、自然现象等纳入违法的范畴,过于宽泛,因此,在衔接上,修正的客观违法性似乎更为妥当。但传统的客观违法性论在对物防卫上持肯定结论,是有力的学说,而修正的客观违法性论在对物防卫上所持的观点,是消极的,故有修正的必要。在修正的客观违法性论下,违

---

① 〔日〕大谷实:《刑法总论》,黎宏译,法律出版社,2003 年版,第 179 页。

② 刘艳红:《晚近我国刑法犯罪构成理论研究中的五大误区》,《法学》2001 年第 10 期。

③ 参见〔日〕曾根威彦:《刑法学基础》,黎宏译,法律出版社,2005 年版,第 98 页。

法性问题只限于人的行为,因此,与人的主观意志无涉的动物、自然现象等引起的法益侵害,不是正当防卫的对象,对其反击至多成立紧急避险,如前文所述,这受到了因紧急避险适用条件过于严格而衍生出不平衡的诟病。但在阶层式犯罪构成下,正当防卫应该限于针对不法且有责的侵害行为才可以行使,对于欠缺责任的不法侵害行为,救济途径是紧急避难,而不是正当防卫。^①此种观点仍不乏支持者。毕竟"如此之见解(正当防卫之不法侵害系不法且有责之侵害)倘若仅从'保护个人'之角度予以观察,实难以想象,若从正当防卫之另一项根据'防卫法秩序'之观点而论,则颇值得吾人重新思考"^②。且在德日民法中,防御性紧急避难和"不正对正"的正当防卫一样,"不负损害赔偿责任"^③,故准正当防卫说被认为是妥当的。即在追求秩序下的人权价值框架下,扬弃或改良耦合式的犯罪构成,将无责任能力人之侵害行为纳入阶层式犯罪构成中,在修正的客观违法性论基础上确立对物反击时准用正当防卫,这是修正的不法说之"修正"所在。此外,无责任能力人因责任能力的欠缺,对其不法侵害实施正当防卫时,应给予适当的特别保护,但限制的途径并非通过附加无法律依据的"不得已"条件,而是将回避无责任能力人的不法侵害并不存在特别负担时,转交正当防卫的必要性由限度条件规制,即防卫的必要性受"必要限度"节制,"必要限度"包括有无防卫的必要,使得在无责任能力人已知的情况下,对防卫人的防卫"必要限度"提出较完全责任能力人更为严格的要求。

---

① 参见黄荣坚:《基础刑法学(上)》,中国人民大学出版社,2008 年版,第 152 页。

② 余振华:《违法性之理论基础》,载贾宇主编:《刑事违法性理论研究》,北京大学出版社,2008 年版,第 34 页。

③ 参见[日]大谷实:《刑法总论》,黎宏译,法律出版社,2003 年版,第 212 页。

参考文献

一、典籍类

《马克思恩格斯选集》（第 3 卷），人民出版社，1995 年版；

《论语》，中华书局，2006 年版；

《孟子》，中华书局，2006 年版；

《管子》，中华书局，2009 年版；

《盐铁论校注》，中华书局，2009 年版；

《唐律疏议》，上海古籍出版社，2013 年版；

《大清律例》，法律出版社，1999 年版，

《日本刑法典》，张明楷译，法律出版社，2006 年版；

《德国刑法典》，徐久生译，法律出版社，2002 年版；

《美国模范刑法典及其评注》，刘仁文等译，法律出版社，2005 年版；

《俄罗斯联邦刑法典》，黄道秀译，北京大学出版社，2008 年版；

《荷兰刑法典》，于志刚、龚馨译，中国方正出版社，2007 年版。

二、译著类

［德］韦伯：《经济与社会》（下），林荣远译，商务印书馆，1997 年版；

［德］考夫曼：《法律哲学》，刘幸义等译，法律出版社，2004 年版；

［德］萨维尼：《论立法与法学的当代使命》，许章润译，中国法制出版社，2001 年版；

［德］萨维尼：《历史法学派的基本思想（1814—1840 年）》，郑永流译，法律出版社，2009 年版；

［德］黑格尔：《法哲学原理》，范扬、张企泰译，商务印书馆，1961 年版；

［德］拉德布鲁赫：《法律智慧警局集》，舒国滢译，中国法制出版社，2015 年版；

［德］约翰内斯·韦塞尔斯：《德国刑法总论》，李昌珂译，法律出版社，2008 年版；

〔德〕耶赛克、魏根特:《德国刑法教科书》,徐久生译,中国法制出版社,2001年版;

〔德〕罗克辛:《德国刑法学 总论》(第1卷),王世洲译,法律出版社,2005年版;

〔德〕希尔根多夫:《德国刑法学:从传统到现代》,江溯等译,北京大学出版社,2015年版;

〔德〕耶林:《为权利而斗争》,胡宝海译,中国法制出版社,2004年版;

〔德〕雅科布斯:《行为·责任·刑法——机能性描述》,冯军译,中国政法大学出版社,1998年版;

〔法〕孟德斯鸠:《论法的精神》(上册),张雁深译,商务印书馆,1961年版;

〔意〕贝卡里亚:《论犯罪与刑罚》,黄风译,北京大学出版社,2008年版;

〔意〕帕多瓦尼:《意大利刑法学原理》,陈忠林译评,中国人民大学出版社,2004年版;

〔意〕菲利:《实证派犯罪学》,郭建安译,中国政法大学出版社,1987年版;

〔丹〕哈孔森:《立法者的科学》,赵立岩译,浙江大学出版社,2010年版;

〔英〕莫里森:《法理学》,李桂林等译,武汉大学出版社,2003年版;

〔英〕穆勒:《论自由》,顾素译,译林出版社,2014年版;

〔英〕伯林:《自由论》,胡传胜译,译林出版社,2011年版;

〔美〕布迪、莫里斯:《中华帝国的法律》,朱勇译,江苏人民出版社,2008年版;

〔美〕伯尔曼:《法律与革命》,贺卫方等译,中国大百科全书出版社,1993年版;

〔美〕马默:《法哲学》,孙海波、王进译,北京大学出版社,2016年版;

〔美〕庞德:《法律与道德》,陈林林译,中国政法大学出版社,2003年版;

〔瑞〕舍格伦、斯科格编:《经济犯罪的新视角》,陈晓芳、廖志敏译,北京大学出版社,2006年版;

〔日〕西原春夫:《刑法·儒学与亚洲和平》,山东大学出版社,2008年版;

〔日〕大木雅夫:《东西方的法观念比较》,华夏、战宪斌译,北京大学出版社,2004年版;

〔日〕滋贺秀三等:《明清时期的民事审判与民间契约》,王亚新等译,法律出版社,1998年版;

〔日〕大谷实:《刑法总论》,黎宏译,法律出版社,2003年版;

〔日〕泷川幸辰:《犯罪论序说》,王泰译,法律出版社,2005年版;

〔日〕西田太一郎:《中国刑法史研究》,段秋关译,北京大学出版社,1985年版;

〔苏〕特拉伊宁:《犯罪构成的一般学说》,薛秉忠等译,中国人民大学出版社,1958年版。

三、中文著作类

储槐植:《美国刑法》,北京大学出版社,2005年版;

陈兴良、周光权:《刑法学的现代展开》,中国人民大学出版社,2006年版;

陈兴良：《刑法哲学》，中国政法大学出版社，2009 年版；

陈兴良：《规范刑法学》，中国人民大学出版社，2008 年版；

陈兴良：《本体刑法学》，商务印书馆，2001 年版；

陈子平：《刑法总论》，中国人民大学出版社，2009 年版；

冯象：《木腿正义》，北京大学出版社，2007 年版；

高铭暄、赵秉志主编：《新中国刑法学研究 60 年》，中国人民大学出版社，2009 年版；

黄静嘉：《中国法制史论述丛稿》，清华大学出版社，2006 年版；

黄宗智：《清代的法律、社会与文化：民法的表达与实践》，上海书店出版社，2001 年版；

黄荣坚：《基础刑法学（上）》，中国人民大学出版社，2008 年版；

江必新：《中国法文化的渊源与流变》，法律出版社，2003 年版；

柯耀程：《变动中的刑法思想》，中国政法大学出版社，2003 年版；

梁冶平：《法辩》，中国政法大学出版社，1993 年版；

梁冶平：《寻求自然秩序中的和谐》，中国政法大学出版社，1997 年版；

林钰雄：《刑事法理论与实践》，中国人民大学出版社，2009 年版；

劳东燕：《罪刑法定本土化的法治叙事》，北京大学出版社，2010 年版；

刘艳红：《实质刑法观》，中国人民大学出版社，2009 年版；

刘明祥：《紧急避险研究》，中国政法大学出版社，1998 年版；

刘全德主编：《西方法律思想史》，中国政法大学出版社，1996 年版；

马克昌：《比较刑法原理》，武汉大学出版社，2002 年版；

马克昌主编：《犯罪通论》，武汉大学出版社，1999 年版；

瞿同祖：《中国法律与中国社会》，中华书局，2003 年版；

钱穆：《文化学大义》，中正书局，1981 年版；

孙家洲主编：《秦汉法律文化研究》，中国人民大学出版社，2007 年版；

沈家本：《历代刑法考（二）》，中华书局，1985 年版；

王伯琦：《近代法律思潮与中国固有文化》，清华大学出版社，2005 年版；

王志强：《法律多元视角下的清代国家法》，北京大学出版社，2003 年版；

许玉秀：《当代刑法思潮》，中国民主与法制出版社，2005 年版；

许玉秀：《主观与客观之间——主观理论与客观归责》，法律出版社，2008 年版；

许玉秀、陈志辉主编：《不移不惑献身法与正义——许廼曼教授刑事法论文选辑》，台北新学林出版股份有限公司，2006 年版；

肖中华：《犯罪构成及其关系论》，中国人民大学出版社，2003 年版；

徐久生：《德语国家的犯罪学研究》，中国法制出版社，1999 年版；

颜厥安：《法与实践理性》，中国政法大学出版社，2003 年版；

杨兴培：《犯罪构成原论》，中国检察出版社，2004 年版；

杨春洗主编：《刑法基础论》，北京大学出版社，1998年版；

张中秋：《中西法律文化比较研究》，法律出版社，2009年版；

张明楷：《刑法的基本立场》，中国法制出版社，2002年版；

张明楷：《刑法学》，法律出版社，2011年版；

张明楷：《刑法格言的展开》，北京大学出版社，2013年版；

张军、姜伟、郎胜、陈兴良：《刑法纵横谈（总则部分）》，北京大学出版社，2008年版；

周世中：《法的合理性研究》，山东人民出版社，2004年版；

周光权：《犯罪论体系的改造》，中国法制出版社，2009年版；

四、中文论文类

陈兴良：《入罪与出罪：罪刑法定司法化的双重考察》，《法学》2002年第12期；

陈兴良：《违法性理论：一个反思性检讨》，《中国法学》2007年第3期；

陈金钊：《法学的特点与研究的转向》，《求是学刊》2003年第2期；

付立庆：《犯罪构成理论体系改造研究的现场叙事》，《法律科学》2009年第2期；

劳东燕：《论实行的着手与不法的成立根据》，《中外法学》2011年第6期。

朗胜：《在构建和谐社会的语境下谈我国刑法立法的积极与谨慎》，《法学家》2007年第5期；

黎宏：《刑法中的危险及其判断——从未遂犯与不能犯的区别出发》，《法商研究》2004年第4期。

黎宏：《对风险刑法观的反思》，《人民检察》2011年第3期；

李海东：《社会危害性与危险性：中、德、日刑法学的一个比》，载陈兴良主编：《刑事法评论》（第4卷），中国政法大学出版社，1999年版；

刘艳红：《实质的犯罪论体系之提倡》，《政法论坛》2010年第4期，第126页；

刘艳红：《刑法的目的与犯罪论的实质化》，《环球法律评论》2008年第1期；

刘艳红：《刑法学研究现状之评价与反思》，《法学研究》2013年第1期；

刘淑珺：《日本刑法学中的谦抑主义之考察》，载陈兴良主编：《刑事法评论》（第22卷），北京大学出版社，2008年版；

马长山：《市民社会与政治国家：法治的基础和界限》，《法学研究》2001年第3期；

欧阳本祺：《犯罪构成诞生的权力分析》，《法律科学》2012年第4期；

王昭振：《刑法解释立场之疑问：知识谱系及其法治局限》，《环球法律评论》2010年第5期；

薛晓源、刘国良：《法治时代的危险、风险与和谐——德国著名法学家、波恩大学法学院院长乌·金德霍伊泽尔教授访谈录》，《马克思主义与现实》2005年第3期；

许道敏：《犯罪构成理论重构》，《中国法学》2001年第5期；

郑永流：《德国"法治国"思想和制度的起源与变迁》，载夏勇主编：《公法》（第2卷），法律出版社，2000年版；

赵秉志：《论犯罪构成要件的逻辑顺序》，《政法论坛》2003 年第 6 期；

张明楷：《司法上的犯罪化与非犯罪化》，《法学家》2008 年第 4 期；

周少华：《罪刑法定与刑法机能之关系》，《法学研究》2005 年第 3 期；

周少华：《罪刑法定在刑事司法中的命运》，《法学研究》2003 年第 2 期；

周战超：《当代西方风险社会理论研究引论》，载薛晓源、周战超主编：《全球化与风险社会》，社会科学文献出版社，2005 年版。

五、外文类

内藤谦：《刑法理论の史的展开》，有斐阁，2007 年版；

内田文昭：《犯罪の实质とそ现象形态》，信山社，1993 年版；

松原芳博：《刑法总论》，日本评论社，2013 年版；

生田胜义：《人间の安全と刑法》，法律文化社，2010 年版；

伊东研祐：《刑法讲义总论》，日本评论社，2010 年版；

Markus Dirk Dubber. "Positive Generalprävention und Rechtsguttheorie：Zwei Zentrale Errungenschaften der deutschen Strafrechtswissenschaft aus amerikanischer Sicht", Zeitschrift Für Die Gesamte Strafrechtswissenschaft，2005；

Markus Dirk Dubber. "The Promise of German Criminal Law：A Science of Crime and Punishment", Ssrn Electronic Journal，2005；

Johannes Wessels. "Strafrecht Allgemeiner Teil", C. F. Müller Verlag, Aufl. 2002, S. 12.

东 南 学 术 文 库

SOUTHEAST UNIVERSITY ACADEMIC LIBRARY

已出版的图书

《法律的嵌入性》
张洪涛 著 2016

《人权视野下的
中国精神卫生立法问题研究》
戴庆康 等著 2016

《新诗现代性建设研究》
王珂 著 2016

《行为金融视角
——企业集团内部资本市场效应》
陈菊花 著 2016

《明清小说戏曲插图研究》
乔光辉 著 2016

《世界艺术史纲》
徐子方 编著 2016

《马克思对黑格尔的五次批判》
翁寒冰 著 2016

《中西刑法文化与定罪制度之比较》
刘艳红 等著 2017

《所有权性质、盈余管理与企业财务困境》
吴芃 著 2017

《拜伦叙事诗研究》
杨莉 著 2017

《房屋征收法律制度研究》
顾大松 著 2017

《基于风险管控的社区矫正制度研究》
李川 著 2017